PRISCA DORCAS MOJICA RODRÍGUEZ

Nació en Nicaragua y emigró a Miami, junto a su familia, siendo muy niña. Líder, activista, escritora, teóloga, feminista y conferencista, es la fundadora de Latina Rebels, una plataforma con más de 350.000 seguidores. Ha aparecido en Telemundo, Univision, NPR, Latino Voices, *New York Magazine*, Teen *Vogue*, *Cosmopolitan* y *Guerrilla Magazine*. En el 2016, bajo la administración de Obama, fue invitada a la Casa Blanca.

Es Magister en Divinidad por la Universidad Vanderbilt, un conocimiento que ha usado para explorar las relaciones entre el cristianismo y la supremacía blanca en Estados Unidos, uno de los componentes principales de su misión: decolonizar y empoderar a la comunidad latina, especialmente a las mujeres.

Actualmente vive en Nashville, Tennessee, ciudad a la que llama su hogar.

Tanto la autora como la editorial quieren hacer constar que este libro está dirigido a todas las mujeres de piel canela, sea cual sea su orientación sexual e identidad de género.

PARA CHICAS
FUERTES DE
CORAZÓN TIERNO

Y PIEL
CANELA

Prisca Dorcas Mojica Rodríguez

PARA CHICAS FUERTES DE CORAZÓN TIERNO

Y PIEL CANELA

UNA CARTA DE AMOR PARA MUJERES DE COLOR

VINTAGE ESPAÑOL

Penguin
Random House
Grupo Editorial

Título original: *For Brown Girls With Tender Hearts And Sharp Edges*

Primera edición: enero de 2023

Copyright © 2023, Prisca Dorcas Mojica Rodríguez
Copyright © 2023, Penguin Random House Grupo Editorial USA, LLC
8950 SW 74th Court, Suite 2010
Miami, FL 33156
Publicado por Vintage Español,
una división de Penguin Random House Grupo Editorial
Todos los derechos reservados.

Traducción: Vania Vargas
Diseño de cubierta: Ann Kirchner
Adaptación de cubierta: Penguin Random House Grupo Editorial
Imágenes de cubierta:
© Bibadash / SHUTTERSTOCK.COM
© Mary Long / SHUTTERSTOCK.COM

Penguin Random House Grupo Editorial apoya la protección del *copyright*.
El *copyright* estimula la creatividad, defiende la diversidad en el ámbito de las ideas y el
conocimiento, promueve la libre expresión y favorece una cultura viva.
Gracias por comprar una edición autorizada de este libro y por respetar las leyes del
Derecho de Autor y *copyright*. Al hacerlo está respaldando a los autores y permitiendo
que PRHGE continúe publicando libros para todos los lectores.
Queda prohibido bajo las sanciones establecidas por las leyes escanear, reproducir total
o parcialmente esta obra por cualquier medio o procedimiento, así como la distribución
de ejemplares mediante alquiler o préstamo público sin previa autorización.

Impreso en Colombia / *Printed in Colombia*

ISBN: 978-1-64473-688-3

23 24 25 26 27   10 9 8 7 6 5 4 3 2

Para las hijas difíciles

ÍNDICE

QUERIDA CHICA DE PIEL CANELA...

Eres eterna. Hay un fuego ardiendo dentro de ti y viene del lado de tu mami. Protege tu fuego, protege tu llama. Lo sientes todo y no sientes nada. Cargas un dolor, el dolor de hacer demasiadas preguntas, porque una vez has escuchado el sonido de tus cadenas no puedes dejar de escucharlas. Persevera por ti misma, pero también por tu mami, por tu papi, y por tu hermanita que apenas está empezando a entender las limitaciones que nuestra cultura le ha impuesto.

No eres de aquí ni de allá, estás en todos lados. Llevas tu cultura en las venas y la academia en tu corazón. No has olvidado de dónde vienes, pero has aprendido, logrado y quizá forzado tu camino dentro de espacios que no estaban destinados para ti. Así eres de poderosa. Desafías las expectativas de respetabilidad y parece que no te importara, ¿verdad, mujer?

Tu vocabulario es vasto y tu ingenio es agudo. Eres imparable.

Has ido a lugares en los que nadie de tu familia ha estado, y le temes a tu falta de miedo. No perteneces a nadie, pero eres responsable de muchos. Dependemos de ti. No dejes que nadie te diga lo contrario.

Eres innovadora. Tus padres presumen de tu brillo, mientras te exhortan a ser como las hijas de sus amistades, las buenas y obedientes que hicieron lo que les dijeron que tenían que hacer. Tus padres te dicen eso, porque no saben qué hacer con su chica de color. No han podido controlar tu fuego. Pero tus padres deben permanecer en tu corazón, mientras desmantelas el sistema que los ha mantenido a ellos y a gente como ellos en una posición de dominio. Ellos fueron dominados, pero tú no. Tu deuda con ellos es seguir luchando.

Tus parejas han tratado de inmovilizarte, han tratado de poseerte, pero has resistido, porque no estás destinada a pertenecer a nadie. Te perteneces completamente a ti misma.

Tu risa está llena de liberación.

No dejes que te arrebaten la pasión, muchacha color canela. Porque intentarán, sin compasión, tenerte bajo su dominio. Pero recuerda que sin pasión te extinguirás, y para estar a salvo asegúrate de mantener a otros cerca para que puedan levantarte y encender tu fuego de nuevo.

Porque nos necesitamos entre todos, mujer.

INTRODUCCIÓN

Este libro es la manera que tengo para democratizar el conocimiento. Los que están en el poder, mantienen su estatus controlándolo. Las salas de poder siempre han estado destinadas para unos cuantos y cerradas para muchos. La mayoría de los libros que me cambiaron la vida no se pueden encontrar en las bibliotecas públicas; hay que buscarlos en las bibliotecas de las universidades. Y una vez que has puesto tus manos sobre esos libros, te das cuenta de que no han sido destinados para ser comprendidos por personas que no tengan, por lo menos, un grado universitario. La jerga y el discurso admirado por los académicos es intencionalmente inaccesible. Esa inaccesibilidad es control en su máxima expresión. Si los académicos hicieran todas sus teorías de fácil acceso, ¿cómo seguirían siendo relevantes? Si te dan todas las fuentes, pierden poder. Si hacen que sus fuentes y su vasto conocimiento estén fácilmente disponibles para las comunidades oprimidas, pierden poder. El acceso tiene todo que ver con el poder, el control del conocimiento está fundado en la protección del poder, y a todo eso le digo: ¡que se joda!, porque la información que puede salvar vidas no debería ser acaparada.

Este libro es un mapa, y puede llevar a muchos destinos: internamente, interpersonalmente y más allá. Este libro es mi pequeña semilla de conocimiento para ti. Que te sane, que te rete, que te haga reír, pero lo más importante, que te lleve de vuelta a ti.

Ahora, antes de que corramos juntas este maratón, asegurémonos de empezar en la misma línea de inicio.

Yo utilizo la palabra «latine» en lugar de «hispano» o del masculino «latino» para hablar acerca de mis comunidades. El término «hispano» no incluye a la gente sin ascendencia española y no incluye a quienes no hablan español. Yo no utilizo la palabra «hispano», porque excluye a tanta gente de Latinoamérica y del Caribe, incluyendo las comunidades indígenas y negras que no se han mezclado con otras. Por otro lado, «latino» es un término de género, y como en muchas lenguas romances, el plural de muchos de nuestros sustantivos están predestinados por un uso masculino, se centra en los hombres. Con una postura como la mía, en la que intento explícitamente denunciar el patriarcado, usar un término plural masculino me parece una contradicción. Entonces, uso «latine» para abarcar las complejidades de nuestros territorios y para incluir a las mujeres y a los otros géneros.

Tampoco uso cursivas para mis términos en español. El español es mi lengua materna, y creo que soy una hablante de alto nivel del idioma inglés. Ponerles cursivas a las palabras en español, las resalta como extranjeras, y simplemente no es el caso. He tenido conversaciones, he asistido a clases, he leído libros en los que yo quedaba afuera de un supuesto círculo de conocimiento común, y me tocó salir y buscar esa información privilegiada por mi cuenta. Así que les pido a quienes me leen y no pueden captar lo que estoy diciendo, que experimenten lo que es sentirse ajeno.

También necesito declarar que no creo en la verdadera objetividad. Lo que sí creo es que el término es utilizado por gente, usualmente blanca, que tiene poder para darse autoridad por encima de los temas acerca de los que solo han leído. La sociedad ha hecho de la objetividad un arma para silenciarnos, matarnos y oprimirnos. Entonces, dado que todas las perspectivas son subjetivas, empezaré por hacerles saber, a quienes leen, cómo este texto será constituido por mí y por mis bases. Este es un texto vivo que refleja mi política y mi experiencia de vida. En él no diré qué tienes que hacer ni cómo tienes que existir en cualquiera que sea la realidad que domina tu vida. Los académicos aman aprender acerca de las culturas, de la gente, de comunidades que nunca han experimentado y, luego, con ese conocimiento, les encanta decirle a la gente qué tienen que hacer. Yo no quiero perpetuar ese daño de patologizar. En cambio, quiero contarte todo lo que he atravesado y cómo lo logré, y luego dejarlo sobre la mesa para que decidas cómo aplicarás mi experiencia y conocimiento o decidas si lo harás.

Yo no escribo para los blancos, ya hay una infinidad de libros escritos para ellos. Escribo para las mujeres negras, indígenas y de color (BIWOC)[1], para inmigrantes, para personas como yo, quienes hemos sido dañadas por teologías tóxicas; escribo para aquellas de nosotras cuyo corazón fue roto, por primera vez, por nuestros padres, escribo para que te sientas vista y acompañada. Pero este libro no es para cualquiera. Ningún libro debería serlo, a pesar de la defensa de la gente blanca frente a la idea del atractivo universal. Cada libro viene de una persona a quien la vida le dictó cómo escribirlo y por qué. No hay una perspectiva universal que pueda informar todo acerca de todos. William

---

[1] N. del E. Término que en inglés se refiere a mujeres negras, indígenas y de color (Black, Indigenous and Women of Color).

Shakespeare fue un británico blanco dramaturgo; Jane Austen, una novelista inglesa blanca, y Sandra Cisneros, una narradora latina. Nota quién se convierte en alguien con quien todos se identifican y quién está bien posicionado, y luego, deconstrúyelo.

La idea de democratizar el conocimiento siempre ha sido importante para mí, porque no creo que la academia sea una institución que pueda liberar a personas negras, indígenas y de color (BIPOC)[2]. Las instituciones para élites intelectuales blancas y masculinas no son lugares de liberación, son lugares de adoctrinamiento.

No creo que toda persona necesite obtener una educación universitaria o un grado académico. La meritocracia es un mito, y trabajar duro por estos elogios artificiales no predice el éxito o la inteligencia. Al mismo tiempo, cuando lo veo desde mi experiencia, yo no hubiera tenido acceso al conocimiento que gané sin esas instituciones. La educación cristiana y conservadora que recibí me aisló. Necesitaba de la educación superior para aprender teoría y ganar un cambio de perspectiva necesario, y conocer a las personas que estuvieran enfocadas en este tipo de aprendizaje. Lentamente, este conocimiento empezó a resonar en mí, me alimentó y me ayudó a crecer.

Caminando por la biblioteca, durante el último año en la preparatoria, vi este pequeño libro azul, lo saqué y empecé a leerlo. Me intrigaba que fuera un libro tan delgado; era lo suficientemente diferente para resaltar y llamar mi atención. Ese libro era una colección de poemas de Langston Hughes, y el primer poema que leí fue *Dejen que América sea América de nuevo*. Hay una línea específica que se repite a lo largo del poema y que llamó mi atención: «América nunca fue América para mí».

---

[2] N. del E. Término que en inglés se refiere a personas negras, indígenas y de color (Black, Indigenous and People of Color).

La escritura se sentía íntima. Sentí esas líneas diferentes a todo lo que había encontrado en el canon hasta ese momento y las entendí no como algo dicho por un afroamericano en Estados Unidos, que tenía que lidiar con la historia de la esclavitud, sino como una inmigrante de color, una ciudadana de fuera. Me sentí observada a través de esas líneas que ni siquiera habían sido escritas para mí. Pero, de otra manera, los destellos de este conocimiento que cambia la vida me hubieran eludido. No tenía a nadie a mi alrededor que reconociera mi lucha con la americanidad. Como migrante, constantemente se me recordaba que no pertenecía y sentía que siempre estaba peleando contra esta América. América era como esa novia abusiva que decía que estaba allí para proveer oportunidades en todos los ámbitos, pero en realidad, y en mi caso, todo se sentía más difícil de alcanzar. Cuando fallé en convertirme en parte del Sueño Americano, me culparon por no trabajar lo suficientemente duro. América nunca fue América para mí, porque América nunca fue la América que dijo que era. Convencí a mi mami para que me comprara la colección poética de Langston Hughes que todavía tengo conmigo. Cada vez que revisitaba esas palabras, sentía que estaba avivando un fuego dentro de mí que, de otra manera, se hubiera apagado.

En la escuela de posgrado, una red de mujeres cuir negras empezó a recomendarme libros. Creo que ellas vieron mi hambre por aprender y me bendijeron con más de lo que podía haber recibido fuera de la torre de marfil de la academia. El término feminismo me era familiar, pero, cuando me introdujeron al mujerismo, lo sentí más personal. Alice Walker tiene esta frase famosa: «Las *womanist* son a las feministas lo que el morado es al color lavanda». Son términos que se relacionan, pero el *womanism* está específicamente relacionado con las experiencias de las mujeres negras. Es el mismo árbol, pero son diferentes ramas.

La película favorita de mi mami es *El color púrpura*. Ella se ve a sí misma en estas mujeres y en sus relaciones con los hombres de sus vidas. Yo también la vi. Sería Jennifer Bailey quien me informaría que mi propio término en español existía. Ella es una reverenda ordenada por la Iglesia Metodista Episcopal Africana y, actualmente, la directora ejecutiva de Faith Matters, y me mandó a guglear el término mujerista. Mujerista es una teología de la liberación feminista latina, y parte de esta teoría prioriza a las personas pobres y a las carentes de derechos por encima de todo. Recuerdo su mirada amable sobre mí diciendo algo parecido a: «El *womanism* no es para ti, pero hay algo allá afuera hecho para ti».

Recuerdo cuando Carlin Rushing, una organizadora de movimientos de base y activista del Black Lives Matters de Nashville, me dio el libro *Indecent Theology* de Marcella Althaus-Reid y me dijo: «Tienes que leer esto». Recuerdo que estos regalos me llevaron a caminos de conocimiento acerca de nuestra gente. Me recuerdo necesitando esas voces guía más de lo que podía decir. Para una mujer con mis antecedentes, ir al seminario fue un acto de resistencia en sí mismo. Pero aprender, a través de estos libros, la manera de liberarme completamente de las teologías tóxicas que me habían dado forma fue un acto revolucionario, un acto de preservación personal.

Mi programa de posgrado me enseñó terminología que cambió mi vida, que finalmente liberó mi visión de mundo del sexismo internalizado, del clasismo, del racismo, el capacitismo y la xenofobia, entre otros. Yo necesitaba ese conocimiento, pero el intercambio casi me mató. Sufrí tremendamente porque odiaba la manera en que era vista y tratada en esos espacios.

No creo que sea necesario que renunciemos a nuestra dignidad para acceder al conocimiento que cambia vidas. Nadie debería tener que comprobar que es una de las buenas personas de color. Con este libro estoy intentando acercarte a este conocimiento sin que tengas que soportar las pruebas racistas estandarizadas, las matrículas prohibitivas, el canon universal de los hombres blancos y su mirada blanca dominante.

Yo quería escribir un libro que pudiera haber usado. Quería escribir el libro que hubiera encendido un fuego dentro de mí. Con este libro quiero que hagas lo que sea que estés lista para hacer con la información que obtengas. Es tu vida, y la autodeterminación es un bello regalo que no muchas de nosotras tienen el privilegio de experimentar. Entonces, quiero que leas este libro y, si algo se queda contigo, lo guardes como yo guardé los poemas de Langston Hughes, para avivar el fuego dentro de ti.

Mi método para este tipo de redistribución del conocimiento es lo que los teóricos de la raza crítica *latine* llaman «contranarrativas», aunque en el fondo este libro es una autoetnografía. Es todo lo que hay que decir. Estoy haciendo presión contra las narrativas blancas «universales», contando mis propias historias. No voy a definir el tono estrictamente dentro de la jerga académica. En su lugar, compartiré mis propias experiencias con las microagresiones. Hablaré acerca de políticas de respeto a través de mis propias luchas contra las políticas de respeto. Explicaré la descolonización mediante la explicación de mi propia liberación. Estos ismos no existen en las conversaciones filosóficas de salón entre las élites académicas, son experiencias reales, vividas, y son escritas como tales.

Debo advertir que esto no se trata de un libro bonito. Podrías perder muchas amistades, incluso familia, a lo largo del camino, pero esto es un buen trabajo, porque tiene la capacidad de liberarnos de todo lo que hemos internalizado acerca de la negritud, de tener otro tono de piel, de ser indígena, del trabajo duro, del respeto, la pureza, la masculinidad y la feminidad.

Yo me identifico como una muchacha de piel canela, porque fui racializada como tal. No siempre fue así como me identifiqué, como explicaré en el capítulo dedicado al colorismo. Me asignaron el color cada vez que me encontraba con gente blanca. No me miraban como blanca y no me daban acceso a la blanquitud. Cuando digo que soy color canela, me refiero al color de mi piel. Es un bello tono de caramelo, es una memoria distante de mis ancestros indígenas, es una piel que he tenido que aprender a amar. Ser de color no es una metáfora, es una realidad tangible, visible. Cuando digo que soy de color, hablo de mí con propiedad. Me estoy recordando que, todas las veces que pensé que algo estaba mal conmigo, eran momentos en los que, en realidad, algo estaba mal con ellos. Cuando digo que tengo la piel color canela, me refiero a un montón de experiencias que me marcaron, que me hicieron bajar la cabeza, que me hicieron disculparme, que me convencieron para llevar lentes de contacto de colores; la lista continúa. Cuando digo que soy de color me yergo sobre el dolor y lo repudio.

Uso el término BIPOC para referirme a personas negras, indígenas y de color. Este acrónimo reemplaza a POC, para subrayar las historias únicas de los negros y los indígenas. Mientras mucha gente de color es demeritada por ser migrante, ellos o sus ancestros, aún tienen el privilegio de escoger venir a los Estados Unidos. En contraste, los blancos americanos fundaron la nación por encima del asesinato de los indígenas y forzando a quienes sobrevivieron a que abandonaran sus tierras. Las personas blancas americanas construyeron su economía y riqueza secuestrando y esclavizando a las negras. Y los blancos americanos continúan violentamente con este legado hoy en día. BIPOC no es un término perfecto y podrá evolucionar más adelante, pero para este libro, este término en particular pareció ser el más preciso para reflejar mis propias políticas.

Tengo herencia indígena y me identifico como alguien dentro de la diáspora indígena, pero sé que cuando mi país de nacimiento habla de su gente, me incluye para bien o para mal. Mi identidad migratoria está unida a una nación de origen, Nicaragua, me guste o no. No experimento lo que las personas indígenas padecen hoy en día en mi país y alrededor del mundo porque hablo el idioma de mis colonizadores y he adoptado una postura colonizadora a lo largo de generaciones de autonegación forzada. Pero me veo a mí misma en la gente indígena y me mantengo firme a su lado. Espero que no experimenten la falta de conexión con sus raíces como la sentí yo. Mi opresión y subyugación no están en competencia con la de la gente negra e indígena. Al contrario, espero poder luchar junto a ambas.

La supremacía blanca es global y, aunque la reconozcas o no, existe. Este libro no intentará convencerte de su existencia global. Es un hecho. Pretender que no existe, solo la promueve.

Yo utilizo la palabra «chica» para referirme a mí misma y a mi audiencia, porque hay aspectos de mi infancia, de mi niñez, que me fueron robados por los ismos. El sexismo fue el primer sistema de opresión que conocí íntimamente y que vi activamente destruir los lazos con los hombres de mi familia. En mi familia se trató más de defender el sexismo que de amar y apoyarnos entre todos. El patriarcado es un sistema sostenido por todo el mundo, y todo el mundo participa de él. Regularmente, es el primer encuentro con los sistemas de opresión que muchas mujeres negras, indígenas y de color experimentan, y es común experimentarlo violentamente mediante nuestros propios padres, nuestros hermanos, incluso nuestras madres. El patriarcado fue la iniciación que me llevó a convertirme en un ente insensible frente a mis propias opresiones constantes.

Primero, necesitamos nombrar las fuerzas que se nos oponen, porque no podemos liberarnos de las cosas que no podemos entender. Y una vez que entendemos las opresiones sistémicas y su violencia, entonces podemos empezar a luchar juntas en contra de ellas. Este libro las nombrará para que puedas ver con claridad todas las maneras en las que nos han privado del poder. Este libro te dará todas las llaves prohibidas.

La liberación empieza con el conocimiento. Y conlleva un trabajo doloroso. La libertad no es un destino; es un viaje compartido. Este libro es para ti de parte de alguien como tú. A través de contarte estas historias, espero darte más herramientas para tu propia liberación.

CAPÍTULO 1

EL *VOLUNTURISMO*

Lo que escuchas en mi voz es furia, no sufrimiento. Rabia, no autoridad moral. Hay una diferencia.

—Audre Lorde

Siendo una niña que creció en Nicaragua, tuve algunas experiencias con doctores y dentistas blancos. Tengo una debilidad por ese tipo de personas. Tener acceso a los servicios de salud, a buenos servicios de salud, es caro para quienes carecen de recursos en muchos países latinoamericanos y del Caribe. Los doctores y los dentistas blancos viajarían desde Estados Unidos o Europa para atender a las comunidades que la mayoría no lo hará, ni siquiera los turistas que hacen voluntariado, los *volunturistas*. De hecho, mi primer diente me lo sacó un dentista blanco americano. Recuerdo el cuidado y la atención que recibí. En otra oportunidad, en la que sufrí una dura caída en bicicleta, un doctor blanco suturó todos los puntos que necesitaba. Él se quedaba en nuestra casa. Yo todavía tengo la cicatriz que me recuerda ese día. También quiero hacer notar que estos doctores nunca me pidieron una fotografía. Estaban demasiado ocupados ayudando a la gente. Tengo en alta estima a las personas que llegaron a nuestras comunidades para hacer ese tipo de trabajo. Pero el caso de los *volunturistas* es otra historia.

El *volunturismo* es violento. Se disfraza de buena acción para esconder que es un acto explotador, un acto de voyerismo. El *volunturismo* parece olvidar la historia o ignorarla estratégicamente. De cualquier manera, no podemos recompensar la ignorancia, ni siquiera si viene disfrazada de bondad.

Hablo desde mis experiencias como beneficiaria de *volunturistas* y misioneros. Nací en Managua, Nicaragua. Muchos de los juguetes de mi infancia, mi ropa y mi comida venían en barcos abastecidos por obras de caridad de una organización llamada Gospel Outreach. Recuerdo ir caminando por esos barcos viendo enormes cantidades de juguetes y cajas sobre cajas con sopas instantáneas. Estos suministros necesarios fueron cruciales durante mi infancia.

Pero resulta que la gente que enviaba todas esas cosas decidió que necesitaba ver las caras de la gente cuyas vidas estaban cambiando. No solo esperaban nuestra gratitud, sino también requerían nuestro tiempo. No tengo muchos recuerdos de mi infancia en Nicaragua que no incluyan *volunturistas* o, como a ellos amablemente les gusta llamarse, misioneros. Yo los llamo ayudantes blancos de corto plazo o *volunturistas*, porque es lo que estaban haciendo: estaban paseando por nuestras comunidades, entre nuestra gente, y disfrazaban su turismo de «buenas obras». Que no te hagan creer otra cosa.

Después de escuchar acerca de una serie de desastres naturales y una traumática guerra civil, una iglesia blanca, americana, envió misioneros a Nicaragua. Ofrecían ayuda como parte de su agenda de salvación. Eran cristianos que iban en busca de salvar nuestras almas, eran protestantes en busca de convertir católicos. Cuando mis padres católicos se convirtieron al protestantismo, la nueva iglesia requería que nos convirtiéramos en guías y anfitriones de las hordas de grupos misioneros que llegaban a visitar el país.

Pienso en ese tiempo y recuerdo que eran verdaderamente amables, demasiado amables. Esa clase de amabilidad en la que no preguntaban por nuestra dirección postal o nuestros números de teléfono, porque no se trataba de entablar una amistad de toda la vida. Se trataba, se sigue tratando, de lo que podíamos hacerles sentir acerca de sí mismos. A ellos les interesaba mi pobreza, mi aspecto, y parecían sentirse bien tratando de salvarme. Amaban ver lo poquito que teníamos, mientras eso los ayudaba a apreciar lo mucho que ellos tenían en casa. A menudo nos decían que les habíamos cambiado la vida. Estaban demasiado agradecidos por no ser nosotros. Mientras nos mantuviéramos pobres, luchando, en espera del próximo embarque con suministros, ellos podían volver a casa, sintiéndose más seguros, lejos de nuestra pobreza.

A cambio de bienes para la sobrevivencia, teníamos que darles una experiencia que les cambiara la vida.

Teníamos que darles la bienvenida a nuestra tierra con los brazos abiertos, como si su país no tuviera nada que ver con nuestro dolor. Como si su país no se hubiera enriquecido cuando sus gobiernos se robaron nuestros recursos y nos impusieron guerras ajenas. Como si su comodidad y seguridad no vinieran de nuestro sufrimiento y de lo que ellos hicieron para ponernos en riesgo.

Ellos querían que les dijéramos mil gracias mientras sonreían, como si lo que nos estaban dando no tuviera que ver con una deuda pendiente, como si no mereciéramos recibirlo por derecho. El estado de los llamados países subdesarrollados es el resultado de la avaricia y la explotación de los países desarrollados. El horror, el hambre y la explotación de los países del sur global están directamente relacionadas con la abundancia de alimentos, la alegría y la comodidad que estos *volunturistas* tienen en casa.

Las personas pobres siempre hemos visto a través de esta fachada de bondad, pero en tiempos de necesidad nos hemos adaptado para poder sobrevivir. Así que aprendí a actuar de manera graciosa y adorable. Desde la edad de cinco años, entendí que ellos no estaban allí por mí. En ese entonces no tenía las palabras que tengo ahora para ese aprovechamiento. Pero sabía que estaban tratando de obtener algo de mí: una experiencia. Así que decidí tomar de ellos lo que quería. Recuerdo haber elogiado el jarro de agua de una *volunturista* blanca e inmediatamente me lo regaló. Vi una oportunidad en su sentimiento de culpa. Un sentimiento de culpa que no nos salvará, porque nos salvamos a nosotros mismos. Hay muchas historias de personas con las que crecí que hicieron intentos de redistribución de los ingresos y fueron denigradas, han sido señaladas como las malas de la historia. Como si los *volunturistas* no fueran los que andan aprovechándose de las dificultades para su ganancia personal.

Todo está mal en su necesidad de venir y ver nuestro «agradecimiento» y nuestras caras de «alegría». La mayoría de *volunturistas* nunca han visto cómo vive la población del sur global y no se han cuestionado por qué vivimos así. Les hacemos apreciar sus vidas, porque, al ver cómo son las nuestras, les estremece. Cómo no hacerlo, si están acostumbrados al aire acondicionado central y a que cada quien maneje su carro con los cuatro asientos vacíos. Y luego vienen a nuestros países, en donde el agua caliente es un lujo y en donde, si una persona de tu familia tiene un carro, es porque tienen recursos. Los de fuera no pueden comparar estas realidades y permanecen inconmovibles, pero lo que necesitamos va más allá de la culpa blanca. Necesitamos que la gente blanca se rebele en contra de las políticas de comercio nacional implementadas por sus políticos de carrera y le pongan un alto a la explotación corporativa para que dejemos de vivir como vivimos.

Ellos degradan sus «actos de bondad», con su necesidad de ver andrajos. Ellos degradan su «preocupación genuina» pagando para viajar a países en donde se están muriendo de hambre debido al robo de los colonizadores blancos, en lugar de enviar dinero para apoyar a quienes protestan en su lugar de trabajo para revertir el daño. Ellos degradan sus «buenas intenciones» cuando documentan sus hechos para que les den una palmada en la espalda, un *like* en redes sociales, una beca en la universidad. Ellos degradan sus «retribuciones» esperando algo a cambio, como si nuestros ancestros muertos no fueran suficientes.

Así que lo repito, su necesidad de venir y ver el sufrimiento de la gente es voyerismo. Y lo rechazo. Hay que detener estas actuaciones antiéticas de «bondad», porque la mayoría de los *volunturistas* se han ido a contar sus historias que cambian vidas, pero no han cambiado nada.

—Firma: una niña pobre y de color a la que le tomaron
una foto sin su consentimiento.

El trauma generacional es el que realmente está en el centro de mi rabia hacia el *volunturismo*, el colonialismo y las intervenciones americanas. Estas son hechos aceptados, tienen un soporte histórico. Los Estados Unidos han interferido y han participado activamente en la muerte de eso a lo que Donald Trump se refirió como *shithole countries* o países de mierda.

El *volunturismo* es relativamente una palabra nueva que tiene orígenes desconocidos, pero combina el «voluntariado» y el «turismo» para definir una clase particular de personas voluntarias, no calificadas, que buscan visitar el sur global bajo un disfraz de benevolencia. A fin de cuentas, en lo que al trabajo realizado por *volunturistas* se refiere, sabemos que tiene un mínimo impacto.

Soy de Centroamérica, así que mis historias reflejarán eso. Como sea, cada país del sur global tiene sus propias historias horrendas, y al momento de leer es importante entender que no son casos aislados. Para entender el *volunturismo*, hay que entender el legado de la interferencia extranjera sobre generaciones de personas indígenas y negras. Empecemos con el catastrófico genocidio y la cristianización forzada en Latinoamérica a cargo de visitantes que se hacían llamar a sí mismos pioneros, exploradores, conquistadores, sacerdotes y cristianos.

Para los colonizadores, en los años 1400, la conquista también significaba la cristianización de las personas indígenas que vivían en esas tierras. La conversión y la tierra significaban poder. La iglesia buscaba poder, y que nadie te haga creer lo contrario. Y dejemos otra cosa muy clara. La cristianización no fue un acto pacífico.

La conquista de la tierra y de la gente estuvo intrínsecamente entrelazada para los colonizadores, y, francamente, esa narrativa sigue sin cambiar en la actualidad. Hoy en día, se sabe que quienes llegaron al Nuevo Mundo torturaron, violaron, explotaron y mataron a todo aquel que se les cruzó en el camino y también a aquellas que no lo hicieron. Y que siempre, la conversión fue enmarcada como un esfuerzo por «salvar» a los indígenas que habitaban estas tierras. Ese es el mismo lenguaje que los misioneros siguen utilizando. El asumir que algunas personas no tienen los medios para salvarse a sí mismos implica asumir su inferioridad.

En ese entonces, hombres de la Iglesia escribieron cartas en las que reflexionaban ampliamente acerca de que los indígenas no eran humanos. Estos líderes cristianos, regularmente alentaban la conversión forzosa. Los colonizadores eran europeos, pero más específicamente eran alemanes, ingleses, franceses, españoles y portugueses. No había una sola agenda; cada país tenía sus propios planes para expandir sus territorios. Pero, en lo que sí parecían estar de acuerdo, era en que los habitantes originales del Nuevo Mundo eran infrahumanos y, por lo tanto, solo podían ser elevados a través de la conversión y la reproducción con la gente de grupos superiores.

La asimilación fue y sigue siendo un componente importante del colonialismo, y fue requerida para la supervivencia de muchos pueblos indígenas. Muchos fueron adoctrinados a la fuerza para aceptar la religión. Fue una época en la que las naciones y las religiones estuvieron entrelazadas y la difusión de una religión mundial implicaba tener más gente a la cual reclamar como sujetos. Toda esta iniciativa nunca tuvo como objetivo salvar a nadie, a pesar de que era lo que decían. En cambio, se trataba de adquirir poder y de cuál de todas las naciones colonizadoras iba a ser la más poderosa. La conversión forzada era vista como un acto necesario para el bien, porque ser cristiano era ser humano.

La idea de elevar la existencia de otras personas significaba no creer que ellas fueran capaces de saber por su cuenta qué era lo que más les convenía. Este es un acto deshumanizador bajo el velo de un acto benevolente, y haya sido o no intencional, es la historia y el fundamento del trabajo misionero de la actualidad.

Los colonizadores «descubrieron» nuevas tierras, pero también se las robaron; se robaron las creencias religiosas de varias generaciones y, en general, lo tomaron de gente que consideraban inferior. Las civilizaciones indígenas que destruyeron eran maravillosas; las pocas que sobrevivieron quizá nunca vuelvan a ver su gloria original.

Al mismo tiempo que se daba la cristianización, los europeos se estaban reproduciendo con las indígenas. Algunas veces, de manera consensuada; otras, a la fuerza. Algunos de estos prime-ros misioneros se jactaban, incluso, de que ese era su «servicio a Dios», crear una mezcla de niños que fueran europeos e indíge-nas. Este acto traumático de devaluar a grupos enteros basados en definiciones racistas de lo civilizado y lo incivilizado todavía está vigente hoy día. La mayoría de Latinoamérica está com-puesta por mestizos, gente que es mitad europea, mitad indíge-na. A la fecha, los mestizos latinoamericanos son en su mayoría antindígenas y ese es el resultado de haber pensado que los indí-genas eran seres inferiores y que mezclarlos significaba elevarlos de nivel. No creamos el sentimiento antindígena: se nos enseñó, lo tuvimos que aceptar a la fuerza, y luego lo internalizamos y lo perpetuamos como si fuera parte nuestra. Esa es la naturaleza insidiosa de la colonización. Mucha gente ha sobrevivido asimi-lando los valores de los grupos dominantes, y este racismo inter-nalizado continúa traumatizando naciones enteras.

Este tipo de violencia horizontal es una experiencia doloro-sa, y esta violencia que infringimos unas personas sobre otras es horrorosa. Mi trauma y el trauma de mi familia fue y continúa siendo infringido por nuevos colonizadores, mejor conocidos como *volunturistas*. Cuando celebran el *volunturismo*, recuerdo que no he sido la primera que ha sufrido este tipo de terroris-mo, ni seré la última, así que es mi deber ponerlo sobre la mesa.

Tengo herencia negra e indígena. Soy una persona con raíces profundas en mi país y, por lo tanto, veo a estos visitantes que se llaman a sí mismos salvadores, como el legado continuado de la poscolonización.

La familia, por parte de mi madre, viene de un pueblo po-bre y rural de Nicaragua conocido como Jinotega. Jinotega era en su mayoría indígena hasta finales de 1800 y principios de 1900. Adicionalmente, esa parte de mi familia tiene un histo-rial de desprecio hacia la gente indígena. El bloqueo de la propia conexión indígena es común para mucha gente en Latinoamérica. Pero, recientemente, mi tío empezó a estudiar la genealogía de nuestra familia en Jinotega. Este tío descubrió que mi bisabuelo materno era indígena y que hablaba un dialecto indígena, hasta que lo abandonó.

Yo crecí visitando a este bisabuelo: Papá Tingo, como le decíamos de cariño. Vivió como cien años. Nunca hablamos mucho, pero lo conocí. Lo veíamos una vez al año, y cada vez mi madre decía que no sabíamos si esa iba a ser la última vez que lo íbamos a ver; era un dicho de mamá latina. Crecí sin pensar mucho en él, pero desde que tengo esta pieza vital de información acerca de su vida, añoro ciertas historias.

Mi familia cuenta historias para mantener a la gente con vida, incluso después de que han muerto. Contamos historias en su honor. Las mujeres en mi familia han sido las principales narradoras. Papa Tingo no compartió sus historias conmigo ni con mi madre ni con nadie más que pudiera trasladarlas hacia nosotros. Pero estas experiencias y su trauma están en nuestros genes, y nuestros genes recuerdan. El trauma se hereda.

El *volunturismo* es una industria multimillonaria y está dirigida y patrocinada por cristianos blancos que buscan olvidar los pecados de sus antepasados. Quieren ese sentimiento que nace después de ayudar a las personas desfavorecidas de los territorios desamparados. No se dedican mucho a pensar por qué algunos territorios tienen más que otros, y en este capítulo no voy a dejar que lo olviden.

Venir a los Estados Unidos nunca fue el objetivo, mi familia nunca estuvo esperando que migráramos. De hecho, mi mami lloraba seguido, porque había dejado a su familia y a sus amistades. Dejamos sus raíces. Un árbol no puede vivir sin raíces, tampoco mucha gente. Mi abuela materna murió antes de que mi mami pudiera verla, antes de que pudiera decirle adiós. No logró llegar lo suficientemente rápido. Mis huesos sienten esa angustia, ese desplazamiento.

El desarraigo es doloroso, y algunas personas no logran sobrevivir a ese cambio. Nuestra migración fue un gran cambio y una gran realidad por aceptar, a pesar del hecho de que todos entendimos que las cosas serían más fáciles de lo que habían sido en nuestro país. Nicaragua es el segundo país más pobre del hemisferio occidental, seguido únicamente por Haití. Cuando migramos, en 1992, mi país llevaba años en ruinas. La corrupción y la pobreza eran la norma y el cambio de clase era casi inexistente, aunque se puede decir lo mismo de los Estados Unidos. Aun así, el potencial de ganancias aquí es diferente, y un dólar americano es igual a muchos córdobas nicaragüenses. El saqueo de las naciones occidentales es lo que devalúa nuestro córdoba. Con todo, el ingreso que mi papá podía proveer para nosotros y para mi familia era demasiado grande como para dejarlo pasar.

Y a pesar de que la gente de mi familia inmediata ha hecho su vida en Estados Unidos, eso no elimina el hecho de que mi migración es consecuencia de las intervenciones americanas, y muchos inmigrantes, a menudo, pagan altos precios por estas intromisiones. Si alguna vez has visitado un país que no sea tan rico como los Estados Unidos, tienes que saber que estos países no terminaron siendo así de pobres por sí mismos. Mi Nicaragüita estaba en donde estaba en 1992, debido a muchos años de intervenciones.

Los Estados Unidos son responsables de haber derrocado a uno de nuestros presidentes más progresistas, José Santos Zelaya. Luego, en la década de 1920, los Estados Unidos designaron a Somoza, Anastasio Somoza García, para controlar nuestras tierras y a nuestra gente. Estados Unidos tenía una fijación con nuestras tierras y nuestros recursos, y su gobierno invirtió millones de dólares en mi país con el objetivo de explotarlas. Los americanos regularmente instalan jefes de estado en los países que están explotando, porque esa es la manera en la que un imperio continúa reinando. Para los Estados Unidos es una transacción básica de negocios. Pero esas transacciones cambiaron para siempre a mi país y a numerosos países alrededor del globo. Debido a estas intervenciones obvias, se gestaron muchas revoluciones en mi país, una de las más famosas fue la de Augusto César Sandino. Finalmente, Sandino fue asesinado. Es lo que sucede cuando intentas luchar en contra de los Estados Unidos.

Después de que los Estados Unidos pusieron al frente de mi país al primer Somoza, los nicaragüenses vivieron la dictadura de otros dos Somoza. Los hombres de estas familias eran corruptos y capaces de amasar grandes fortunas en Latinoamérica debido al saqueo de nuestros recursos naturales.

Los Somoza vendieron derechos sobre el ganado y la tierra a cualquiera que tuviera una cartera robusta. A los Somoza nunca les importaron los nicaragüenses, porque estaban demasiado ocupados haciéndose ricos. Cuando Tachito —el último de los dictadores nicaragüenses, también conocido como Anastasio Somoza Debayle— llegó al poder, continuó con el horrible régimen de los Somoza que finalmente duró cuarenta años. Tachito fue a West Point y fue el único que se graduó de esa escuela con su ejército personal. Ese ejército fue su regalo de graduación. Tachito nunca fue fiel a nosotros, les pinoleres, porque apenas lo era. Como heredero del «trono» nicaragüense, fue criado de manera muy diferente a muchos nicaragüenses. No tenía lealtad a nosotros, solo a nuestro dinero.

Tachito fue criado en Estados Unidos y hablaba mejor el inglés que el español. Creció siendo rico. Los locales se refieren a él como «el último marino», precisamente porque era visto como un extranjero, y porque de todos era sabido que los Somoza y los Estados Unidos se cubrían bajo la misma sábana. Las Naciones Unidas mencionaron a Tachito en los años 70 como responsable de muchas violaciones, y a su guardia nacional de monstruosidades en contra de nuestra ciudadanía. En esa época, mucha de la población nicaragüense no podía negar el terror, y se puso en marcha una poderosa revolución. Somoza trató de impedirla con la ayuda y entrenamiento de soldados estadounidenses que equiparon a la guardia nacional con todo lo que necesitaban, para ponerle un alto a la revolución que se estaba llevando a cabo.

Con todo, nuestra revolución fue un éxito. Los sandinistas derrocaron a Tachito, pero antes de que el dictador volara hacia los Estados Unidos, todavía pudo meter las manos en nuestro dinero. El gobierno de mi país quedó únicamente con 3 millones de dólares en total. Los Somoza nos habían dejado en ruinas, y teníamos que reconstruir un país con lo que quedaba. Después de la revolución, los guerrilleros y los líderes tuvieron que probar su lealtad. Intentaron devolvernos a los días anteriores a que los dictadores nos robaran nuestros derechos.

Mi tío, el hermano mayor de mi papi, fue parte de la Guardia Nacional durante la tiranía de uno de estos presidentes. Mi tío le sirvió al dictador Tachito, porque le habían prometido una beca para ir a la universidad. Tío José fue uno de los guardaespaldas personales del presidente y sus secuaces. Los guardias nacionales de esa época eran conocidos por ser asesinos despiadados y eventualmente les iban a cobrar sus crímenes. En contra de las firmes protestas de mi familia, mi tío se hizo parte de la Guardia Nacional ya en los últimos años del régimen de Tachito. Cuando los sandinistas ganaron, todos los soldados de Tachito fueron llevados a prisión.

Mi tío solo sirvió al dictador durante pocos meses, pero cuando Tachito huyó del país, mi tío fue condenado a pasar 23 años en la cárcel. Mi papi arriesgó su vida para salvarlo, tuvo una reunión con el presidente sandinista Daniel Ortega. Mi papi y su banda habían sido invitados a tocar en una fiesta presidencial, y esa noche se dirigió a Ortega para pedirle que interviniera en la libertad de mi tío. Gracias a esta petición de mi papi, mi tío fue liberado. Debo hacer notar que mi familia no viene de una línea de soldados; nuestra herencia está en generaciones y generaciones de músicos. Pero las intervenciones americanas convierten en soldado a todo el mundo.

Lo que recuerdo de mi tío es que era un alcohólico. Mi tío bebía hasta perder la conciencia, y eso podía suceder en cualquier lugar. Si perdía la conciencia frente a la casa de su mami, al menos sabíamos que estaba a salvo. Dios no quisiera que se quedara en algún lugar de la calle, cosa que sucedía regularmente, y que nos llegara el rumor a través de los niños que jugaban allí. Los niños llegaban al portón de mi abuela para decir en dónde habían visto a mi tío por última vez.

Siempre que visitábamos a mi abuelita paterna, que era bastante seguido, tío José venía. Los niños, mis primos y yo, éramos llevados lo más lejos posible de él. No era porque las personas adultas pensaran que él fuera peligroso, sino tal vez porque él era el remanente de un pasado que todos queríamos olvidar. Ya no estábamos en guerra, pero se sentían sus ecos y estaban con nosotros, incluso cuando intentábamos olvidar activamente.

Y mientras la familia intentaba olvidar, parecía que él no podía. Nunca sabré lo que ese tío vio y por lo que atravesó mientras intentaba mantener vivo al dictador Tachito. Siendo una niña nunca pude entender su alcoholismo, pero ya adulta me pregunto de qué estaba tratando de escapar. Me pregunto contra qué demonios estaba luchando. Me pregunto qué estaba tratando de silenciar en su interior.

El tío murió hace algunos años. Resulta que se emborrachó a tal grado que perdió la conciencia en una carretera y un carro lo arrolló. Perdió la conciencia en un lugar en donde nadie lo podía proteger.

Solo he visto llorar a mi papi unas cuantas veces, y cuando escuchó la noticia de la muerte de su hermano lo vi sollozar. Nunca sabré lo que mi papi sabía, de lo que mi papi me protegía, pero nunca olvidaré esas lágrimas. El trauma se hereda.

Él tuvo otro hermano que se unió al ejército, pero del otro lado. Mi tío era un adolescente y cantaba en nuestra iglesia cuando fue forzado a entrar al ejército sandinista para pelear contra el respaldo de los Estados Unidos a la dictadura de Tachito. Este tío era pacifista. No creía en la violencia, y por esa razón su comandante le pegó un tiro en la cabeza frente a todo su pelotón. Eran tiempos de tensión, y la compasión no era lo que se necesitaba para acorralar a Estados Unidos.

La muerte de mi tío es una marca oscura dentro de la revolución sandinista para mi familia. Pero para mí, su muerte significa una marca oscura sobre los Estados Unidos. Mi tío fue asesinado porque los Estados Unidos insistían en mantener a nuestro país entre sus garras; los americanos querían mantener el control sobre nuestras tierras y asegurar sus inversiones.

Luego de la devastación de tener que enterrar a uno de sus hijos más pequeños, mi abuelita se paró frente a la puerta de su casa en el vecindario de Las Brisas y se opuso a que los sandinistas se llevaran a otro de sus hijos. Dijo que tenían que matarla antes de que dejara que otro de sus hijos se fuera. No se llevaron a ninguno más. El trauma se hereda.

Los sandinistas derrocaron al régimen de Somoza, pero la remoción de un títere no implica la remoción del titiritero. Nuestra revolución amenazó el alcance del poder americano. El embargo en 1985 fue solo otra estrategia americana para volver a poner al país en línea.

He visto luchar a mi país desde el día en que nací. Nací en 1985, durante la revolución y apenas unos meses antes de que Estados Unidos pusiera el embargo. Fue un tiempo en que hasta costaba encontrar pañales y leche de fórmula. Crecí escuchando acerca de nuestra revolución y la tensión que creó para todas las personas. Crecí entendiendo que mis padres habían vivido a través de una guerra y habían sobrevivido a pesar de todos aquellos que no pudieron. Mi madre nos dio a luz a mi hermano y a mí en medio de la angustia de dar a luz en un país roto por el conflicto. El trauma se hereda.

No puedo culparles totalmente por la manera en la que el trauma les ha impactado y me ha impactado a mí. Pero lo que sí puedo hacer es mantener la responsabilidad de Estados Unidos y de los *volunturistas* por defender una narrativa en la que se ven a sí mismos como gente que «está ayudando» en países que, en realidad, los americanos ayudaron a destruir. Pero me tocó aprender mi historia y entender la supremacía blanca para encontrar las palabras, para nombrar el trauma generacional que me ha impactado desde siempre. Durante mucho tiempo aspiré a convertirme en americana, hasta que me di cuenta de lo que América ha significado directamente para mí, y cómo ha cambiado el curso de toda mi familia. El conocimiento me dio el poder para quitarme el velo que cubría mis ojos; el conocimiento me permitió verlo todo con claridad.

Y aun así, nos han asignado la tarea de darle la bienvenida a nuestra tierra, con los brazos abiertos, a estos colonizadores, como si su país no fuera responsable de nuestra angustia. Entonces, la pregunta es: ¿qué han hecho estos *volunturistas* y qué podrían hacer en sus propias comunidades?

Nicaragua no es un caso especial; Nicaragua no ha sido saqueada más que cualquier otro país del sur global. Nicaragua solo es uno en una larga lista de países que han atravesado actos terroristas similares a cargo del poder de Estados Unidos y los países europeos. Basta con una búsqueda simple en Google para darse cuenta de lo que ha sucedido en Iraq, Honduras, Puerto Rico, Tailandia, el continente africano, literalmente cada país con una ciudadanía de color. Nada de lo que he compartido en este capítulo es noticia, pero aún allí existe un repudio absoluto de esta información que continúa golpeándome.

Me enoja que me hayan tomado una foto sin mi consentimiento esos misioneros que vinieron a plantar algunos árboles en la iglesia de nuestro orfanato. Pero más allá, me enoja que estos misioneros visiten el país. Lo que pido es que los misioneros dejen de visitar nuestros países. Lo que pido es que hagan algo que cambie significativamente la grave situación de nuestros países, abogando para que sus gobiernos dejen de saquearnos.

La verdadera generosidad está asentada en esforzarse para que estas manos —sean de los individuos o de toda la gente— tengan que pasar menos tiempo extendidas, suplicando.
—Paulo Freire

Cuando tenía veinte años asistí a uno de los institutos teológicos de élite en América que se enorgullece de producir impulsores y agitadores progresistas: la Vanderbilt Divinity School en Nashville, Tennessee. VDS es un bello lugar utópico en donde me retaron y me empujaron a aprender más de lo que creí que podía manejar y, francamente, me cambió para bien. Como sea, esos refugios liberales progresistas también reproducen una clase particular de estudiante blanco.

La gente blanca que conocí allí eran personas bien educadas y bien intencionadas que sabían todos los ires y venires del racismo y del colonialismo, pero que, de alguna manera, posicionaron esos problemas fuera de ellas mismas en lugar de apropiarse de ellas. Estas personas no entendían que eran parte del problema y no se veían a sí mismas como beneficiarias de ese sistema de opresión. Muchas se veían a sí mismas como aliadas.

Fue en este programa en el que encontré por primera vez el término *volunturismo*. Finalmente había encontrado la palabra para validar mi experiencia inquietante y mis sentimientos disonantes. Y mientras batallaba contra esa disonancia que había experimentado crecer, una nueva disonancia estaba surgiendo. Me encontré rodeada de gente que conocía la terminología y aun así encontraban la manera de justificar sus acciones como diferentes o mejores.

Yo era la típica estudiante de posgrado que leía todo el día y bebía toda la noche. Un día, bebiendo y charlando con uno de mis colegas blancos, llegamos a su dormitorio. Vivíamos en el mismo edificio y él tenía que pasar por algo antes de enfilar hacia los bares esa tarde. Nunca antes había estado en su cuarto y empecé a observar. Tenía las típicas fotos y baratijas esparcidas, y de repente algo llamó mi atención.

Estaba aturdida. En su librero de IKEA tenía enmarcada una foto de él mismo, un hombre muy blanco, abrazando a un grupo de niños de color.

Es decir, VDS habla abiertamente acerca de los problemas de los salvadores blancos y la manera en que se manifiestan a través de la consumación del trauma de color. Yo había asumido que todos poníamos atención en clase o había asumido que la gente sabía mejor las cosas. Recuerdo vívidamente ese momento, porque me enseñó mucho acerca de mí misma en relación con el programa en el que estaba participando.

Yo entorné los ojos y me incliné; él me vio observando y dijo algo como: «Esa foto es de cuando fui a Guatemala». Mencionó que había estado viajando con un grupo de la iglesia o de una universidad cristiana. Recuerdo haber visto cómo intentaba justificarse, como diciendo: «No soy como esa gente blanca que no respeta otras culturas. Soy diferente». En aquel momento no sabía cómo reaccionar en contra de un amigo. No sabía cómo desafiarlo por hacer lo que él creía que era una buena acción.

Salimos, pero no podía quitarme la imagen de la cabeza. Esos niños de la fotografía, esos niños sonrientes color canela se veían como yo me había visto alguna vez. Me quedé pensando en cuántos misioneros habían enmarcado las fotos que me habían tomado, que se habían tomado conmigo. Me preguntaba si cuando hablaban de sus viajes hablaban de mí o se centraban en ellos mismos. Me preguntaba en qué contextos era apropiado y en cuáles no era apropiado tener fotos de niños anónimos en tu cuarto.

Yo recuerdo a la gente blanca que me tomaba fotos en Nicaragua, pero no recuerdo que alguna vez me hayan pedido permiso para hacerlo. No recuerdo haber pensado alguna vez que esas fotos se iban a convertir en trofeos de buenas acciones, en dormitorios a lo largo del país.

Ese día, en Nashville, me sentí violada y ese sentimiento ha sido difícil de aceptar. Me sentí protectora de los niños enmarcados en la foto del cuarto de ese estudiante blanco. Me sentí enojada. Me quedé pensando en el consentimiento y en si a esos niños les habían preguntado si daban el suyo para que les tomaran la foto, los enmarcaran y los colocaran para exhibición en un dormitorio. Quería pedirle a mi amigo que me dijera el nombre de cada uno de esos niños. «¿Quiénes son estos niños para ti?», quería preguntarle. «¿Quién crees que eres para visitar un país tan pobre y pretender que tu visita es un acto de benevolencia?».

Las cosas cambiaron entre ese amigo y yo después de que vi esa foto y también cambiaron cosas entre mis colegas blancos y yo. Quedé a la defensiva; me vi repentinamente como temía que otros me miraran. Para ellos quizá yo no era solamente una estudiante de posgrado sobreviviendo a los exámenes parciales, a los ensayos, a las lecturas y a los finales. Empecé a verme a mí misma como alguien cuya humanidad no era valorada. Esos niños de color se parecían más a mí que cualquiera en mi programa de posgrado. Y pensé que mis colegas blancos, probablemente, no me veían como uno de ellos.

La mayoría de gente del programa probablemente no sabía que yo había recibido ayuda misionera. La mayoría de mis colegas quizá no sabía que yo era como esos niños sin nombre desplegados sobre los refrigerados o chimeneas, vestidores o libreros de IKEA. Me di cuenta de lo poco que teníamos en común, porque ellos se miraban a sí mismos como salvadores, mientras que yo era vista como alguien que necesitaba ser salvada. En ese momento me di cuenta de que no teníamos una amistad, y que por siempre sería su simbólica amiga de color. Yo estaba allí únicamente para llenar un rol que legitimaba su papel de aliados.

El *volunturismo* no es el problema de un conservador. Es también *volunturismo* si lo hace un liberal. El *volunturismo* es producto de la supremacía blanca y es una forma de señalización de la virtud que se centra en asumir la bondad de la blancura.

Si los blancos están tratando realmente de liberar a las personas, de ayudarlas, entonces solo pueden ser efectivas las acciones reales y tangibles hacia la liberación. El camino exige que la sociedad deje de premiar a los *volunturistas* con becas, aprobación en redes sociales y admiración por sus supuestas experiencias que cambian vidas. Para curar las generaciones del trauma que los blancos han infligido sobre las personas de color, lo primero que tienen que hacer los blancos es rendir cuentas.

Exigiendo que abran las fronteras es como se empieza a reparar esas relaciones con las personas cuyos países se han convertido en territorios invivibles. Exigiendo y asegurando el acceso a los servicios de salud para todo el mundo en este país, incluyendo servicios de salud mental, es como podemos empezar a sanar el trauma. Muchas personas inmigrantes ni siquiera han empezado a sanar las heridas de la guerra y el desplazamiento y aun así tienen que vivir en una sociedad capitalista que demanda contribución financiera como justificación a su inmigración. Hacer que el proceso para conseguir visa sea menos imposible sería un buen comienzo. Tenemos que empezar a dejar de enseñar solo un lado de la historia en nuestras escuelas. Hay que dejar que la gente tenga toda la información necesaria para ser una mejor ciudadanía global. Debemos asegurar que los Estados Unidos cambien su trato hacia los países extranjeros, especialmente los más pobres, «los países de mierda». Porque estos son los que están sintiendo los efectos de la globalización y tenemos que hacer lo mejor por ellos.

La mayoría de mi familia todavía vive en Nicaragua; solo mi familia inmediata logró salir. Las visas son difíciles de conseguir, y como solo parte de mi familia ha migrado, nuestros corazones siguen en casa.

Es a través de ellos que vivo recordando que no soy libre y por ellos es que debo hablar. En 2018, luego de algunos levantamientos y protestas en Nicaragua, mi primo fue secuestrado por el gobierno nicaragüense, bajo sospechas de ser parte de los levantamientos. Algunas veces, por el miedo a regresar a las dictaduras, los líderes revolucionarios se convierten en asesinos. Llegaron a la conclusión del involucramiento de mi primo basados en su edad que, como universitario, encajaba con la de la mayoría de los inconformes. Cuando fue secuestrado, estaba trabajando en la universidad como custodio. Era como él pagaba sus estudios y ayudaba a su familia. Fue torturado durante casi un año y varias veces pensamos que había muerto, porque no sabíamos de su paradero. Mi tía escuchaba acerca de tumbas sin nombre y se iba a buscarlas para tratar de identificar su cuerpo. En una oportunidad escuchamos que estaba en El Chipote, una vieja cárcel abandonada que era utilizada para torturar en los tiempos de mis padres. Ahora, la estaban utilizando para torturar a un nuevo rebaño de jóvenes de quienes sospechaban que manejaban información. Eventualmente, la cárcel fue cerrada cuando las Naciones Unidas empezaron a investigar acerca de las violaciones a los derechos humanos que se llevaban a cabo allí. A casi un año de la desaparición de mi primo, nos dijeron que estaba en un lugar desconocido, y para que lo devolvieran, sus padres tuvieron que pagar un rescate. Luego de pagarle a los policías, lo recuperaron y tuvieron que enviarlo a otro país por su propia seguridad. La última vez que vi fotos de él, días antes de ser liberado, pude sentir que algo había cambiado en él. Tenía los ojos hundidos, su hermosa sonrisa había desaparecido.

Todo esto me llena de rabia y, a veces, me enoja tanto que ni siquiera puedo ver soluciones. Pero sé que puedo empezar a sanar en la medida en que nombro a esa rabia y encuentro al verdadero culpable. Vivo con los ojos bien abiertos, ningún velo los cubre, y sin ninguna admiración por América, a pesar de la propaganda nacionalista que prevalece todo el tiempo, y aún más durante la temporada electoral. Me he enamorado de mi gente ahora que sé todo por lo que hemos pasado para estar vivos hoy. He sanado a través de saber y conocer que puedo avanzar hacia posibles soluciones. Ya no estoy atascada en el trauma y la confusión que este crea. En su lugar, he aprendido a existir y resistir. Yo me esfuerzo diariamente para encontrar gozo a pesar de todo lo que ha sido hecho para quitarnos la alegría.

CAPÍTULO 2

EL COLORISMO

El colorismo no es propio únicamente de los negros americanos;
gente de color alrededor del mundo —de África, Latinoamérica,
Asia, y el Caribe, etc.— son impactados por el colorismo global
o la generalizada superioridad de los tonos blancos de la piel por
encima de los de la piel más oscura, a lo largo de todas las comu-
nidades de color.

—JeffriAnne Wilder

Mi mami dice que me salga del sol. Mi mami dice que me ponga protector solar. Mi mami dice que no vaya tanto a la playa.
Pero ella no me está protegiendo del cáncer de piel; eso es algo
que no está realmente en nuestro radar como migrantes ni es de
nuestras principales preocupaciones, desafortunadamente. Ella
no me dice que me aleje del sol porque le preocupe mi salud. Mi
mami no quiere que se me oscurezca mucho la piel.

Verán, mi mami es de las montañas de Jinotega, Nicaragua.
Las montañas en donde la temperatura se mantiene fresca, a

unos 60 grados Fahrenheit. Hay niebla y la gente usualmente usa suéteres. Mi mami, como mucha de la gente de su pueblo, tiene la piel clara, ella no agarra color en el sol, ella se quema. Mi mami se pone colorada y sufre quemaduras de sol de una manera que yo nunca he experimentado. Pero su piel no es tan clara como las de mis tías ni la de su hermano más pequeño, tío Iván. Mi mami tiene el pelo negro y mis tías tienen el pelo castaño y cenizo. Como mi mami es una de las más grandes de todos sus hermanos y primos, y como cada niño que nació después de ella era más rubio que el anterior, mi familia bromeaba diciendo «la raza mejoró» con cada niño. Y es evidente que el tono más oscuro de la piel de mi mami es el tono más claro de mi piel.

Mi mami nació de un hombre de ojos verdes, piel clara y cabello castaño: mi abuelito Nicolás. Todo el mundo está esperando que los ojos de mi abuelito sean heredados y resurjan algún día, a pesar de que parecen haber evadido ya a dos generaciones. Su madre era afronicaragüense, pero de ella no hablamos. Me enteré de mi bisabuela negra a finales de mis veinte años, a través de una conversación casual que me dejó sorprendida. Todo el mundo parecía contento con esa ausencia.

Como sea, yo heredé los genes de mi papi. La familia del lado de mi papi es más oscura. Ellos tienen la piel canela y prominentes rasgos indígenas, narices más anchas, pelo liso, oscuro. Mi papi no se avergüenza de sus rasgos. Al contrario, a mi papi no le interesa su tono de piel. Ama sentarse al sol sin restricciones, mientras mi mami usa sombrero, lentes y camisas de manga larga si puede. Pero mi papi es hombre y los estándares de admiración para ellos vienen de su habilidad de manejar algunas definiciones arbitrarias de hombría. Eso no significa que mi papi no haya experimentado discriminación debido al color de su piel. Tengo recuerdos muy claros de la hipervigilancia que mi papi experimentó después del 9/11 junto a otros hombres de color en este país. Esos operativos sorpresivos que llevaba a cabo la administración de seguridad de los medios de transporte eran difíciles de ignorar como meras coincidencias. Como sea, cuando era niña, lo que un hombre podía proveer para su familia tenía mucho más valor que el color de su piel. Por otro lado, las mujeres éramos valoradas por nuestra fragilidad, nuestra pureza y nuestra cercanía a los estándares blancos de la belleza.

Yo entendí esto en la medida en que iba creciendo. Las chicas más lindas de mi clase eran las que tenían la piel, los ojos y el cabello más claros.

Mi mami dice que me salga del sol. Mi mami dice que me ponga protector solar. Mi mami me dice que no vaya tanto a la playa, porque tengo el color de mi papi y el género de mi mami; vaya maldición haber nacido mujer y tener la piel de otro color en una cultura que odia a las mujeres, especialmente a las de piel más oscura.

Pero andar evitando el sol se siente antinatural, desagradable, cuando sé, perfectamente, que las políticas de pigmentación le han estado diciendo a mi gente que tener la piel canela es malo y que adquirir un tono más oscuro es culpa tuya. A pesar de haber crecido con bajos recursos, no queremos parecer trabajadores del campo. Es vergonzoso hacerte cargo de tu pobreza y más aún si tu piel empieza a contar la historia de tus infortunios. Nuestras comunidades actúan como si ser de color fuera opcional, como si pudiéramos disminuir el tono de nuestra piel manteniéndonos lejos del sol y esperar a que los tonos amarillos de fondo se vuelvan rosados.

Mi mami dice que me salga del sol. Mi mami dice que me ponga protector solar. Mi mami me dice que no vaya tanto a la playa. Mi mami dice "te estás poniendo negra" con un tono de rechazo en su voz.

Pero yo no puedo evitar el hecho de que mi piel brilla con toda esta luz solar. Como un acto de magia, el sol convierte esos rayos solares en nutrientes, en vitamina D. Si me preguntas de qué color es mi piel, te diré que es del color del cafecito con leche que te tomas una mañana con tu abuelita. Es un matiz de caramelo que parece irreal pintado sobre mi carne. Yo no me quemo con el sol; yo evoluciono ante mis propios ojos. Mi piel de color es hermosa. En el invierno adquiere un tono más claro, el tono de las nueces, y en verano se oscurece. Tengo que cambiar mi maquillaje conforme cambian las estaciones para armonizar con la bella evolución del tono de mi piel, porque mi piel es fabulosa.

Amo mi piel color canela, pero me ha tomado años darme cuenta de eso y de reparar todos esos años que me hicieron evitar el sol, como dicen que tenemos que hacerlo las chicas de color.

Mi mami dice que me salga del sol. Mi mami dice que me ponga protector solar. Mi mami me dice que no vaya tanto a la playa. Y puedo entender lo que quiere, entiendo lo que la vida le ha enseñado respecto al color de la piel, pero yo insisto en vivir diferente. Yo rechazo esto, porque me opongo a dejar que el color de mi piel y mi género haga que me esconda debajo de gorros ridículos. Me opongo a incomodarme por una cultura que engendra el colorismo. En su lugar, me pongo el bikini más pequeño que tengo y voy a la playa, me pongo bloqueador solar para proteger la bella piel color canela con la que he sido bendecida y contemplo la magia de su transformación.

El colorismo es un subproducto del racismo y comparte muchas de las mismas características. Por ejemplo, el colorismo, como el racismo, está bien incrustado en las estructuras de la sociedad (como la educación, la política, los medios) y puede ser institucionalizado.

—JeffriAnn Wilder

Mis experiencias con el colorismo son como una mujer de color, no negra, y no reclamará fluidez en el colorismo dentro de las comunidades negras. Mis experiencias con el colorismo en casa son difíciles de precisar y narrar, porque nunca se sintieron de manera discreta, se dieron naturalmente.

Luego de terminar la escuela de posgrado, volví a casa. Estaba experimentando el trauma de ser una persona de color que convive en espacios predominantemente blancos. Yo había vivido la mayor parte de mi vida en barrios latines, lo cual influía en que no tuviera habilidades para afrontar las maneras en que los blancos protegían y abusaban de su privilegio. Mi cuerpo absorbió todo eso, y cuando me gradué, necesité descansar. Afortunadamente mi mami es tradicional en el sentido de que asume que sus niños son su responsabilidad hasta el último día de su vida, y me invitó a mudarme a su casa. Insistió.

Regresar a casa significó, mentalmente, darme cuenta de las maneras en las que había cambiado. Había adquirido el lenguaje para nombrar mis experiencias, lo cual me permitió sanar mi infancia. Volver a casa era aterrorizante, pero al mismo tiempo no tenía prospectos laborales. Nadie nos dice al estudiantado de color de la clase trabajadora que nuestra situación no cambiará mucho después de adquirir lujosos grados académicos. Nadie menciona dentro de la propaganda de «sigue estudiando» que, incluso teniendo educación, la gente seguirá asumiendo nuestra inferioridad. Nadie me dijo que me habían engañado haciéndome creer en un sistema que había sido creado fundamentalmente para destruirme.

Cuando regresé a casa me encontré teniendo constantes ataques de llanto. Tuve muchos trabajos temporales: en una agencia privada que llevaba casos de la Sección 8 en el condado de Miami-Dade, trabajando de empleada en una tienda Neiman Marcus, incluso intenté ser aprendiz de perforaciones corporales en una sala de tatuajes. Llevaba encima el duelo de mi primer matrimonio, llevaba encima el duelo de mi desilusión respecto al sueño americano y el de mi pérdida de inocencia. Ser una adulta de color implicaba que tenía que endurecerme, blindarme el corazón. En tiempos de duelo, busco solaz en la naturaleza; busqué trabajos sentada sobre una toalla en una playa de Miami y fue allí también en donde, a menudo, escribí.

Después de algunos meses de estar en casa, recuerdo alguna vez que regresé de la playa y mi mami dijo específicamente: «Te estás poniendo negra». Lo que mi mami quería decir es que estaba llegando a un punto de color inaceptable, insinuando que la intensidad del color es inferior. Estaba expresando antindigenismo y antinegritud. Para la gente de color que no es negra, este es nuestro colorismo, visto y sentido en la vigilancia constante de los matices de nuestro color.

Y mientras mis experiencias con el colorismo, en la medida que iba creciendo, habían sido difíciles de nombrar y procesar, enfrentarme a estas experiencias de «colorismo de la vida cotidiana» a los treinta, ya era diferente. Ahora era una adulta con mejores herramientas para pensar críticamente las cosas que se dicen por decirse. El comentario de mi mami me golpeó muy duro. También supe que su comentario no era único; era parte de un colorismo normalizado que pasa de una persona a otra en nuestras comunidades. De alguna manera, entre personas negras, indígenas y de color, el colorismo se disfraza, muchas veces, de genuina preocupación.

Yo no conocía el término colorismo hasta que llegué a la escuela de posgrado. Aprendiendo ya en mi adultez qué es el colorismo y lo que le hace a mi comunidad, logré entender cómo esos comentarios habían delineado mi crecimiento como una niña de color. También debo aceptar cómo esos comentarios me siguen delineando hoy como una mujer de color. Yo me refiero a ese comentario que hizo mi mami el día que volví de la playa como violencia horizontal. Este aparente gesto inofensivo de preocupación es, de hecho, un acto de violencia. Los infligimos dentro de nuestras propias comunidades. Es violencia promulgada por nuestra gente en contra de nuestra gente. Nos hemos permitido, no solamente internalizar el racismo, sino convertirnos en supremacistas blancos de color. Esta no es una crítica individual hacia mi mami; esto es la conversación que va más allá de la normalización de la supremacía de lo blanco a través del colorismo.

Crecí en una ciudad latina, pero más específicamente en un barrio latine sin población negra. La mayor parte de la gente del condado de Miami-Dade es latina o caribeña. Pero, como la mayoría de las grandes ciudades, Miami tiene vecindarios que han sido aislados de acuerdo con la raza, la nacionalidad o ambas. Por ejemplo, a principios de los 90, Sweetwater era un vecindario nicaragüense sin población negra. Así que mi exposición al colorismo vino de una perspectiva latina sin presencia negra. El tipo de violencia horizontal que se ejerce en los vecindarios latines sin población negra refleja el tipo de violencia que promulgamos entre nosotros en nuestros países de origen, en donde la cercanía a la blancura se mantiene en alta estima. El colorismo latine sin presencia negra, está presente, regularmente, entre familiares, amistades, los medios de comunicación y, muchas veces, hasta en nosotros mismos como una táctica de supervivencia.

En Nicaragua fui criada con el pensamiento de ser mestiza. Recuerdo el día en que mi hermanita estaba recibiendo su primer baño en casa, yo le vi su marca mongólica y le pregunté a mamá acerca de ella. Ella me explicó que era una marca que tienen todos los mestizos y que se va desvaneciendo en la medida en que uno va envejeciendo. La marca mongólica hace alusión a nuestros ancestros indígenas, y me dijo que todos teníamos una. Sin embargo, tengo una bisabuela negra del lado de mi madre y un tío negro del lado de mi papá, y su negritud no es parte de la identidad racial mestiza construida que me enseñaron a reclamar. Ser mestiza es estar mezclada con españoles y ancestros indígenas, a los que hace referencia la marca mongólica. Como sea, técnicamente no puedo ser mestiza, cuando sé que tengo herencia española, indígena y negra. Identificarme como mestiza es borrar a mi herencia negra. Mi familia, como la mayoría de las personas mestizas, ha absorbido la negritud en su composición genética, música y costumbres, pero la han borrado completamente cuando se identifican racialmente como personas mestizas. Por eso, precisamente, yo no me identifico como mestiza. Porque de esta manera, mantenemos el mestizaje, pero borramos la riqueza de nuestra ascendencia negra.

La gente negra puede ser indígena. También hay otras categorías raciales que han sido borradas con el paso del tiempo. Un ejemplo, en Nicaragua, es que tenemos un historial de múltiples categorías raciales que datan desde los 1800. Las categorías raciales que existieron fueron casta, ladino, zambo, mulato, mestizo, blanco y negro. Estas categorías incluyen la mezcla entre personas negras e indígenas que son los zambos. Las categorías también develan la existencia de gente blanca en Latinoamérica. Además, hubo comunidades enteras que no se mezclaron y permanecieron racialmente negras. Pero hoy en día, mestizo y mulato son las dos identificaciones más utilizadas, precisamente para borrar lo indígena y lo negro, excepto cuando está al servicio de la blancura. Mestizo se refiere a alguien que es europeo, específicamente español, e indígena, mientras que mulato es alguien que es, específicamente, español y negro. Hemos borrado otras categorías raciales, cuando no debimos hacerlo.

Para mí, identificarme como mestiza, es perpetuar las mismas estructuras coloniales y pensamiento eugenésico. A menudo, me autoidentifico como latina, no negra, para resaltar el tema de la antinegritud —que moldea nuestras identidades en Latinoamérica y el Caribe— para centrarme en la negritud y en mi relación con ella. Adicionalmente, no se puede decir que no hay exclusivamente personas mestizas, porque sí las hay; de la misma manera, hay personas europeas viviendo en Latinoamérica y el Caribe, como en Argentina, en donde hay una significativa población alemana e italiana. Como sea, ya que escribo en primera persona, estas son las experiencias que he vivido con una muy bella, pero compleja historia familiar, que incluye ascendencia indígena, española y negra.

El colorismo es tomado como algo que afecta exclusivamente a las comunidades negras, donde aquellos que tienen un tono de piel más claro obtienen ciertos privilegios debido a su cercanía a la blancura. En todos los ámbitos, el colorismo alude a privilegiar y priorizar a la gente de piel más clara dentro de un grupo étnico o racial específico. Pero para sorpresa de mucha gente, el colorismo es global. Otras comunidades de color experimentan el colorismo porque la antinegritud y el antindigenismo se expande tanto como el colonialismo.

El colorismo, en mi particular experiencia como latina, no negra, es antindigenista. Cuando la invasión europea empezó en América, hubo violaciones, fornicación y matrimonios entre mujeres indígenas y hombres españoles. Los niños que resultaron de esas uniones tenían necesidad de una nueva categorización, debido al disgusto que los españoles sentían por los indígenas. Como estos niños eran parcialmente españoles, el deseo de reconocer su eminente sangre española creó la necesidad de una nueva definición. Sin embargo, los niños seguían siendo considerados indígenas y no se permitía que fueran totalmente reconocidos como españoles. Esta nueva categoría racial tenía como propósito subrayar la proximidad a la blancura y centrar la blancura como superior. De allí viene el mestizaje, el deseo de no ser totalmente asociado a una raza inferior en la medida en que reconocen su dominante ascendencia española. El mestizaje está empapado de una historia de odio y trauma, y a través de ese odio y trauma viene la repulsiva escala del colorismo que crecí conociendo íntimamente. Los niños de este mestizaje han construido Estados-Nación cuyas identidades giran alrededor de mantener el antindigenismo y la antinegritud, que es la razón por la que el colorismo necesita ser desbaratado.

El colorismo está enraizado en la antinegritud. Es un sistema que fundamenta el valor en las tonalidades más claras y devalúa las más oscuras. Éstas son puestas en el escalón más bajo de esa escala de mierda. Así que, muy por encima, mis experiencias de latina, no negra, con el colorismo se dieron en un contexto muy antindigenista, este sistema también tiene automáticamente una agenda antinegra, porque su objetivo es la blancura y nada más. El colorismo es hijo del racismo, y ambas son construcciones estratégicas destinadas a dar una superioridad a la blancura por encima de otras identidades raciales.

El colorismo está relacionado con la pigmentación de la piel, pero también tiene que ver con rasgos faciales y tipos de cabello. Y como el objetivo del colorismo es posicionar lo blanco como superior, la piel blanca es colocada en lo más alto de esta jerarquía deplorable. Yendo más al fondo, dos personas con similar tono de color se pueden diferenciar y clasificar según los rasgos faciales y el color, y la textura del cabello. Así que, además del color de la piel, las narices más anchas, los labios más gruesos y el pelo más ondulado, se asocian a estereotipos asociados a la negritud, y el objetivo es una piel blanca, nariz pequeña, labios delgados y pelo liso. La proximidad a la blancura le da a la persona de color un privilegio por encima de las personas negras, indígenas y de color, y esta jerarquía interna fue creada para deslegitimar sus experiencias. Todo esto para decir que es autodestructivo, pero permanente.

El colorismo tomó otra forma en la escuela y socialmente. Yo me di cuenta de que mi aspecto era un problema entre los mestizos. Yo estoy racializada como mujer de color, mi nariz es más ancha, mi cabello es liso y de un café oscuro, y tengo una cara plana con los pómulos resaltados. Mis rasgos encajan con el estereotipo de cómo se «supone» que deben verse las personas indígenas. Así que estoy muy consciente de que no me veo tan blanca. Aunque evite el sol, sigo sin tener rasgos blancos y tengo el cabello liso y oscuro. Pero aprendí la medida de mi no-blancura a través de lecciones de vida muy duras.

En quinto grado intenté dejarme crecer el cabello por primera vez. Mi mami, como muchas latinas, habían sido forzadas a mantener su cabello largo, y su forma de liberarse de eso fue cortándoselo en estilo *pixie* cuando se casó por primera vez. Y mi mami no quería que yo sintiera esa presión, así que me dejó el cabello corto la mayor parte de mi vida.

Nunca pensé mucho al respecto, era una decisión que habían tomado por mí. Así que, en quinto grado, el deseo de dejarme crecer el pelo era algo en lo que no había invertido mucho tiempo. Simplemente dejé de cortarme el pelo. Y en la medida en que mi cabello iba creciendo, mis colegas de clase empezaron a burlarse de mí. Yo iba a una escuela primaria de latines, no negras, así que varies de nosotres éramos de color; la blancura era entendida como superior a través de la adoración que les profesaban a las chicas populares que eran blancas. Las microagresiones que experimenté cambiaron en la medida en que empecé a dejarme crecer el pelo.

Empezaron a llamarme con un término que, a menudo, es considerado un insulto cuando se refieren a las personas indígenas de América Latina y el Caribe: «India», me decían. Lo que querían decirme era que yo era fea porque parecía indígena.

Yo apenas estaba en quinto grado, y la lección que aprendí ese día fue que era tarea mía manejar la manera en que la gente me aceptaría. Era tarea mía manejar mi apariencia. Mi cabello es realmente liso y oscuro, y la manera en que lo estilicé y me lo corté, significó mucho en términos de negociar mi identidad. Después de esa experiencia, mantuve mi cabello corto, porque dejármelo crecer activaba ciertas reacciones viscerales que me recordaban que se suponía que yo no debía amarme a mí misma.

Décadas más tarde, el acto de dejarme crecer el cabello me llevó a sanar y a tomar mucha conciencia de mí misma. Tener el cabello largo significó abrazar esas raíces que son parte de mí y abrazar a mis ancestros. Todo el mundo envidia el cabello largo y liso, pero aun así lo prefieren si es de color claro sobre una piel blanca. Las mujeres blancas pueden tener el cabello largo, negro, liso y aun así ser consideradas deseables. Pero si está sobre el rostro y la piel de «otra persona» indeseable, una negra, indígena o de color, en esos casos el cabello largo, negro y liso se convierte en indeseable. El colorismo dicta que algunas cosas no son inherentemente malas, a menos que estén unidas a cuerpos de color más oscuro. La blancura es reina, rey y ejército.

Cuando estás en la preadolescencia y te das cuenta de cómo tu propia gente cree que eres inferior por los rasgos de tu rostro y el color de tu piel, empiezas a huir de ti misma. Empezarás a querer verte como otra persona. Querrás ocultar tu herencia indígena.

En la secundaria, empecé a recibir la atención de un chico lindo que estaba en mi clase. Se llamaba Juan y para mí era una ensoñación. Era colombiano y tenía esta hermosa piel color de caramelo, sus ojos eran avellanados y ese era un detalle que parecía que todos amaban de él, incluida yo misma: su fama, su posición en la blancura.

En principio creí que él me buscaba como parte de una broma. Cuando han hecho que no te sientas hermosa, y la sociedad te ha enseñado que el valor de las mujeres radica en su belleza, entonces empiezas a sentir que no puedes ser amada. En décimo grado, un chico salió conmigo como parte de una apuesta, lo cual cimentó esta mentalidad en mí. Pero para mi sorpresa, Prisca de séptimo grado, genuinamente llamó la atención de este chico; luego de algunas semanas, ya estaba lista para mi primer beso. Fue todo lo que te puedes imaginar: extraño. Afortunadamente, nuestras expectativas eran bajas, así que pareció no desalentar nada. Después me pidió que lo acompañara en las mañanas antes de que empezara la escuela para pasar el tiempo con sus amistades, los chicos populares. Populares por su virtud de tener la piel más clara o su habilidad de pasar por blancos.

Recuerdo haberme acercado caminando a su grupo de amistades, tomada de su mano, y las chicas empezaron a reírse fuerte. Gritaban: «Parece una india», y seguían riéndose. Lo recuerdo defendiéndome, y recuerdo que yo tenía ganas de desaparecer. No me defendí porque pensaba que lo que decían era verdad, que en realidad había algo malo en mí. Unos días más tarde, él terminó conmigo sin ninguna explicación.

Estas experiencias me enseñaron a odiarme. Aprendí que merecía que se burlaran de mí por parecerme a mis ancestros. Tenía el color de mis ancestros delineado en el rostro y en mi cuerpo, y me habían enseñado a odiarlo. Me enseñaron a esconder mis rasgos. Me enseñaron a empezar a borrar partes de mí. Me enseñaron que podía borrarme completamente.

Mi mami dice que me salga del sol. Mi mami dice que me ponga protector solar. Mi mami me dice que no vaya tanto a la playa.

Ahora me doy cuenta de que esas fueron las semillas de mi antindigenidad. Durante mucho tiempo pensé que debía expresar el mismo desdén por las personas indígenas para poder encajar con las otras mestizas, porque sobre eso se edifica el mestizaje. Se suponía que yo tenía más cosas en común con las personas mestizas debido a las identidades de nación y estado que nos habían dado nuestros colonizadores. Incrustado en mis instintos de supervivencia, estaba este deseo de distanciarme de mis raíces, de las reales y vibrantes comunidades que aún existen a pesar de siglos de intentos de genocidio. A través del ridículo me convertí en una de ellos y sentí la necesidad de aferrarme a ello. No fue sino hasta que leí a Gloria Anzaldúa, quien orgullosamente reclamó su indigenidad, que las cosas empezaron a cambiar para mí. Ver a alguien gritándole a nuestros colonizadores y enorgulleciéndose de sus raíces indígenas es algo todavía desconocido para mucha de nuestra gente.

> *Soy visible —vean esta cara india— y, sin embargo, soy invisible. Con mi nariz aguileña los deslumbro al tiempo que soy su ángulo ciego. Pero yo existo, existimos. Les gustaría pensar que me he fundido en el crisol. Pero no me he fundido, no nos hemos fundido.*
>
> —Gloria Anzaldúa

Necesitaba leer a Anzaldúa para descubrir maneras de hablar en contra del antindigenismo. Ahora me doy cuenta de que, si bien yo me vi directamente lastimada por este prejuicio incrustado, hay miles de personas desplazadas en mi país y aquí en este país, que continúan siendo lastimadas por estos actos violentos de cancelación, políticas de Estado-Nación y ocupación. Yo estaba participando en la continua subyugación de comunidades indígenas al no aceptar ese lado de mi línea ancestral con el mismo respeto y admiración que lo recibía la familia más blanca de mis ancestros. Yo también era una persona, socializando dentro de una maquinaria racista estructural que específicamente buscó devaluar a gente como yo y a mí misma. Mientras que, en algunos aspectos, mi organismo me fue arrebatado a través de la socialización, una vez que fui consciente de ello, finalmente pude iniciar el proceso de deshacer activamente esas enseñanzas y contrarrestarlas.

Los medios cumplen su justa parte de daño reforzando estereotipos negativos de gente con la piel más oscura a través del colorismo. Cuando era pequeña, Telemundo y Univision tenían actrices, animadores y presentadores de noticias que hablaban el mismo idioma que yo, el español, pero que no se parecían a mí. Crecí con Xuxa, Sofía Vergara, Lucero, Thalía y Gloria Trevi y todas tenían la piel clara, latinas reconocidas como blancas, enmarcadas como las reinas de belleza de nuestros países. Estas eran las mujeres que proyectaban como representaciones nuestras, pero yo no me veía como ellas. En cambio, me veía como las trabajadoras domésticas sin nombre, que ocasionalmente aparecían en una telenovela, o peor aún, como la India María.

La India María era un estereotipo racista ridículamente exagerado de las personas indígenas, y ella fue la única persona que vi en nuestros canales que miraba las cosas como yo. Era amable, pero la presentaban como inferior. Marcaba un gran contraste frente a una Thalía y siempre era llamada fea y tonta por los otros personajes de cualquier película en la que se presentara. Me di cuenta de que yo me veía como lo que la cultura popular consideraba un chiste. Como una niña del tercer mundo, de color, entendí demasiado bien el mensaje detrás de la India María.

El colorismo privilegia a los negros, indígenas y de color que se reconocen como blancos por su ascendencia. Esto merece nuestra atención, porque cuando erradicamos el colorismo, cuando nos desvestimos de la blancura, fácilmente podemos encontrar el camino hacia nosotros. El colorismo divide las comunidades, y no darle a esto la atención que se merece, es una ofensa contra nosotros mismos. Nuestra gente de piel más oscura tomará a mal a aquellas personas que no compartan experiencias tan dolorosas. Nosotros nos sentimos agraviados por aquellos con proximidad a lo blanco, porque socialmente nos han hecho querer esa cercanía también. Y la gente negra tiene justificada su rabia en contra de la gente de color (POC), no negra, por la violencia de la que hemos sido cómplices, a sabiendas o sin saberlo, todo al servicio de la blancura. Ese deseo y nostalgia por lo blanco es un problema compartido entre las comunidades de color y es reforzado por el colorismo, y nuestras energías deben estar enfocadas en deshacernos totalmente de esa jerarquía.

El colorismo puede hacerte creer erróneamente que necesitas cambiar cosas en ti. Me avergüenza y aún no logro concebir cuánto dinero gasté tratando de borrarme. Me avergüenza y aún no logro concebir cuánto dinero pueden gastar amistades negras y de color para tomar distancia de nuestros rasgos; los esfuerzos que muchas de nosotras hacemos para evitar el sol, para conseguir esas cremas blanqueadoras y un maquillaje que permita que nuestra nariz se vea más angosta. Muchos de nosotros nos volvimos expertos en borrarnos, en lugar de intentar sanar de todo eso y erradicar el colorismo.

Yo estaba en la secundaria cuando intenté cambiar mi apariencia por primera vez para verme blanca. En noveno grado, una de mis amigas, Jessica Otero, llevó a la escuela una bolsa enorme llena de lentes de contacto de colores. Ella era cubana y blanca, y para mí eso significaba que era hermosa. A menudo usaba lentes de contacto color avellana y yo creía que se veía estupenda. Ahora me doy cuenta de que fui programada para pensar que lo blanco, que la piel más clara era impresionante. Pero en esa época yo quería verme igual de maravillosa, igual de blanca.

Quería ser como ella, así que pregunté cuánto costaban los lentes de contacto de colores, y me dijo que los estaba vendiendo por $20. Yo no tenía una mesada, pero tenía algunos ahorros que iba guardando poco a poco. En un mes y medio, más o menos, yo me sentía victoriosa. Muy pocas cosas se pueden interponer en la vida de alguien a quien le han enseñado a odiarse a sí misma, y las supuestas mejoras se convertían en una fijación. Recuerdo cuando me acerqué a Jessica y le pedí que me mostrara su reserva de lentes de contacto de colores. Me mostró cada color y escogí los más naturales que pude encontrar: lentes color turquesa. Ahora me doy cuenta del enorme error que cometí, pero en noveno grado nadie podía decirme nada.

Obviamente me veía como si estuviera enferma con lentes color turquesa mal ajustados y alargados. Las lentillas piratas duraron dos semanas antes de empezar a deteriorarse. Seguramente no estaban destinadas para ser utilizadas sin un examen de la vista. Pero como la blancura es una droga a la que las personas negras, indígenas y de color nos han dicho que debemos ser adictas, me mantuve ahorrando dinero para seguir comprándolas a lo largo del año.

Aprender a amarme hoy en día ha significado aprender a confesar y denunciar las alteraciones a las que me he sometido en busca de la blancura. Estas alteraciones incluyeron usar lentes de contacto de colores, decolorarme el pelo, aprender a delinearme la nariz para que se viera más delgada, todo en el intento de pasar como blanca a pesar de lo inútil que podía ser. Mi intento de transformación siempre estuvo enraizado en el colorismo, que básicamente era una manera aprendida de odio a mí misma. Y como adulta debía erradicar todo eso de mi vida.

Mientras el colorismo es una manera en la que la gente de color (POC) refuerza el racismo, al mismo tiempo es una manera en la que la gente de color sobrevive al racismo. Si te reconoces como una persona blanca puedes sobrevivir y adaptarte a una sociedad racista. Si te beneficias del colorismo, también eres recompensada por reforzar sus códigos internos.

Las personas mestizas son vistas como superiores a las indígenas, y nosotros continuamos siendo recompensados por nuestra cercanía a la blancura. Las recompensas eran tangibles en aquel entonces, a través de tratados entre nuestros ancestros indígenas y españoles y por la aceptación social de parte de la clase dominante, los conquistadores. A pesar de que la aceptación era condicionada, era un paso para lograr el reconocimiento de nuestra humanidad fracturada.

Generación tras generación, el colorismo resulta en personas mestizas confundidas y hambrientas de poder, que trabajan arduamente para convertirse en blancas a costas de gente negra y de color. El colorismo en mi familia consistía en que me habían dicho que era mestiza cuando todos sabían que teníamos ascendencia negra. El colorismo implicaba que el matrimonio era una estrategia para elevar el estatus racial, en donde la aspiración era casarse por encima de la escala del colorismo, no por debajo.

En estos días y a esta edad es común escuchar a liberales blancos hablando con orgullo de huellas de herencia racial diversa, descubiertas con los exámenes comerciales de ADN. Hay una fijación hoy en día con ser más que solo blanco. Como si las olas de migrantes europeos que fueron vilipendiados por no ser blancos —los irlandeses, los italianos, los polacos— no hubieran anhelado a lo largo de generaciones ser solo blancos. Como si sus ancestros no hubieran trabajado sin descanso para contribuir a la identidad nacional de la blancura borrando su cultura y sus diferencias.

Esto, en contraste con las búsquedas genealógicas con las que estoy familiarizada, en donde les latines intentan encontrar y reclamar sus ascendencias europeas más blancas. En Miami era común escuchar que estaban mezclados con colombianos, españoles e italianos, como si esa mezcla hubiera sido consensuada o hubiera sido una circunstancia feliz en la vida de sus ancestros. El mestizaje busca borrar en la familia a todas las personas indígenas y negras, distanciándonos de ellas.

De hecho, una vez me hice eso a mí misma, creé una distancia entre mis ancestros indígenas y yo. Cuando era adolescente, mi abuelito, como muchos de su generación, estaban obsesionados con la genealogía. Él rastreó nuestra línea paterna hasta España, siguiendo nuestros apellidos españoles, eliminando selectivamente del árbol familiar cualquier reclamo de raíces indígenas. También nos rastreó hasta Egipto, buscando enlaces con la realeza egipcia, a pesar de la obviedad de que las personas egipcias son del norte de África y racialmente negras y de color. Esto no parecía perturbarlo. Cuando él pensó en la realeza egipcia, mi abuelito pensaba en Elizabeth Taylor; de alguna manera, Egipto era para él una ruta hacia Europa.

Su búsqueda familiar antindígena le permitió reclamar orgullosamente una herencia española y egipcia, y yo lo hice de la misma manera. A mí no me dijeron nada de nuestros ancestros indígenas, ellos fueron borrados y olvidados deliberadamente. Nunca me cuestioné todo esto, y de esta manera acepté mantenerlos borrados y en el olvido. Yo ya había internalizado los beneficios de esta deliberada ignorancia.

En las comunidades mestizas, la proximidad a la blancura le proporciona a la gente la posibilidad de un mejor trabajo, mejores posiciones y, por lo tanto, mejores oportunidades. En los 1800, los nicaragüenses fueron encuestados, y los mestizos que promovieron su blancura lograron mantener sus tierras;

a aquellos que se identificaron como indígenas, se las quitaron. Reclamando el mestizaje es como nos hacemos más blancos. Es tangiblemente beneficioso identificarse como blanco, incluso cuando tu piel cuenta otra historia.

Mi mami dice que me salga del sol. Mi mami dice que me ponga protector solar. Mi mami me dice que no vaya tanto a la playa.

No solamente debemos dar voces en contra de la gente blanca por su racismo. También tenemos que desmantelar el racismo internalizado dentro de las comunidades de color. Las políticas de pigmentación no pueden continuar siendo ignoradas, porque negar nuestras experiencias, perpetúan generaciones de daño. La próxima vez que tu mami, tu tía, tu abuelo te diga que no te pongas en el sol para que no se te oscurezca más la piel, diles lo que están diciendo en realidad. La próxima vez que intentes borrar tu herencia, considera lo que significaría amar tu piel color canela. Aquellos que han pasado por blancos, necesitan pensar acerca de su privilegio y el daño que pueden estar perpetuando sobre sus propias comunidades de color. Todos necesitamos empezar este lento y, a veces doloroso, proceso de desaprender en comunidad lo que hemos internalizado.

¡Y les ruego que usen sus bikinis más pequeños y disfruten el sol mientras observan cómo sucede la magia, *juntes*!

CAPÍTULO 3

EL SÍNDROME DEL IMPOSTOR

Muchas víctimas de discriminación racial sufren en silencio o se culpan a sí mismas por su situación. Otras fingen que nada pasó o que simplemente no afecta. Los tres grupos son más silenciosos de lo que deberían. Las historias podrían darles una voz y revelar que otra gente ha pasado por experiencias similares. Las historias pueden nombrar un tipo de discriminación (microagresiones, discriminación inconsciente o racismo estructural); una vez nombrado, puede ser combatido.

—Richard Delgado

En la medida en que iba creciendo, me sentía muy motivada. Mi familia migró hacia Miami, Florida, cuando yo tenía siete años, y siendo una ciudad de latines, el inglés era opcional. La policía, a menudo, era bilingüe, los profesores de las escuelas eran bilingües, así como les jueces latines y los directores de la escuela. Así, a pesar de que la mayor parte de latines en Miami se consideraban personas blancas o de piel más clara, yo todavía veía muchas oportunidades a mi alrededor. Vi posibilidades cuando escuché la jerga española saliendo de la boca de respetada gente latina en posiciones que parecían inalcanzables. Lo que esto significó para mí fue que escogí ignorar obstáculos obvios como el clasismo y el discurso antinmigrante; soñar mientras estaba bajo ataque fue más bien una estrategia de supervivencia que adquirí mientras me criaba como niña en un ambiente estricto y fundamentalista cristiano.

Con el objetivo de prosperar, tuve que encontrar maneras de escoger lo que era para mí y lo que estaba destinado para mantenerme bajo dominio. Generalmente podía hacer una especie de gimnasia mental para justificar mis propias motivaciones para el futuro, un futuro que no habían trazado más allá de la obediencia al futuro esposo y a Dios. Todo esto es para afirmar que hubo momentos que hirieron mi orgullo y otros en los que tuve que cambiar mi forma de comportarme para evitar que me tomaran el pelo por ser demasiado nueva en este país, demasiado nicaragüense, demasiado bronceada, demasiado perteneciente a la clase trabajadora, etc. Pero la mayor parte del tiempo, yo tenía esta fe en mí misma que fue poco impactada por las bajas expectativas que habían proyectado sobre mí.

En la secundaria, yo había comprendido que otra gente no veía potencial en mí, pero de alguna manera yo veía mi potencial interior. Incluso cuando era capaz de hacer cosas que se llevaban a cabo por primera vez en mi línea familiar y en la de mis ancestros, yo casi no tenía dudas internas en mi habilidad para hacer las cosas bien. Había una chispa dentro de mí que quizá era ingenuidad, pero también una clase de poder interno que yo podía aprovechar.

Pero, luego, en mis 20, me mudé a la blanca ciudad de Nashville, Tennessee. Y en esta ciudad de mayoría blanca empecé a ver que la gente tenía diferentes expectativas con respecto a lo que yo podía hacer, y no había nadie alrededor que se pareciera a mí para probarme, a mí y a mi mente que yo podía desafiar esas posibilidades. No fue sino hasta más adelante que desarrollaría la habilidad de crear mis propios espacios de representación como Latina Rebels.

El síndrome del impostor es algo que casi todas las personas experimentan en algún punto de su vida. El síndrome del impostor es el nombre que se le da a ese miedo de que la gente un día descubra que eres un fraude. Es la duda constante de no ser merecedora de tu éxito. Esta clase de pensamiento puede tener efectos negativos en tu salud mental y a su vez puede afectar tu salud física.

Se cree que el síndrome del impostor afecta a todos los géneros, pero en principio, cuando la frase fue acuñada, era discutida como una experiencia común entre mujeres en sus espacios de trabajo. Yo promoveré la teoría de Pauline Rose Clance de que este era específicamente un problema de mujeres blancas, porque ellas fueron las primeras en ingresar al mundo corporativo de los hombres blancos. Socialmente, las mujeres son consideradas dóciles, calmadas, acogedoras, humildes, antidogmáticas y respetuosas hacia los hombres. Socialmente, los hombres son reconocidos como agresivos, competitivos, audaces y orgullosos; ellos están diseñados para el poder, el dominio y el éxito.

Cuando las mujeres empezaron a ser reconocidas por su éxito profesional, el síndrome del impostor las llevó a creer que habían sido destinadas por la sociedad para creer que todos los logros eran resultado de suerte, trabajo en equipo y la ayuda que recibían de fuera.

La gente de color, y especialmente las mujeres negras e indígenas y de color, pueden sufrir el síndrome de la misma manera, pero también de manera diferente. La sociedad aplaude la blancura por la blancura misma y espera cosas grandes de la gente blanca, aunque todavía dentro de una jerarquía de dos géneros. Estos valores culturales son reafirmados a través de los medios, la literatura, la academia, las relaciones interpersonales, la industria del entretenimiento, entre otros. Tener un buen desempeño profesional entre personas negras, indígenas y de color, requiere superar las bajas expectativas; si lo haces bien, las personas blancas creerán que eres una excepción a la regla cultural. El síndrome racial del impostor viene del miedo de ser descubierto como un fraude. Pero las dinámicas raciales son complejas, porque te han hecho creer que no perteneces, ya sea que tengas éxito o no.

Mientras que los estudiantes negros y latinos no son fraudes intelectuales, el sistema de educación muchas veces transmite mensajes que sugieren lo contrario. Una creencia de que la inteligencia es heredada y «predeterminada» y el uso de medidas culturalmente incongruentes que siguen ilustrando, simbólicamente, una jerarquía de inteligencia, únicamente continuarán reforzando las tergiversaciones cognitivas.

—Dawn X. Henderson

Yo empecé a sentir un intenso síndrome del impostor en mi programa de posgrado. Durante mis estudios de licenciatura en Florida International University, yo me había graduado con las calificaciones más altas de mi clase. Estaba en la lista de honor casi todos los semestres, y tenía un negocio paralelo de hacer la tarea de otros por dinero. Yo le podía asegurar una calificación de A o B a toda mi clientela. Me sentía bastante invencible en mi institución al servicio de la comunidad hispana; me sentí vista en mi experiencia universitaria, porque me sentí validada por las calificaciones y los elogios. Me adapté muy bien a la universidad, a pesar de ser la segunda persona de mi familia en asistir a la universidad en Estados Unidos y tener que aprender a maniobrar este espacio sin mucha orientación. Ver a profesores que hablaban un inglés fragmentado, con fuerte acento hispano, significó verme a mí misma a través de mi relación con lo que me era familiar.

Pero, aun así, me había tocado descifrar por mi cuenta la solicitud para la Ayuda Federal para Estudiantes (FAFSA), las solicitudes de ingreso a universidades, créditos y clases optativas, y qué trabajo de curso era necesario para los diferentes campos de estudio. En ese momento, fue difícil de entender y aún más difícil explicar a la gente por qué no sabía ya ciertas cosas.

Con todo, me las arreglé para hacerlo bien. Tan bien que, de una manera tan trivial que solo puedo describir como Elle Woods, pensé: «¿Por qué no intentar la escuela de posgrado?». Me sentía tan alentada y valorada a través de las representaciones y las calificaciones, que de alguna manera me hicieron avizorar un lugar dentro de la academia para mí. Incluso, cuando realmente no sabía qué implicaba la escuela de posgrado y quién estaba allí protegiendo su entrada.

No obtuve una buena calificación en mi examen de registro de graduados (GRE), porque las pruebas estandarizadas son racistas, clasistas, capacitistas y diseñadas para eliminar a aquellas personas que no pertenecen a los prístinos muros de la academia. Aun así, pude encontrar un programa que conocía los defectos de las pruebas estandarizadas y fui admitida en una institución de posgrado de élite: Vanderbilt University en Nashville, Tennessee. Pero el proceso para ser admitida marcó toda mi experiencia académica.

Yo tenía muy buenas recomendaciones, tenía 3.5 de promedio (GPA) de pregrado, había estado en posiciones de liderazgo en varias sociedades de honor y también había escrito una tesis como parte de los requerimientos de graduarme con honores. En teoría, yo debí haber sido una de las favoritas. Pero luego recibí esta llamada de la directora de admisión en Vanderbilt Divinity School. En ella me pedían que explicara mi declaración de propósito. Como una estudiante de primera generación, no tenía mucho conocimiento acerca de lo que se suponía que era una declaración de propósitos y ciertamente no podía pedirle ayuda a ninguna amistad o familiar. Así que hice lo que siempre he hecho, preguntarle al internet y esperar lo mejor. Así que gugleé cómo escribir una.

Entonces escribí acerca de mi deseo de una educación teológica. Cuando le expliqué mi declaración de propósito a la directora de admisión, me aceptó por teléfono. Me habían aceptado sin siquiera haber recibido una carta de admisión. Había sido aceptada en Vanderbilt Divinity School mediante un proceso adicional de selección.

Recuerdo haberme sentido confundida por esta llamada telefónica, también recuerdo haberme sentido conmocionada y exaltada por haber sido aceptada en ese prestigioso programa. Estaba tan fascinada como una estudiante de primera generación que ni siquiera me di cuenta del proceso por el cual acababa de atravesar. Muchos meses después, durante las orientaciones para el novel estudiantado, recuerdo haberles preguntado a diferentes estudiantes cómo la universidad les había aceptado, porque para ese punto yo ya había tenido tiempo para que se me filtrara la duda. El proceso por el que había atravesado empezó a incomodarme, y no sabía por qué había sido examinada. Así que empecé a buscar respuestas, y preguntado descubrí que nadie más había sido llamado por teléfono. Yo era una de dos estudiantes que se autoidentificaban como latinas en mi grupo de casi setenta estudiantes de posgrado. La otra latina era mezclada y había asistido a Duke University para su programa de licenciatura. Mentalmente creí que quizá yo había sido examinada, porque había asistido a una enorme escuela estatal (por aquella época la matrícula de la Universidad Estatal de Florida (FIU) era de 45 mil estudiantes) a diferencia de una pequeña universidad privada de élite. Pero solo estaba especulando.

Mientras más le preguntaba a la gente si habían sido examinadas, me lanzaban las más extrañas miradas, y mientras tanto me iba convenciendo cada vez más de que mis colegas ahora sabían lo que yo asumía que ya habían sospechado: que yo no pertenecía. Tal vez mi universidad y mi grupo sabían algo que yo no había descubierto totalmente dentro de mí. Que el proceso de examen había sido la bandera roja que me advertía acerca de lo que sería en adelante mi viaje en la Universidad Vanderbilt.

No pude evitar ver por todos lados el mensaje: tú no perteneces. Una vez, en una pregunta durante una conferencia, pronuncié mal una palabra que únicamente había leído, pero que nunca había escuchado enunciar, y mi profesor se rio nerviosamente y me corrigió entre dientes frente a toda la clase. Recuerdo que alguna vez, una compañera de enseñanza me preguntó dentro de un grupo de discusión, frente a veinte de mis colegas, si acaso yo sabía escribir. Recuerdo a mis colegas de clase utilizando referencias académicas poco comunes que nunca antes había escuchado. Ese sentimiento persistente, esa semilla de duda que había sido plantada durante la llamada de revisión, esa semilla empezó a generar raíces dentro de mí.

Ante la necesidad de actuar, [los impostores] experimentan duda, preocupación, ansiedad y temor; tienen tanto miedo de no ser capaces de hacerlo bien, que se ponen a procrastinar y muchas veces sienten que no serán capaces de avanzar ni de cumplir la tarea. En otros casos, trabajan de más, se preparan de más, y empiezan mucho antes de lo necesario con un proyecto, robándose así, tiempo y esfuerzo que podía haber sido bien utilizado.

—Pauline Rose Clance

Como una forma de manejar mi creciente síndrome del impostor, empecé a prepararme en exceso. Empecé a hablar con los profesores acerca de mi propuesta de tesis para el trabajo de fin de curso las primeras semanas de clase, y eso se convirtió en una broma que corrió rápido entre mis colegas. En mi intento de afirmar mi valor, quedé en ridículo. Había una falta de comprensión de parte de mis colegas en lo que significaba ser la primera de mi familia que lograba ese nivel de éxito académico, y una falta de comprensión en cuanto a lo que significaba entrar a espacios de élite que señalan a menudo tu «otredad».

También empecé a autosabotearme. Durante el segundo semestre de mi primer año, obtuve una B en mi primer examen de la clase del Nuevo Testamento. La mayoría de mis colegas no aprobaron ese examen, y la profesora dijo que una calificación C con ella era el equivalente a una A en cualquier otra clase. Esas palabras me persiguieron y nunca logré una mejor calificación con ella. Recuerdo haber querido ser capaz de manejar mi valor, y haber querido e intentando hacer las cosas mejor, y aun así seguir obteniendo calificaciones de B y C. Las calificaciones A me eludían y me culpaba a mí misma. Me estaba esforzando más allá de mi propia capacidad de lograrlo, y aun así me sentía un fraude.

Estaba leyendo libros que mis colegas ya habían leído en la licenciatura, y estaba investigando teorías que mis colegas ya habían estudiado años atrás. Estaba tratando de alcanzar su nivel y me culpaba a mí misma. Me habían enseñado y creía en cosas como el perfeccionismo y la meritocracia, enseñanzas que me hacían creer que solo había una manera correcta de hacer las cosas y que el trabajo duro era retribuido. Nada de eso me sirvió cuando estaba poniendo todo mi condenado esfuerzo y aun así no lo estaba logrando en este ambiente académico.

Lo que faltaba era que yo estaba tratando de encontrar mi valor y validación en una institución designada para intelectuales blancos. La torre de marfil es de marfil por una razón, no es de ébano, no es del color de la miel, ni del color del café con leche, y yo no estaba destinada a prosperar allí. Hasta que comprendiera que mi validación no vendría de una institución predominantemente blanca (PWI)[1], seguiría luchando.

Pero en ese entonces, yo no estaba muy al tanto de la supremacía blanca ni de los otros sistemas que la defienden. Yo no tenía ninguna de las ventajas que mis colegas tuvieron desde su privilegio blanco; no tuve tutores, ni educación privada, ni prueba de aptitud escolástica (SAT), ni cursos para entrar a los exámenes de registro de graduados (GRE), ni red de gente de la familia que hubieran asistido a universidades de élite. Mis carencias suponían incomodidad para mis profesores y colegas, y constantemente me hacían sentir que no pertenecía, y que cada vez que me quedaba corta, confirmaba sus sospechas. Mis calificaciones modestas se convirtieron en un marcador de mi otredad. Y mi cuerpo empezó a mostrar las señales de rendirse bajo estas presiones.

Empecé a experimentar taquicardia, y se me notaba el sudor sobre la ropa debido a la ansiedad cuando hablaba con cualquier persona que tuviera un poco de poder, lo que generalmente significaba que era una persona blanca. Me sentía incomprendida

---

[1] N. del E. Las siglas en inglés responden a Predominantly White Institution.

y extraña. No podía sonar lo suficientemente brillante ni reforzar mis argumentos con referencias suficientes; no parecía tener sentido frente a mis colegas, y empecé a encogerme ante sus ojos. Tiempo atrás me había sentido invencible y ahora había empezado a querer sentirme más pequeña, a querer ser invisible. Se sentía como estar en una relación de abuso, pero con una institución, buscando su validación y solo recibiendo críticas a cambio, y nada de eso tenía sentido para mí.

Los impostores son muy perfeccionistas en casi todos los aspectos de sus actos.

—Pauline Rose Clance

Mi síndrome del impostor vino de internalizar modelos supremacistas blancos de meritocracia y perfeccionismo. La supremacía blanca promueve la idea del individualismo, porque eso nos mantiene ocupados y desenfocados en los verdaderos problemas. A través del individualismo no analizamos los problemas sistémicos, las instituciones que nos mantienen bajo su dominio. Por culpa del individualismo, yo fui incapaz de ver que todo eso no se trataba de mí, sino se trataba de todo el mundo. Nuestras victorias nos pertenecen y las pérdidas también, y también pertenecen a las comunidades que nos alientan. Cuando no buscamos la aprobación blanca en instituciones predominantemente blancas podemos ver a nuestras personas negras y de color y nuestra familia adquirida, que nos enseñan cómo se resiste y cómo vernos entre todos.

Como no estaba tan enterada de cuánto puede impactar en nosotros el síndrome del impostor racial y cuánto puede infiltrarse la supremacía blanca en su sentido de valor, el segundo año de mi escuela de posgrado, ya había desarrollado un desorden alimenticio. Yo sentía que cuando la gente blanca me miraba, todo lo que veían eran mis defectos y, para ser honesta, fue la realidad. No solo era una sensación, estaba sucediendo y era verdad, así que empecé a esconder mi cuerpo, quería ocupar menos espacio. Sentía que no podía ser lo suficientemente buena y la mirada blanca se sentía sofocante. Esperar la validación de la gente blanca estaba acabando con mi habilidad de valorarme a mí misma fuera de su mirada.

Traté de escaparme de las voces en mi cabeza que me decían que no pertenecía. La sociedad americana dicta que la blancura y la proximidad a la blancura siempre serían la medida del éxito. Yo estaba empezando a aprender acerca del racismo, sexismo y clasismo. Lentamente empecé a encontrar el lenguaje para las fuerzas que me rodeaban. Pero mientras mi cerebro y mi boca podían finalmente nombrar la opresión, mi corazón todavía estaba herido por sentirme como forastera todo el tiempo mientras intentaba graduarme.

Dos años más tarde, desarrollaría una relación de tutoría con la directora de admisión con la que había conversado durante aquella llamada de revisión y le pregunté directamente por qué yo había pasado por ese proceso de revisión antes de asistir. Para entonces, a menudo mis colegas y profesores me habían hecho sentir inferior. Yo sabía que había una presunción de incompetencia por debajo de todo, y yo estaba en búsqueda de respuestas reales.

Cuando le pregunté acerca de haber pasado por ese proceso de revisión, me dijo que no había sido por mis calificaciones o mis capacidades. La escuela quería saber que yo tenía voluntad de crecer y aprender en mi entrenamiento teológico. Mi declaración de propósito reflejó mi educación carismática cristiana, fundamentalista y conservadora. Una parte del estudiantado con mis antecedentes se resiste a estudiar teologías progresistas y Vanderbilt Divinity School se veía a sí misma como una institución teológica progresista. Yo vi estudiantes en el campus con antecedentes conservadores que parecían estar peleando contra el programa, y se sentían marginados. Por otro lado, también vi la lucha de gente con antecedentes liberales, así que ese proceso de revisión no estaba libre de fallas. Conocer las razones pudo haber aliviado mis temores iniciales, pero para entonces ya era demasiado tarde. Mi autoestima se había desgastado por años de mensajes negativos dentro de esa institución predominantemente blanca, y el daño iba a afectarme de maneras que solamente iba a descubrir más adelante.

Raras veces tenemos el control de las maneras en que el síndrome del impostor atrapa a la gente de color. Asimilarse requiere borrar tu etnicidad, tienes que actuar de una manera que debe dejar a la gente blanca a gusto al punto en el que ganas honorarios de blancura: «Tú no eres como los demás». Estudiantes como yo que decidieron no borrar su etnicidad o que no podían minimizar sus diferencias son marcados como la otredad y marginados en silencio. Tener éxito significa, bajo las definiciones americanizadas y blancas, actuar para reforzar, o para ofender, la grandeza de lo blanco. Nosotros no reforzamos ni alteramos las bajas expectativas construidas por la supremacía blanca. Y muchos de nosotros desarrollamos ansiedad y otras enfermedades mentales, cuando diariamente se nos pide que nos comprometamos, mientras hacemos malabares con las tareas, el trabajo o la vida. Nosotros nos atrevimos a creer que los grados académicos y las promociones significan el éxito, pero nadie nos dijo que el éxito venía a costa de nuestro bienestar.

Cuando me gradué, a pesar de saber que el proceso de revisión no había sido para deslegitimarme, lo hizo. Esa semilla que había echado raíces se había convertido en todo un ecosistema para cuando volví a casa después de la escuela de posgrado. Y a pesar de que mi cabeza y mi boca pueden articular consistentemente las maneras en las que conozco el síndrome del impostor, fue algo que ya habían echado sobre mí y todavía no puedo deshacerme de él. Algunos días, el síndrome del impostor parece que lo consumiera todo.

Una manera en la que yo sané fue llevando conmigo todas las oraciones dulces y la imposición de manos colectiva de parte de las mujeres de mi familia que me han bendecido en cada fase de mi vida. Volví a casa después de la escuela de posgrado, y cuando finalmente estaba lista para volver a irme, mi mami entró a mi cuarto y puso sus manos sobre las mías. Me vio directo a los ojos y dijo: «Yo sé que tú siempre estarás bien». Esta inquebrantable fe en mí, esta bendición, es la que llevo conmigo. En el pasado yo no les había dado valor a sus plegarias ni a sus palabras. Hoy en día sus palabras me llevan de vuelta a mí misma cuando la blancura me sofoca. Yo mantengo cerca las amorosas afirmaciones de mi mami cada vez que empiezo a dudar de mis habilidades. Todavía estoy fortalecida por la creencia de que estaré bien, porque mi mami cree en mí.

El síndrome del impostor es una presencia diaria en mi vida. En 2017 cuando mi ahora agente, David Patterson, me mandó por primera vez un mensaje en Twitter diciéndome cuánto le gustaba mi escritura y que quería representarme, no le creí. En 2019, cuando enviamos la propuesta de mi libro a varias editoriales y seis editores de las más grandes casas dijeron que querían publicar mi libro, no lo creí. Incluso lloré una noche, porque tenía la certeza de que me estaban mintiendo y que todo no era otra cosa que una gran estafa. Y cuando finalmente acepté el trato con mi libro y firmé el contrato, volví a llorar porque seguía pensando que alguien descubriría que yo era un fraude y que no era lo suficientemente buena.

Lo que he tenido que hacer es aprender a vivir con el síndrome del impostor, y he aprendido a no dejar que me paralice.

Hoy escribo para Prisca, la de la escuela secundaria, a la que le dijeron que la universidad era un sueño demasiado grande y aun así lo intentó. Hoy escribo para Prisca, la inmigrante que no sabía leer ni escribir a los ocho años, pero que aprendió y luego se especializó en Literatura Inglesa. Hoy escribo para Prisca, la de la escuela de posgrado que fue rechazada tanto por el centro de escritura para estudiantes con dominio del inglés como por el centro de escritura de inglés como segundo idioma (ESL), y aun así se las arregló para obtener su título de maestría.

Escribo para mi niña interior —que fue valiente y confiada, y que fue ella misma su propio gran apoyo— porque sé lo que Prisca, la chiquitina, hubiera dicho: «¡Sabía que podías!». Y esa versión más joven de mí podía soñar y soñaría cosas grandes, porque se vio representada y escuchó su idioma hablado en lugares públicos y privados, y tuvo que desarrollar partes de sí misma que le permitieran crecer. Yo nací en un país que tenía a una mujer como presidente, Violeta Chamorro. Vi a una mujer de mi país alcanzar una alta posición de poder, y me animé a soñar.

No sería nadie sin la gente que indirectamente o directamente abrió camino en nuevas realidades para mí, y recordándolas es como se alimenta mi valentía. Recuerdo a mi amiga la reverenda Alba Onofrio, ahora directora ejecutiva de Soulforce que es cuir y no monógama. Recuerdo cómo, tan solo viviendo su vida en sus propios términos, destrozó el techo de la heteronormatividad y la norma de la monogamia para mí. Recuerdo a la reverenda Dra. Lis Valle, quien dejó una relación de abuso y una exitosa carrera de derecho en sus treintas, y se lanzó a la academia y a la educación teológica, todo por enfilarse a lo que ella sentía que había sido llamada. Destrozó los prejuicios de la edad y las normas alrededor de vivir una vida recta y aparentemente segura.

Empecé a reunir amistades —cuir de la clase trabajadora, negras, de color y latines estudiantes de grado en Vanderbilt— sabiendo que juntas seríamos imparables. Incluso al crear Latina Rebels a mediados de mi programa en 2013, fue un intento de aprovechar, en línea, el gozo de personas como yo.

Así fue como empecé a podar el árbol del síndrome del impostor que continuamente crece en mí. No soy nada sin esta gente y sin los espacios que diseñamos para nuestra comunidad, y todo lo que soy es gracias a ellos.

¿Qué significa vivir con el síndrome del impostor? Para mí es cosa de armamento. Vivir en una ciudad que es dominada por la blancura y la gente blanca implica que cuando salga de la seguridad de mi propio hogar, estaré con la armadura puesta. Blindarse puede tener muchas formas y puede cambiar dependiendo de dónde te encuentres y a dónde tienes que ir un día cualquiera.

¿Has visto alguna vez viejas películas de guerra? La música que acompaña las escenas del ritual en el que los soldados se pintan la cara, todavía resuena dentro de mí. Incluso, con el brillo ficticio de Hollywood, siempre me ha extasiado la pintura de guerra.

Cuando me mudé a Tennessee y empecé a ser ubicada en la otredad y a ser racializada por la gente blanca, mi entendimiento de la opresión se volvió más íntimo. La mirada blanca se volvió hostil. Cuando la gente blanca ejerce su estatus social y ese poder no ganado para enmarcar a las personas negras, indígenas y de color, las apuestas suben rápidamente. Ser vista como diferente es peligroso y amenazante para mucha gente negra y de color. Mudarme a Tennessee ha significado aprender mecanismos de defensa que incluyen la aplicación de mi pintura de guerra.

Cada mañana, antes de salir de casa, me pongo pintalabios y me delineo los ojos: esa es mi pintura de guerra. Adorno mi cuerpo con su armadura. Camino a través de los espacios blancos con valentía deliberada para disuadir incluso el pensamiento pasajero de acercarme con familiaridad. Bloqueo las charlas triviales y lo hago cada vez que salgo. Es agotador, pero me hace sentir segura en los espacios blancos.

El racismo sutil, y a veces no tan sutil, disfrazado de curiosidad bien intencionada, me ha dejado sintiéndome desarmada consistentemente, expuesta y vulnerable. Recuerdo cuando recién me mudé a Nashville y fui a un bar en un intento de pasarla bien. Un hombre blanco se acercó y me rozó el hombro que llevaba expuesto y preguntó: ¿Tu piel es realmente de este color? Él asumió que yo me había puesto un espray bronceador, porque nunca antes había visto a alguien con mi tono de piel. Me había tocado sin pedirme permiso como haría con cualquier objeto del que se sintiera con derecho a poseer.

Este es solo un ejemplo de lo que he vivido cuando me mudé a una ciudad predominantemente blanca por primera vez. Estos comentarios me siguieron a lo largo de los años y nunca me acostumbré a ellos. No quiero aceptar su percepción de mí, aunque la haya internalizado.

Mi pintura de guerra es mi desafío en muchos niveles. Yo no crecí usando pintalabios, porque crecí en una iglesia conservadora en la que la ropa de las mujeres, el maquillaje, el cabello, e incluso sus modales eran estrictamente monitoreados y controlados. A las mujeres las avergonzaban por usar maquillaje. El maquillaje era vanidad, una distracción de las cosas de Dios. Esencialmente, si amabas a Dios no necesitabas afirmaciones de fuera, porque Dios era todo lo que necesitabas.

Desaprender todo esto fue un proceso. Darme cuenta de qué tan controlada estaba por mi iglesia me ha hecho más determinada para reclamar estas cosas que fueron puestas en mi contra.

Cuando empecé a usar pintalabios regularmente, descubrí el poder del maquillaje para una inmigrante latina de color que estaba viviendo en una ciudad blanca. Muchas mujeres negras y de color también han adoptado su maquillaje como pintura de guerra. Curiosamente, la respuesta de una persona blanca a la presencia de una latina que usa rojo puede ser muy reveladora. El estereotipo de la latina caliente nos representa ardientes y eso nos asocia al color rojo. Aprendí a ponerle atención al momento en el que uso pintalabios rojo, para poder observar qué tanto de este estereotipo ha absorbido cada persona blanca y puedo usar esta información mientras preparo estrategias para manejar cada encuentro.

El rojo es mi color y siento que siempre lo será. El pintalabios rojo es un homenaje al tropo cansino de la latina caliente, pero también es mi gesto del dedo medio para quienes me sexualizan sin mi consentimiento simplemente porque soy latina, simplemente porque nunca han estado expuestos a alguien como yo.

El racismo viene de un lugar de ignorancia deliberada. No soy una persona dispuesta a educar de manera incansable a la gente blanca en su manera de acercarse a mí.

Con mi pintura de guerra desafiante y mi armadura, reto a cualquiera a que me llame caliente.

Camino con ese reto en los labios y en mi cuerpo.

Estoy lista para la guerra, tengo la armadura puesta.

Ser capaz de existir en esta piel canela, de existir como inmigrante, y aun así llevar visible mi orgullo, confunde a los racistas blancos. No son capaces de comprender a la gente como yo que se ama.

Así que, en lugar de no sentirme preparada, como me sentía al principio cuando me mudé a Nashville, ahora estoy lista para defenderme. Vivir con el síndrome del impostor no implica que vaya a acobardarme en una esquina cada vez que esté en lugares principalmente blancos. Significa vivir al tope incluso cuando sé que no se supone que deba hacerlo. Significa vivir sin temor.

Vivir con el síndrome del impostor significa hacer lo que pueda para proveer una representación positiva para las niñas color canela que viven en ciudades blancas. Yo me mantengo fuerte y orgullosa por ellas.

Porque la pequeña Prisca pudo ver gente de color orgullosa a su alrededor, y tiene que soñar gracias a ella. Aun cuando la actual versión de mí lucha por evitar que me tiemblen los labios cuando hablo, me sostengo y me embellezco con orgullo. Yo ocuparé espacios, incluso cuando duela. Yo seguiré con la cabeza en alto incluso cuando dude de mí misma. Yo probaré que están equivocados incluso cuando tenga que probármelo primero a mí misma.

CAPÍTULO 4

EL MITO DE
LA MERITOCRACIA

La meritocracia es la creencia en que el trabajo duro rinde sus resultados. Es la clásica historia del pobre que se vuelve rico, una promesa que nos han dicho que es alcanzable para cualquiera, de cualquier raza, género, sexualidad y antecedentes.

De cualquier manera, a pesar de raras excepciones, la meritocracia es un mito. La mayoría de la gente no es capaz de trabajar tan duro para llegar a dejar de ser pobres. Algunas de las personas más trabajadoras que conozco, nacieron pobres y morirán pobres. Es importante aceptar que esperar ser la excepción no es la solución. La radicalización solo puede darse después de darnos cuenta de que solo somos engranajes en una máquina grande y poderosa. Los guardianes de los privilegios usan el mito de la meritocracia para distraer a la clase trabajadora y a los trabajadores pobres, con tanto sentimiento de culpa cuando se quedan cortos, que no piensan en rebelarse en contra de sus opresores. Los guardianes de los privilegios están en todos lados, regulando quién alcanza el sueño americano y quién tiene que trabajar duro por el sueño de otros.

Creí profundamente en la meritocracia, y luego dejé de creer. Cuando dejé de creer en ella encontré mi camino de vuelta a casa.

♥

Mi primer encuentro memorable con un guardián de los privilegios fue un consejero de la secundaria. Supe cómo identificarlo, porque ya me había encontrado con guardianes más jóvenes: mis colegas mientras crecía.

Yo nunca fui esa chica, la chica a la que alentaron para ir al a universidad. Sé cómo se ve ese tipo de chicos, son típicos de la clase media, blancos o blancos asimilados, bien vestidos, con buen vocabulario y buenos modales, según los estándares blancos.

Por el otro lado, no se esperaba que yo fuera a la universidad. Mi mami no tiene un título universitario, ella era una ama de casa y a mí me habían enseñado que serlo era honorable y una aspiración que yo también debía tener. Este mensaje me llegó de manera directa desde casa y de manera indirecta desde la escuela.

Yo no fui una de estas chicas a las que se les veía un futuro brillante. Me decían que hablaba mucho y que casi no ponía atención en clases. Desconfiaba de la autoridad de mi padre en casa —pero le temía porque me pegaba regularmente— y traje a la escuela esta necesidad innata de cuestionar a la autoridad. En casa yo no podía hacer nada en contra de mi propia impotencia, pero rebelarme en la escuela parecía darme cierto grado de satisfacción. Me hacía sentir que tenía cierto control sobre mi vida.

Me inventé una identidad diferente en la escuela. Recuerdo a mi mamá preguntándome que si ella fuera a la escuela para espiarme, ¿podría reconocerme? Yo me reí nerviosamente e hice caso omiso de su perspicaz insistencia. Yo tenía en la escuela una vida que sentía como propia. Me sentía libre, o al menos libre de la estricta estructura de mis padres. No tenía ganas de renunciar a esa libertad por la inconstancia de mis profesores para favorecer a los chicos más adoctrinados y asimilados.

Yo no causaba problemas, pero odiaba que me dijeran qué hacer, porque eso era lo que sucedía en casa. No me castigaron nunca, pero fui suspendida un par de veces por estar «distrayendo». Fui enviada a una «suspensión interna», porque mi asistencia significaba ingresos monetarios para la escuela y una suspensión interna les mantenía compensados financieramente. Fui una persona a la que controlaron todo el tiempo, específicamente por mi comportamiento, ese que no fue expresado adecuadamente, según la manera en que la educación pública prefiere.

Incluso me suspendieron por leer dentro de la clase. Yo leía a menudo, porque encontraba mayor aprendizaje en mis propios libros que en mis profesores, y me castigaron por eso. Y cuando mis libros no estaban sobre mi escritorio, yo recurría a platicar mucho con mis colegas.

Mi mami todavía tiene un reporte de progreso de noveno grado en el que cada profesor me puso el mismo comentario: ¡Habla demasiado! Mi mami se reiría de eso durante muchos años, pero nunca me regañó. Mi educación no era una prioridad para mi familia, me di cuenta de eso en la primaria —cuando mi mami se quejó de todas mis pegatinas del cuadro de honor, diciendo que eran demasiadas y llevé esa energía el resto de mis años escolares.

Como no fui la estudiante modelo, obediente y silenciosa, en el mejor de los casos, los profesores me pasaban por alto, y en el peor de los casos, me ponían otras tareas en lugar de enseñarme o alentarme. En décimo grado, una maestra estaba tan frustrada conmigo que me puso como tarea memorizar tantos dígitos de pi como pudiera, con la condición de una calificación que me permitiera ganar la clase. Odiaba el álgebra, pero terminé aprendiendo cinco mil dígitos de pi y obtuve una C en ese año escolar. Y mientras eso debía haber impresionado a mi maestra, ella únicamente expresó alivio, porque ya no iba a ser su estudiante. Algunas veces tu profesor favorito es el peor profesor para otros, porque quizá lo que a ellos les gustó de ti fue tu habilidad de hacer lo que te decían que hicieras.

Yo no fui esa estudiante que los maestros consideraban inteligente, esa chica que brillaba, esa chica en que los maestros creían. Yo no fui esa que la gente pensaba que era brillante y que estaba destinada a triunfar. No aprendí a leer cuando el resto lo hizo. Varios factores estuvieron en juego, incluyendo mi migración.

En Nicaragua, mi país, fui a una escuela pública. La mayoría de inmigrantes de América Latina y el Caribe te dirán que no todas las familias quieren matricular a sus hijos en las escuelas públicas, porque nuestro sistema de educación pública deja mucho que desear. Muchas personas, si tienen las posibilidades, ingresan a sus hijos en escuelas privadas en espera de un mejor nivel de educación. Nosotros migramos cuando se suponía que yo iba a pasar a segundo grado y para ese punto ya estaba luchando con mis habilidades de lectura.

Como mucha gente iletrada y lo suficientemente mayor para darse cuenta de ello, memoricé y recité mucho para que pareciera que podía leer, pero en cuanto aparecía algo que no me había memorizado, rápidamente descubrían mi truco. Aprender a leer fue difícil y ser la chica que no podía leer bien también fue difícil, y empezó a lastimar mi autoestima desde muy temprana edad.

Cuando vinimos a este país, llegamos con una visa temporal. Una vez aquí, un abogado de migración les dijo a mis padres que no nos matricularan en la escuela hasta que obtuviéramos la residencia. Aparentemente, inscribirnos en una escuela significaba que teníamos intenciones de quedarnos, y eso era lo último que teníamos que hacer mientras tramitábamos la residencia.

Yo había estado fuera de la escuela por aproximadamente seis meses en el momento en que finalmente empecé a estudiar en Estados Unidos, y en ese entonces, el año académico estaba a un mes, más o menos, de terminar. Debido a la sincronicidad de mi ingreso, no esperaban que alcanzara a mis colegas ni sus tareas. Teníamos libre el verano, y cuando la escuela volvió ese agosto, yo tenía ocho años. Recuerdo haber entrado a mi clase de segundo grado y que me pidieran que encontrara mi escritorio. Había etiquetas con nombres en cada uno, pero como no sabía leer, me senté donde pude. Mis habilidades de lectura o mi falta de ellas fueron descubiertas rápidamente y fui enviada a primer grado antes de que la mayoría de mis noveles colegas hubieran puesto un pie en ese salón.

En cuanto la maestra se dio cuenta de que no podía enunciar el alfabeto, me pidieron que me quedara después de la escuela para aprender a leer. Tengo memorias vívidas de estar aprendiendo a darle sentido al alfabeto. Recuerdo la alegría que me dio poder deletrear mi nombre y mis apellidos. La bruma se había disipado, podía ver con claridad, y las letras empezaron a significar cosas. Todo esto llegó en un momento en el que aprendía que mis padres tenían sus propios nombres más allá de mami y papi. Me sentí muy orgullosa la primera vez que escribí el nombre de mi mami: B-L-A-N-C-A. Como iba atrasada y se esperaba que todo eso ya lo supiera, nadie celebraba mis victorias. Mis maestros solo notaban que ellos iban mejorando en resolver mi problema.

Poco después, mi mami me consiguió una tarjeta para la biblioteca y una maleta con ruedas que llenaba totalmente en mi biblioteca local. Yo consumía libros como si mi vida dependiera de ello. Había una diferencia para mí: la lectura me dio vida; la escuela estaba destinada a castigarme.

En ese entonces, estuvimos viviendo en un vecindario que estaba habitado principalmente por migrantes nicaragüenses. A principios de los noventa, Sweetwater era conocido como La pequeña Managua. Esto fue antes de la gentrificación y de que la universidad local comprara muchas de las propiedades y terminara desplazando La pequeña Managua a otra parte de la ciudad.

Nuestro vecindario tenía una gran influencia de los inmigrantes, y los maestros empezaban a hablarles a los estudiantes en español y luego, lentamente, introducían el inglés. De alguna manera, tuve la oportunidad de esconder mis habilidades de lectura rezagadas, mientras íbamos aprendiendo el alfabeto en inglés. Yo fui descubierta como una estudiante que iba atrasada cuando me preguntaban la edad en el inicio de cada año escolar.

En tercer grado nos mudamos a otra parte del pueblo, a nueve millas de Sweetwater. Mis padres volvieron a empacar todo lo que teníamos y nos fuimos de un apartamento que tenía quesillos a una cuadra de distancia, fritangas a pocos pasos y una escuela secundaria que llevaba el nombre de uno de los más famosos poetas nicaragüenses: Rubén Darío. Dejamos todas estas comodidades y los restos de nuestro país natal y nos mudamos a una nueva escuela y vecindario.

Este nuevo vecindario tenía residentes con una gran diversidad de estados migratorios. Había algunos inmigrantes recientes, incluyendo algunos indocumentados, pero la mayoría había nacido aquí y sus familias llevaban en el país ya un par de generaciones. Muchos de los chicos de este nuevo vecindario parecían más americanos, más clase media, con sus dos padres trabajadores, y era un vecindario menos diverso racialmente. Mientras la mayoría de mis vecinos eran cubanos y, por lo mismo, étnicamente latines, racialmente eran en su mayoría blancos o blancos asimilados.

Muches de mis colegas latines no hablaban español, y muchos incluso hablaban inglés con sus padres. En este nuevo vecindario resaltaba todo lo que tenía que ver con nuestra migración y con nuestra pobreza. Como una niña de diez años en tercer grado, yo era evidentemente mayor. Y como una niña que había inmigrado recientemente, era evidentemente diferente. Era una niña de la clase trabajadora y era inmigrante y no sabía cómo vestirme igual que mis colegas. Recuerdo que traté de aprender y usar *slang* y solo recibí a cambio sonrisas y correcciones. Yo no me movía por la escuela con la misma soltura que los chicos de segunda o tercera generación lo hacían. Así que empecé a poner más atención.

Un recuerdo divertido que tengo en mi búsqueda de verme más americana y asimilada sucedió durante el verano entre sexto y séptimo grado, cuando escuchaba Power 96.5 FM hasta muy entrada la noche, escribiendo las letras de las canciones y practicándolas. La cafetería de la escuela secundaria ponía música y todos cantaban al mismo tiempo, menos yo. Me estaba preparando para no ser la rara de séptimo grado, como me había sentido en sexto. En casa no me daban permiso de escuchar música secular, ni siquiera música en inglés, a menos que les tradujera la letra a mis papás. Mis padres controlaban bastante lo que consumía para evitar que pecara y me condenara eternamente. Cada vez que me pedían que tradujera, me decían que apagara lo que fuera que estuviera disfrutando. Así que me esforcé para aprender en privado y así intentar encajar, dejar de ser una paria.

Cuando empecé la secundaria yo solo quería encajar. Quería ser parte de la gran narrativa americana, una narrativa blanca y de clase media.

Adaptarse a la cultura popular implicaba aceptarla como propia. Necesitaba comprometerme y alejarme de mis antecedentes de inmigrante de la clase trabajadora si quería ser aceptada. Para alcanzarlo yo sabía que tenía que hacerme encajar en la definición americana de lo que sería. Mi asimilación americana implicaba mi asimilación en la blancura. Cuando finalmente me di cuenta de lo que había sucedido, no había otra cosa por hacer que lamentar la pérdida de muchas partes de mí.

La opresión del sistema y el racismo internalizado nos mantiene a muchos bajo su dominio. Así que, los que logramos salir tenemos el deber de convertirnos en porristas y abogados de aquellos que siguen luchando. Nunca fui la chica con un grupo de mentores, familiares y profesores que me alentaran. Yo era la chica cuyo grupo de ánimo estaba conformado solamente por mí. Cuando crecí empecé a necesitar más gente que me apoyara, porque muy pronto descubrí que los guardianes de los privilegios se vuelven cada vez peores y más agresivos.

Yo no fui la chica elegida a la que adoraban las personas adultas. Es fácil elogiar a la niña que siempre está impecable y saca buenas calificaciones. El racismo y el clasismo son las razones por las que es fácil aceptar a algunos niños y pasar por alto a otros. Quienes están al mando del control, les indicaron a estas personas adultas cuáles son los rasgos que indican el éxito, y ellas se encargaron de perpetuarlos sobre nosotros.

Sistemas escolares enteros han encontrado la manera de mantener a los buenos chicos blancos lejos del resto de la población estudiantil. Ahora sabemos que los programas para los superdotados fueron inventados para recrear la segregación dentro de las escuelas. No se trataba de los chicos más listos, sino de apaciguar a los padres que podían llevar a sus hijos a escuelas privadas, si las escuelas públicas no cumplían con sus necesidades. Estas singulares preocupaciones por sus hijos fueron las que crearon el sistema educativo que tenemos hoy. Yo no era tonta, simplemente no encajaba en lo que los sistemas educativos y los maestros tenían que evaluar.

El racismo y el clasismo funcionan de las maneras más complejas. Para este capítulo, específicamente, la clase crea un sistema de valores: tu valor neto se convierte en tu valor como persona. Y debería notarse que la gente negra y de color son desproporcionadamente parte del soporte de la clase pobre trabajadora. Así que, bajo esa lógica, la gente blanca tiene más valor dentro de la sociedad, y todas las personas que se encuentran cerca de estas adquieren su valor por proximidad.

Recuerdo la primera vez que me percaté del concepto de clase. Estaba en la secundaria. La compañía oficial de distribución de los uniformes para Miami-Dade era Ibiley, y vendía uniformes carísimos para cada escuela. Mi familia, perteneciente a la clase trabajadora, no podía comprar los uniformes a esos precios, así que mi mami le enviaba algunas muestras a mi abuelita y ella hacía mis uniformes y me los mandaba antes de que empezara la escuela. Y en otras ocasiones, ahorrábamos cuando los adquiríamos en la tienda local de ropa usada. Yo sabía que estaba usando falsos Ibiley, pero nadie parecía darse cuenta. En la secundaria, las políticas de uso del uniforme se hicieron menos estrictas y las diferencias de clase empezaron a ser más obvias.

Un día, caminando hacia a mi clase de Matemáticas, escuché a algunos hablando de que otra persona estaba usando falsos tenis de marca. El compañero era negro, una minoría en el vecindario. El chico había cometido el error de mostrar su estatus de clase siendo negro, y eso era lo único de lo que la clase hablaba. Antes, este chico era considerado gracioso y bueno. Pero luego, había cometido el error de usar zapatos no originales y ahora nadie lo olvidaría. Las bromas se centraron en que era pobre, y eran implacables. Ese día aprendí que lo que usaba y la manera en la que lo usaba le importaba a todo el mundo, y que eso revelaba mucho acerca de mi familia, mi educación, mi hogar, mi valor y mi futuro. Me di cuenta de las maneras en que debía tomar distancia del contexto de mi clase social trabajadora. Tenía muchas cosas en mi contra y yo necesitaba distraer a la gente de todas esas cosas acerca de mí.

En la preparatoria, muchas veces escuché insultos en contra de las personas inmigrantes. Había una población estudiantil mayoritariamente latina, pero era común escuchar que lanzaban insultos como «refugiado». Esta designación caía sobre aquellos que tenían acento español. Había una mentalidad de nosotros contra ellos, en la que «nosotres» éramos les latines más asimilados y «ellos», los no asimilados. Nos convertimos en guardianes controladores, reflejando el medio al que estábamos expuestos nosotros y las personas adultas con quienes habíamos crecido. Hay un valor tangible en alinearse a la blancura, y simplemente reflejábamos la sociedad en la que vivíamos.

Tuve que hacer todo lo que estaba a mi alcance para convertirme en «nosotros» y no en «los otros». Un año, nuestra escuela fue despojada de su campeonato de futbol, porque muchos de nuestros jugadores eran indocumentados. La otra escuela, también una escuela de mayoría latina, lo había averiguado y los había reportado. A esos jugadores les habían dado la condición de ser incluidos en el «nosotros», porque tenían ciertas habilidades de valor que se consideraban importantes. Y, aun así, cuando perdieron su título, nadie protestó.

No había alianzas con los indocumentados. Como yo tenía una *green card*, podía crear esa distancia a pesar de que tenía muchas más cosas en común con esos inmigrantes que con los asimilados.

Recuerdo haber escuchado a estudiantes hablando sobre la universidad. Era una de esas conversaciones de «nosotros» en la que sabía que tenía que estar infiltrada. Yo realmente no era parte de los asimilados de mi escuela. No era parte de los grupos de inmigrantes indocumentados tampoco. No tenía muchas amistades. Pero, por mi futuro, sabía que tenía que estar cerca de los que querían ir a la universidad. Eran chicos diferentes, eran los protegidos. Los estudiantes avanzados y los superdotados eran los preciados de la escuela. Tenían el apoyo de los maestros y las facultades que los defendían de los extranjeros invasores.

Yo sabía que yo era una extranjera invasora en muchas maneras, a pesar de la ironía histórica. Así que aprendí a utilizar las habilidades que había ganado y las volví a aplicar. Vi, escuché y aprendí a adaptarme. Recuerdo haber escuchado a mis colegas hablando acerca de la universidad y daban por hechos sus prospectos. Mientras yo no había imaginado nunca algo así para mí. Vi, escuché y aprendí a adaptarme. Detecté a los guardianes de los privilegios y aprendí a trabajar a su alrededor.

Durante el tercer año de la preparatoria, con una irrisoria nota promedio de 2.8, me dirigí a la oficina de mi consejero escolar y le dije que me iba a inscribir en cinco de las clases de preparación para la universidad, conocidas como clases avanzadas. Ese año ya me había inscrito en dos y habían significado un gran cambio para mí en lo relacionado con maestros y colegas. Pero parecía haber una diferencia entre ser aficionado y profundizar en las clases, de eso me di cuenta una vez estuve adentro. Se podía decir que este estudiantado era valorado por la escuela. Para hacer más sólido mi estatus de «nosotros», tuve que emular a ese tipo de estudiantes e inscribirme en la mayor cantidad de clases avanzadas que me fuera posible. El estudiantado que se alistaba para ir a la universidad no holgazaneaba durante su último año; no se equivocaba en sus transcripciones. Así que decidí inscribirme en cinco clases avanzadas durante mi último año para reflejar mi bondad moral y, con suerte, conseguir la manera de abrir nuevas puertas, nuevas oportunidades.

Esto fue un salto enorme para alguien como yo, alguien que no tenía excelencia académica y nunca antes había expresado aspiraciones universitarias. Mi consejero rechazó mi solicitud y me dijo que tomara más cursos optativos y le diera a mi promedio el refuerzo que necesitaba por medio de clases más fáciles. Él daba por hecho que era tonta, me dijo que aprender de los libros no era una habilidad que todo el mundo tuviera y que probablemente yo podía ser mejor en los deportes. Recuerdo que me sentí muy avergonzada, pero haber aprendido a superar la vergüenza era algo que ya había normalizado de muchas maneras, así que pude volver a superarla esta vez.

Como inmigrante latina, color canela, de la clase trabajadora, supe muy pronto que yo tenía que convertirme en mi mayor defensora. Así que recurrí a la persona que podía convencer a mi consejero de la escuela pública en una de las escuelas más grandes del país para que cambiara de idea: mi mami. Detecté al guardián de los privilegios y descubrí su debilidad: los padres. Así que al día siguiente llevé a mi mami a la escuela para obligarlo a que me dejara entrar a esos cursos avanzados.

Mientras estábamos allí sentados, le dije al consejero que mi mami quería que me dejara entrar a esos cursos avanzados, a pesar de que ella no lo estaba pidiendo y casi no entendía por qué estaba allí. Yo era la interesada, no mi mami.

El consejero todavía tuvo la audacia de decirme que no era una buena idea, porque me estaba preparando para el fracaso. Dijo que necesitaría ayuda para estas clases, luego vio a mi mami y dijo que su falta de fluidez con el idioma iba a evitar que pudiera ayudarme. Este guardián de los privilegios aumentó los requerimientos para entrar a esas clases, los convirtió en personales.

Mi consejero de la preparatoria tenía todo el poder en sus manos para abrirme un camino hacia la universidad o robarme totalmente esa posibilidad. Él estaba diciendo que yo no debía tener aspiraciones tan altas, solo por ser inmigrante y porque mis padres no hablaban inglés. Yo no había imitado apropiadamente el adoctrinamiento del sistema escolar americano, eso se reflejaba en mis calificaciones, pero eso no era un indicador de mi potencial.

Él había devaluado mis habilidades y mi resiliencia, y había ignorado el hecho de que había aprendido a asimilarme en Estados Unidos sin la ayuda de mis padres. Este guardián había decido reforzar las paredes que debían haber sido puertas. Eso es lo que hacen los guardianes de los privilegios.

Mi consejero me subestimó a mí y a mi habilidad de ganar. Yo había estado poniendo atención, y sabía que los estudiantes avanzados eran aspirantes a la universidad y que debía estar cerca de ellos para llegar a la universidad. Sabía que ellos eran cortejados por los reclutadores de la universidad, mientras que al resto de los estudiantes se le acercaban los reclutadores militares a la hora del almuerzo. La escuela concentró sus esfuerzos para apoyar a los estudiantes avanzados, y yo sabía que necesitaba ese apoyo que no tenía en casa. Yo sabía que los estudiantes avanzados eran los que obtenían las recomendaciones, las oportunidades de ser parte de redes y el tratamiento preferencial de los consejeros y profesores. Yo sabía que el estudiantado avanzado era codiciado, porque tenía más financiamiento; un profesor me había dicho en la cara que el estudiantado avanzado era doblemente valorado en relación con el estudiantado promedio. Lo que aprendí fue que, si era una estudiante avanzada, la escuela iba a tener en más alta estima mis dotes de inmigrante de color e invertirían en mi futuro. El guardián de la puerta de los privilegios sabía esto y le parecí indigna. El consejero no pudo ver que el hecho de que yo no tuviera ese apoyo en casa, significaba que la escuela debía proveérmelo en lugar de castigarme. Yo era una niña y las personas adultas a mi alrededor me estaban fallando por sus prejuicios internalizados.

Mientras estaba allí sentada pensando en la manera de refutar los comentarios xenofóbicos y clasistas del consejero, recuerdo que mi mami se volvió hacia mí e intentó convencerme de que le hiciera caso al consejero. Recuerdo cómo se me rompió el corazón, porque sabía que mi mami no entendía la gravedad del momento, la gravedad de ese rechazo. Mi mami parecía creer que el consejero decía la verdad y que no reflejaba una narrativa más extensa y más jodida, que consistía en mantenernos bajo dominio solo porque éramos de la clase media y no éramos blancos. Yo sabía —había estado poniendo atención— que, si no anulaba la opinión de mi consejero, me iba a costar mucho entrar a la universidad. Los guardianes de los privilegios en la sociedad se vuelven cada más desalmados y difíciles de burlar; este consejero de la preparatoria era, relativamente, una fruta al alcance de mi mano.

Mi hermano es dos años mayor que yo, pero me llevaba cuatro años de estudio, porque estaba académicamente atrasado. Él se había graduado de la preparatoria cuando yo ni siquiera había comenzado, y luchó para tratar de descifrar qué hacer después. Recuerdo que trabajó en la industria de tejados durante un año y pico y luego decidió matricularse en la universidad de la comunidad, pero él estaba navegando este sistema educativo sin darse cuenta de lo que sucedía a su alrededor. Las solicitudes de ayuda estudiantil federal, las selecciones de clases eran conceptos desconocidos para nosotros, y no habíamos recibido ningún tipo de guía para explorarlos. Se asumía que todas las familias, de manera inherente, sabían cómo hacer las cosas. Asumir eso corta las oportunidades más allá de la ecuación. Yo sabía que necesitaba la ayuda, incluso cuando no sabía exactamente la clase de ayuda que necesitaba. Y yo iba a obtener lo que necesitaba, aunque me tocara pelear por ello.

Los ismos internalizados les enseñaron a muchos de nuestros padres que ellos no podían volar antes de darse cuenta de que tenían alas. Recuerdo haber visto a mi mami tratando de encontrar temas de interés mutuo, tratando de que lo que decía este hombre encajara en su hija y tratando de no hacer una escena. También recuerdo que no me importaba que ellos no creyeran en mí. Usé toda la convicción que pude reunir para decirle a este consejero que iba a entrar a los cursos avanzados e insistí en que mi mami no iba a retroceder.

Mi consejero escolar suspiró e hizo un gesto de hastío e inmediatamente escribió un pequeño contrato en su computadora y lo imprimió. El contrato dejaba por escrito los riesgos asociados con que yo tomara estas clases tan rigurosas. El contrato decía que mi mami había sido advertida y había decidido ignorar las sugerencias del consejero. El consejero se estaba lavando las manos, se estaba asegurando a sí mismo en caso de que yo fallara. Este guardián de los privilegios estaba usando todas las herramientas de su caja, y para mí, ganar significó conocer todas estas herramientas y buscar mejores.

Nunca le importé; estaba protegiendo de mí a los que ya estaban adentro. Recuerdo haberle traducido mal el contrato a mi mami para que firmara el documento que, francamente, nunca debió haber existido. El último año, me pusieron en las clases avanzadas y terminé solicitando entrada y asistiendo a una universidad durante cuatro años.

Todo lo que no tenía que haber pasado, sucedió. Escuché esas voces y esas bajas expectativas que están destinadas a mantenernos bajo dominio. Todo eso que no debía haber pasado, sucedió. Fui intimidada por este guardián de los privilegios o creí lo que él creyó de mí. La suposición era que el éxito es blanco y de clase media, y yo lo desafié, no por ser más inteligente, sino porque rechacé la percepción que él tenía de mí. No trabajé más duro que mis colegas; no trabajé más duro que cientos de estudiantes en mi grado a quienes no les dieron el acceso que yo exigí. Conozco a muchas latinas brillantes que debieron haber estado en esas clases avanzadas conmigo, pero no pudieron porque creyeron la mentira que el consejero de la escuela me dijo a mí: que las clases serían muy difíciles y no lo lograrían. Ellas creyeron que los guardianes de los privilegios tenían sus intereses en cuenta, cuando nunca ha sido así. Esa es la manera en la que ellos han ganado y siguen ganando. Como inmigrante me pasaba tomando notas y observando constantemente qué era para mí y qué no, y luego decidí desafiar guardianes tras guardianes y tomar su poder en mis manos. Nada de eso fue fácil, porque el sistema está roto y deja a mucha gente brillante detrás.

En mi clase avanzada de gobierno, durante la primera semana de clases, el profesor nos había hecho levantar la mano para ver cuántos de nosotros trabajábamos cuando salíamos de la escuela, y nadie levantó la mano. Luego nos contó que había hecho la misma pregunta en su clase regular de gobierno y casi la mitad de los estudiantes habían levantado la mano. Recuerdo haber sentido eso profundamente, porque sabía que yo estaba a tiro de piedra de ese contexto. Y aunque no tenía trabajo luego de clases, sabía que había una diferencia entre mis colegas y yo en esa clase avanzada. Y que la realidad era palpable.

La diferencia no era que mis colegas fueran más inteligentes que el resto del estudiantado, sino que tenían la habilidad financiera y el apoyo en casa para dedicarse solo a estudiar. Separar la escuela entre el estudiantado avanzado y el regular solo era una manera de separar por raza y clase. Este sistema beneficia a los padres blancos y ricos porque aísla a sus hijos dentro de una burbuja de privilegio y beneficia a las escuelas porque reciben más fondos. El estudiantado regular es el único que sale perdiendo, cuyo potencial nunca recibirá una palmada en la espalda, porque sus padres son personas pobres, inmigrantes, negras o de color. El estudiantado regular pierde, porque no puede burlar un sistema hecho para premiar su docilidad y castigar su resistencia.

Cuando me gradué, todavía tenía un promedio de 2.8, porque era la misma estudiante. Nunca encontré comunidad entre el estudiantado de las clases avanzadas, había mucho elitismo y mucho mal trato en contra de quienes ellos consideraban tontos. Nuestra escuela nos priorizaba, y muchos de ellos creían que eso los hacía mejores personas. Todos estábamos creando identidades, todos estábamos tratando de convertirnos en las mayúsculas «US» de los USA. Todos éramos lobos en pieles de oveja, tratando de convertirnos en americanos, tratando de convertirnos en los blancos estándar. Éramos jóvenes aprendiendo a ser depredadores, no presas. Nos estaban enseñando a ser guardianes de nuestro propio derecho. Nos estaban enseñando que merecíamos que nos trataran mejor por nuestro estado de clase asumido. Nos estaban enseñando que merecíamos acceso, pero no nos estaban dando herramientas para pensar de manera crítica en por qué otros no tenían el mismo acceso.

Y aunque fue un camino solitario, me las arreglé para encontrar la ayuda que necesitaba durante la temporada de solicitudes a las universidades y conseguí entrar a eso que los estudiantes avanzados llamaban su universidad segura[1], Florida International University. Esta institución al servicio de la comunidad hispana fue mi más alta y mi única opción.

Mentir acerca de mi clase y las finanzas familiares se hizo importante en mi búsqueda de comunidad entre personas cuyas

---

[1] N. del E. Segura en el sentido de que tienes muchas posibilidades de ser aceptado.

familias, claramente, tenían más dinero que yo. Hay un sentimiento de vergüenza alrededor de la pobreza que es difícil de deshacer, mentir es más fácil. Nos han enseñado que ser pobres es el reflejo de nuestra propia haraganería. Incluso en mi iglesia nos enseñaron a través del evangelio de la prosperidad que la pobreza era una falla moral que reflejaba tu falta de devoción y bendición de parte de Dios. Así que empecé a mentir acerca de mi clase. Empecé a mentir acerca de lo que mis padres hacían para vivir. No quería que la gente supiera que mi mami y mi papi no podían adquirir eso que a los padres de mis colegas no parecía costarles. No quería ser más diferente de lo que ya era. Mi mami se enteró de eso y me llamaba Julieta, por la telenovela *Soñadoras*. Julieta era el personaje de una chica pobre que fingía tener más dinero del que tenía para encajar.

De todos era sabido que había creado distancia de mis orígenes, pero fue para sobrevivir a la crueldad de una sociedad que clasifica a las personas de acuerdo con su estado financiero. Una manera de disimular mi clase fue en el almuerzo escolar. Yo había estado en el programa de almuerzo gratuito y reducido durante los años de estudiante. Cuando entré a la preparatoria me di cuenta de que aquellos que estaban en ese mismo programa comían adentro y alejados de todos los demás. Los que comían adentro eran los estudiantes negros y los indocumentados. Era una regla implícita y creó una separación basada en clase, raza y estatus de ciudadano. Mi escuela tenía un jardín y la pizza se vendía afuera. Aquellos que podían pagar las pizzas de $1.75 optaban por dejar de lado el almuerzo de la cafetería y comprar pizza. Si comías pizza, podías comer afuera, en el patio. Yo dejé de pedir el almuerzo de la escuela, y como no podía pagar la pizza, básicamente dejé de almorzar. Todo esto solo para ser parte de la cultura social al aire libre de la escuela.

Así fue como intenté borrar mis antecedentes de clase trabajadora, y pareció funcionar. La gente aceptaba que yo no almorzara, y la hora de almuerzo era un tiempo de socialización. Comer adentro significaba quedar aislada socialmente.

Continué pasando un poco como de clase media a través de ciertas actitudes que mantenían mi clase social en ambigüedad, una ambigüedad que significaba capital social. Fui capaz de manejar y ocultar mi clase social hasta la escuela de posgrado. En ese nivel académico avanzado, en esa institución de élite, había distintas diferencias de clase. No podía esconder mis desventajas y casi repruebo mi primer semestre.

Durante la licenciatura había asistido a una institución al servicio de la comunidad hispana. Era una de las universidades más accesibles del país. Una pequeña parte del estudiantado pagaba por el servicio de residencia universitaria, la mayoría se desplazaba desde la casa de sus padres. Cada crédito costaba alrededor de $100 y mi ayuda financiera cubría todo el costo de la matrícula, una computadora portátil e incluso las cuotas de membresía de sororidad. Yo era buena maniobrando las clases y encontrando espacios para mí, para una persona de la clase trabajadora.

En la escuela de posgrado fue la primera vez que me di cuenta de que no podía esconder mi clase. Estaba sentada entre dos colegas del grupo con mucho conocimiento académico y empezaron a hablar de Michel Foucault y de Judith Butler. Se reían y hacían referencia a literatura que ni siquiera habíamos leído —teoría pesada a la que aún no nos habían introducido— pero que ya conocían. Recuerdo que uno de ellos dijo que había leído a Foucault, porque le había encontrado en el librero de su padre. Recuerdo el impacto y el miedo que eso me provocó. No conocía a Foucault ni a Butler; no tenía idea de quienes eran en ese entonces. Pero mis colegas sí. Su naturaleza socioeconómica les había dado el acceso a ese conocimiento con el que yo ni siquiera había soñado o había esperado tener.

Yo me había encontrado años atrás con les estudiantes avanzades latines, y ya existía ese acto performativo de su privilegio de clase. Ese mismo privilegio se sentía diferente en espacios blancos americanos, se sentía peligroso. Estos estudiantes no estaban intentando manifestar sus ventajas para diferenciarse de otros estudiantes de color. Venían claramente de circunstancias de vida con mayor ventaja y su flagrante privilegio me revolvió el estómago.

En casa, una multa de tránsito podía afectar las finanzas durante semanas o meses. No tratábamos las caries hasta que los dientes se caían o se partían a la mitad. Gafas de lectores eran utilizadas por mis padres como gafas regulares, y acudíamos regularmente al mercado negro para las medicinas que no podíamos adquirir. Me sentía tan fuera de lugar en Vanderbilt, en formas que no podía explicar.

Y así, me resigné a leer más rápido, a tomar más notas y empezar ensayos al principio de semestre cuando eran para el final. Me resigné a creer que el trabajo duro daba resultado, a creer en la meritocracia. Para mi sorpresa, nada de esto funcionó. No era una competencia para ver quién estudiaba más duro para sacar una A, se trataba de ver a quiénes sus padres les habían provisto con suficiente acceso para triunfar en este nivel académico. Se trataba de aquellos a quienes sus padres les habían dado la oportunidad de tener biblioteca en casa, tutores, actividades extracurriculares, programas que les enriquecieran después de la escuela, cursos de verano, etc. Se trataba de competir con estudiantes que nunca habían entendido el significado de un guardián de privilegios. Se trataba de estudiantes que se sentían con derecho a extensiones, ayuda y compasión. Se trataba de estudiantes cuyos maestros habían invertido tiempo y energía en ellos. Se trataba de estudiantes que habían tenido mentores antes de que yo supiera qué significaba eso. Todos estos estudiantes eran los escogidos, y yo me sentía sola.

Recuerdo un pequeño grupo de discusión en el que estaba intentado explicar un ensayo que planeaba escribir. El auxiliar pidió una persona voluntaria, y con la idea de ser más lista que un guardián de privilegios, lo intenté. Pero ella era más lista y estaba más preparada para ser guardiana de privilegios, mucho más que el consejero de mi escuela. Yo no estaba lista, y cuando tropecé, me ridiculizó diciendo que yo no sabía cómo escribir. Quizá para ella yo era otra estudiante titulada que necesitaba romper, pero yo no lo era. Yo necesitaba que me alentaran, porque empezaba a hundirme. Pero eso no sucedió. En lugar de eso, la auxiliar me dijo que podía escribir mi ensayo en español, tomando en cuenta que el inglés no era mi fuerte. Diciéndome que se había especializado en español durante su licenciatura y que se sentía bien calificando mi ensayo en mi lengua materna.

No tuve el corazón para decirle frente a todo el mundo que, aunque el español es mi lengua materna, lo hablo de manera coloquial y nunca aprendí a escribirlo de manera apropiada. No estaba preparada para escribir un ensayo de posgrado en español, tampoco estaba preparada para escribir uno en inglés. Pero aquí estaba, luchando, tratando de encontrar un acceso al conocimiento, y este parecía desvanecerse en la distancia.

En ese momento yo solo quería que el suelo me tragara. Quería llorar, quería correr, quería renunciar. Pero sabía lo que me había costado llegar allí, y no podía darme el lujo de fallar. Recuerdo que uno de mis compañeros me mandó un mensaje privado después de la clase diciendo que lo que la auxiliar había hecho no estaba bien y que debía decírselo al profesor. En este bienintencionado intento de ser un aliado, mi compañero me dejó una sensación de desesperanza. No había manera de que pudiera abrirme al profesor siendo una intrusa. Y me quedé pensando ¿esta persona no entendía que los guardianes reflejaban a la institución? Todo lo que he conocido son guardianes de los privilegios, y aquí eran más estrictos y más prohibitivos que los que había conocido.

La suerte y el buen trabajo no iban a lograrlo esta vez. Lo que yo necesitaba era dos padres con títulos universitarios de clase media alta que tuvieran la ventaja de brindarme una vida de ocio para visitar museos y exhibiciones de arte, libreros llenos con libros avanzados del canon occidental, conversaciones durante la cena llenas de discusiones críticas e intelectuales y el acceso a las amistades de mis padres que pudieran brindarme tutorías y pasantías, recomendaciones y consejo.

Empecé a comprender que la escuela, en general, tiene en mente a cierto tipo de estudiante, uno más rico y más blanco. La academia es un ambiente construido para ese tipo de estudiante. El guardián de privilegios que conocí en la preparatoria, estaba cuidando el acceso a las clases avanzadas, pero también el acceso a todo lo que implicaba ese primer acceso. Se suponía que yo no podía burlar a mi consejero de la preparatoria; que no podía atravesar esas puertas. Y, aun así, de alguna manera lo hice y empezaba a darme cuenta del por qué había un guardián de privilegios.

Así como las personas negras, indígenas y de color están mayoritariamente representadas en la pobreza, nosotros estamos poco representados en la academia, por las mismas razones. Finalmente comprendí que no se necesitaba habilidad ni trabajo duro para estar en donde estaba. Ningún guardián de privilegio había deseado crear una ruta de éxito para gente como yo; de hecho, esperaban que fallara. Y como el apoyo institucional nunca se materializó, eso significó que tenía que innovar mis propias estrategias para tener éxito.

Lo que el consejero de mi escuela debió haber dicho aquel día y debió haber dicho con todo el peso de la realidad fue: «Usted no es lo suficientemente blanca para soñar; por favor no moleste».

Yo no entendía que la clase social tenía que ver con toda la sensación de pánico que sentía; yo no entendía que las diferencias de clase habían creado mi síndrome del impostor. Yo no entendía que el trabajo duro no siempre funciona. De hecho, solo te deja exhausto y dañado.

Un hombre blanco recientemente me dijo que había hecho un doctorado porque le resultaba divertido. La gente como yo no busca los grados académicos por diversión, lo hacemos porque creemos que nos abrirá nuevas puertas, nuevas oportunidades. Sentía que necesitaba un grado académico para que mi vida fuera diferente, para que las cosas mejoraran.

A mí me habían dicho que un grado académico era el pase para conseguir un gran trabajo, pero cuando me gradué con mi licenciatura en Literatura Inglesa de la FIU, no encontré ninguna opción. Yo estaba calificada para posiciones secretariales del nivel básico; esos eran los únicos trabajos a mi disposición. No tenía un amigo de la familia que pudiera conseguirme un trabajo en el mundo editorial. Yo no tenía los medios para tener pasantías pagadas con la esperanza de terminar con un buen trabajo pocos años más tarde. Mis padres no tenían los medios para pagarme la renta en algún lugar para que yo me enfocara en trabajar en camino hacia un sueldo digno.

Como una licenciatura no tenía impacto en mi capacidad de encontrar un trabajo, de alguna manera creí que una maestría me daría acceso a trabajos mejor pagados. Debía lograrlo y debía encontrar mejores estrategias. Estas llegaron gracias a la amabilidad de algunas personas maravillosas.

Durante mi segundo semestre de la maestría, recibí mi primera D como calificación en un ensayo que creía haber escrito perfectamente. Mientras volteaba las páginas manchadas con tinta roja, encontré una nota escrita por la Dra. A.J. Levine, erudita del Nuevo Testamento, que me aconsejaba asistir al centro de escritura.

Yo estaba devastada, pero sabía que fallar en la escuela de posgrado no era una opción. Así que hice una cita en el centro de escritura y cuando llegué, unos días después, me rechazaron. El centro de escritura dijo que mis errores eran resultado del hecho de que el inglés era mi segundo idioma, y que no eran correctores de pruebas. Me aconsejaron que fuera al centro de escritura internacional. Con el corazón roto y el orgullo en los talones, hice una cita en el centro de escritura internacional. Yo no había asistido a una institución predominantemente blanca americana durante la licenciatura y, por lo tanto, podía justificar toda esta debacle de escritura, manteniéndome alejada un poco de la culpa y guardando un poco de dignidad. Cuando llegué al centro de escritura internacional, me dijeron que escribía fluidamente en inglés. También dijeron que tenían poco personal y que no podían ayudarme, ya que tenían que ayudar a otro grupo de estudiantes que iban con más retraso con su inglés. Había sido rechazada otra vez. Sentía que me iba a romper. Toda esa cordialidad y traslado de clase no estaba funcionando. Todo el trabajo duro y la preparación no estaba funcionando. Toda la opresión que sentía dentro de mí parecía que me estaba estrangulando. Estaba destrozada.

Llegué con la profesora que me había puesto esa D y le conté la situación. Parecía sorprendida, inmediatamente se puso de mi lado. Se ofreció para corregirme la gramática, revisar mis trabajos y ayudarme a mejorar mi escritura.

Eventualmente le dije a un decano de mi programa que también pareció sorprenderse. Todo el mundo se sorprendía. No podían entender que esta institución de élite estaba creando más barreras para los estudiantes diversos que orgullosamente mostraban en sus panfletos. Quienes logran enseñar en estas instituciones, regularmente son personas que están desconectadas de las experiencias de la gente pobre y trabajadora. Simplemente no pueden ayudar, porque no pueden desentrañar la medida completa de la desigualdad sistémica de este país. No pueden arreglar lo que no pueden entender y, en su ignorancia, mantienen esas puertas fuertes e inamovibles.

Aquí es donde las cosas empezaron a cambiar para mí. Aquí es en donde las cosas empezaron a cambiar dentro de mí. Yo no podía mantenerme en calma, no podía pasar, estaba cansada.

Pero el mito americano provee un medio de culpa engañoso. En la herencia puritana, el trabajo duro no es solamente práctico, sino moral; su ausencia sugiere una falta ética. Una lógica dura dicta un juicio duro: si el trabajo duro de una persona lo lleva a la prosperidad, si el trabajo es una virtud moral, y si cualquiera puede alcanzar la prosperidad a través del trabajo, entonces fallar en alcanzarlo es caer desde la rectitud.

—David Shipler

En mi tercer año, algo me hizo clic. Aprendí que había un nuevo lenguaje, un lenguaje académico, que yo simplemente no conocía. Y lo aprendí dadas las limitaciones de tiempo del programa. Y terminé bien. Gané ocasionalmente una A como calificación, y aprendí a aceptar mis B y mis C. Aprendí a utilizar mi rabia como combustible para empezar a exigir más de la institución que amablemente me había admitido, mientras me proporcionaba pocas herramientas para alcanzar el éxito. Eventualmente me convertí en presidenta de la asociación del gobierno estudiantil de nuestro programa, la primera latina en ser elegida para el cargo en la historia de la escuela. En esa posición, tenía el poder de crear un club para estudiantes latines y tuvimos acceso a fondos que teníamos que usar para ayudarnos a triunfar.

Con el tiempo también aprendí a valorar mis antecedentes en lugar de distanciarme de ellos. Aprendí a reivindicarlos con orgullo. Aprendí que integrarme a los valores e ideas americanas marcaba una diferencia en mis habilidades de infiltrarme en la academia, que es vastamente blanca y elitista. Pero también aprendí que la adaptación no significaba que tenía que renunciar al amor hacia mis raíces.

Con el tiempo aprendí que mis circunstancias no habían sido creadas por mí, pero también aprendí que era más poderosa que ellas. Mis amistades y mi comunidad me ayudaron a darme cuenta de ello. Conocí a un puñado de personas negras, indígenas y de color que se apropiaban del lugar de donde venían y que usaban toda esa experiencia para su trabajo y su escritura. Empecé a sentir esperanza. Conocí a une latine cuir y birracial que había sido criade en los Apalaches, y valorábamos sus habilidades agudas para preservar comida. No lo hacía por entretenimiento; los recursos eran escasos en su lugar de origen y por eso sabía recaudar y preservar para la llegada del invierno. Elle llevaba ese conocimiento con orgullo. Elle había sobrevivido y eso le hacía especial, le hacía más fuerte. Conocí a una latina indocumentada que había crecido rápidamente, tomando trabajos temporales desde muy pequeña y, después de entrar a Vanderbilt, habló acerca de su lucha para obligar a la institución a revisarse internamente. Es cruel esperar que la gente que ha trabajado duro para ir más allá de los guardianes de los privilegios sea agradecida. Esas puertas nunca debieron haber existido. Y los que lo logramos en estos espacios debemos servir de espejo. Debemos reflejar las realidades de sus guardianes, y recordarles que ellos no son mejores por dejarnos entrar, sino que somos notables por lograrlo a pesar de ellos.

Conocí gente que fue rechazada por la sociedad, y de alguna manera usaron eso para fortalecerse. No se hicieron más pequeñas ante nadie. Usaron sus logros como armas, no solamente para entrar a estas instituciones, sino para derribar las paredes y los techos de cristal para que otras personas puedan entrar. Necesitamos ser más. No somos suficientes las personas que tenemos la posibilidad de lograrlo.

Aprendí cuán equivocada estaba al distanciarme de las personas que estaban allí para traerme de vuelta a la vida cuando sentía que nada estaba funcionando. Estaba fallando en la blancura, pero eso no me convertía en un fracaso. No necesitaba asimilarme con mis colegas con privilegio blanco; tuve que aprender habilidades de supervivencia de mis amistades negras, indígenas y de color. Aprendí a apoyarme en esas amistades y pelear a su lado.

Siempre habrá momentos en los que los guardianes de los privilegios intentarán cortarte las alas. Así que aquí hay algunos recordatorios para esos tiempos en que las cosas se ponen difíciles y te ves tentada a ver tus diferencias como problemas, no como soluciones.

Algunos días olvidarás que tu mami es fuerte y brillante, porque ella podría sentirse insignificante alrededor de los guardianes de los privilegios y puede que no tenga las mismas estrategias que tú para maniobrar en los espacios en los que no ha sido invitada.

Algunos días olvidarás que tu papi es un hombre que trabaja duro y fuerte porque todo el mundo dice que si trabajas lo suficientemente duro lograrás tener éxito. Y él trabaja duro todos los días y no lo ha logrado y quizá no lo logre.

Algunos días olvidarás que eres capaz, porque se burlarán por el lugar de dónde vienes y por la ropa que usas.

Algunos días olvidarás que eres inteligente y valiosa, porque podrías tartamudear cuando te toca hablar en inglés frente a un salón de hablantes nativos.

Algunos días olvidarás que nuestra música es una contribución importante para la sociedad. Los de fuera dirán que nuestra música es picante y sexy sin entender a nuestra gente ni nuestra resiliencia.

Algunos días olvidarás que tu abuelita era fuerte e ingeniosa debido a sus diferencias culturales.

Algunos días olvidarás que las comunidades oprimidas han usado la risa para lidiar con nuestra opresión a través de los siglos. Por otro lado, a ti te sacarán de los restaurantes diciendo que molestas.

Algunos días te van a hacer sentir que no eres lo suficientemente buena para asistir a sus escuelas, y tendrás que recordar que esto no tiene nada que ver con ser lo suficientemente inteligente o valiosa. Tus sentimientos de desalojo significan que estas instituciones no fueron construidas para incluirte, no fueron construidas para tu mejoramiento o para que tuvieras mejores oportunidades, y ellos confían en tu complicidad. No juegues con amabilidad. Brilla a pesar de ellos. Úsalos, porque ellos te usan activamente y no les importa.

Recuerda que hemos sido eclipsados y hemos sobrevivido a sus bajas expectativas durante mucho tiempo. Y ahora estamos entrando a estos espacios en masa y les estamos demostrando cómo se ve la excelencia de esta diáspora. Su estrategia es hacernos olvidar, su estrategia es mantenernos acorralados y callados. Y usarán cada una de las herramientas para detenernos.

Pero tú eres la suma de resistencia de generaciones.

Eres el sol, la luna y las malditas estrellas.

Nunca has dejado de ser grande; tus ancestros siempre han sido grandes y tú estás aquí gracias a ellos. No permitas que estos guardianes de los privilegios te hagan olvidar.

Debemos recordar los años de evidencia histórica y traumas nacionales en nuestros países de origen, que nos muestran lo que verdaderamente está sucediendo. Investiga la historia de las bananas Chiquita, las esterilizaciones forzadas en California, los niños en jaulas en la frontera, el Canal de Panamá, los oleoductos impuestos en tierras indígenas, el experimento Tuskegee, la epidemia del SIDA, Henrietta Lacks, los experimentos de sífilis en Guatemala y las políticas internacionales de intercambio como el NAFTA y el CAFTA.

Recuerda que hay sistemas que se mantienen, porque estamos demasiado ocupados dudando de nosotras mismas. Recuerda que debemos reivindicarnos y recuperar nuestra humanidad.

Activamente debí recordarme en esos días difíciles que el color de mi piel es hermoso y brillante. Tengo que recordarme activamente que la meritocracia es una mentira contada por gente blanca y poderosa, destinada a mantener a gente como yo, ocupada, dócil y en silencio.

Recuerda que mereces estar aquí y mereces ocupar espacio, y mereces exigir en tus escuelas, lugares de trabajo, gobiernos e instituciones. Por todas las personas como nosotras.

Recuerda quién eres. El resto vendrá por añadidura.

CAPÍTULO 5

POLÍTICAS
DE RESPETABILIDAD

Estoy cansada.

Cuando me matriculé en mi institución predominantemente blanca americana, aprendí rápidamente que tenía que ser extraordinaria. Tenía que ser especial para justificar mi espacio en esta institución de élite. Y cuando me graduara, no podía desperdiciar todo el esfuerzo que invertí en adquirir ese grado académico; tenía que hacer algo y hacerlo bien. Tenía que ser meticulosa y precisa para que valiera la pena.

Sentí la presión de hablar y escribir fluidamente en español para evitar ser criticada por no estar en contacto con mis raíces.

No solo eso, tenía que hablar un español altamente «aceptable», no solo hablar español, tenía que hablar la versión selecta del español que alguien decidió que era mejor que las otras. También tenía que aprender a dejar que mi lengua se relajara y dejar salir el «chavala» de vez en cuando para recordarme de dónde venía y cómo habla español la gente de mi país. Tenía que practicar ambos, como si hubiera un test que ya me hubieran dicho que iba a perder, pero aun así hubiera gastado todo mi tiempo practicando. Una vez que te conviertes en alguien aceptable, puedes perderte; así que sabía que debía quedarme con mi jerga nica, aunque fuera solo en privado.

Tengo que hablar y escribir en inglés perfectamente. De nada sirve un inglés con muy poco acento si no sabes escribirlo bien. «Bien», según los académicos; «bien», según los blancos de la clase media alta; «bien», como lo definen los espacios que fueron hechos para excluirte. Y luego, los parámetros para un inglés «apropiado» también son rigurosos. Para ser respetada en la academia, tengo que hablar con fluidez un inglés que más bien se refiere a las-grandes-palabras-que-nadie-realmente-puede-entender-excepto-unas-cuántas-élites-seleccionadas. Y no solo eso, antes también tenía que averiguar cómo se pronuncian esas palabras que nunca había escuchado en voz alta. Yo fui la chica que devoraba libros y encontraba palabras que nunca antes había escuchado, y luego las practicaba, diciéndolas primero en privado, con la esperanza de no avergonzarme en público. Y tenía que sentirme cómoda haciendo todo eso.

También tenía que ser capaz de volver a mi inglés de Miami. En mi inglés de Miami, mi acento suele hacerse más evidente y mi lengua descansa un poco. Para estar conectada con la región en donde crecí, debía mantenerlo también.

Tengo que ser suave, amable y amigable, porque la gente de raza negra y de color debe hacer que la gente blanca se sienta cómoda a su alrededor, con el fin de tener éxito, ser parte del juego, lograrlo. La gente blanca se siente más cómoda alrededor de gente que se ve como ellas, que se viste como ellas, que suena como ellas —gente que pueden reconocer—.

Tengo que ser amable e inteligente, y todas mis reacciones deben señalar abiertamente mi respetabilidad. Debo manifestar una versión perfecta de mí misma para probar mi humanidad. Como mujer, como una mujer inteligente, mi deber es hacer que la gente sepa que soy lista y que, de alguna manera accidental, resulta que soy mujer. Debo tener la cantidad justa de rabia para ser respetada y ser tomada en serio. Y tengo que demostrarlo con lo que me pongo, con la manera en que me maquillo el rostro, con la manera en que me peino. Nada que sea muy femenino o muy sexy, nada que pueda indicar que tengo un cuerpo o un cerebro.

La danza delicada requerida para que mis compañeros blancos se sintieran seguros, me dejaba sin alma. Y aunque estaba tratando de «no ser el problema» o de «no causar drama», siempre obtenía las mismas respuestas:

«Te lo estás tomando muy en serio».

«No se trata de raza todo el tiempo».

«No toda la gente blanca…».

«No es mi experiencia…».

«Tengo una amiga latina».

«¿Estás segura de que eso sucedió?».

Ese es el lenguaje codificado de la gente blanca para decir: «Estás siendo demasiado agresiva» o «Estás siendo demasiado racial» o «Estás haciendo que me sienta incómoda con mi racismo». En lugar de hablar de sus propios problemas, preferían denigrarte.

La gente blanca siempre hará un esfuerzo para quedar como víctimas, como si todo el sistema no hubiera sido construido para su beneficio.

Tienes que estar preparada para esos momentos y no dejar que te desarmen. Quiero que esta gente sepa que tengo representación, aunque ellos hayan escrito el libreto. Tengo que hacerles creer en mi devoción al éxito, aunque el éxito sea medido en sus propios términos.

La presión por encajar en todos estos espacios era sofocante. Me sentí presionada para ser muchas cosas para muchas personas.

Cuando dije que tenía que ser extraordinaria me refería a esto:

- Fui la primera de mi familia en ir a la universidad y ser becada.
- Fui la primera de mi familia en presentarse en una conferencia académica.
- Fui la primera de mi familia en graduarse con honores de la universidad.
- Fui la primera de mi familia en mudarse de Miami, la única ciudad en la que habíamos vivido, aparte de Managua.
- Fui la primera de mi familia en ser aceptada en un programa de posgrado.
- Fui la primera de mi familia en tener un diploma de graduación.

Y, aun así, hasta cierto punto, empecé a darme cuenta de que la gente blanca no me quería en sus espacios de élite, sin importar lo que fuera. Luego de haber hecho más de lo que se esperaba de mí, empecé a darme cuenta de que nada de mi sentido de pertenencia era real o para mi mejoramiento; en cambio, todo era para su comodidad. Yo era la diversidad que iba a mejorar la experiencia de los estudiantes blancos del campus. Iba a ser la amiga color canela que los blancos iban a poder usar para asegurarse de que no eran racistas.

Ser respetable me estaba matando. Hacer las cosas perfectamente no me estaba sirviendo. Así que tuve que ir hasta el fondo y admitir otras cosas que había sido la primera en hacer: fui la primera de mi familia en asistir a consejería. Fui la primera de mi familia en hablar acerca de mis ideas de suicidio. Fui la primera de la familia en dejar a mi esposo, aunque él no me hubiera golpeado.

Ser respetable me estaba matando. E intentar activamente incorporarme a esta noción ilusoria de respeto no me estaba llevando a ningún lado. Así que, quédate con tu perfección. Quédate con tus elogios.

Quédate con tus trofeos, quédate con tus becas, quédate con tus diplomas y tus premios si solo me serán otorgados cuando me comporto de acuerdo con lo que crees que debo hacer.

Estoy cansada.

A los oprimidos siempre se les está pidiendo que se estiren un poco más, que cierren la brecha entre la ceguera y la humanidad.

—Audre Lorde

En mi experiencia, las políticas de respetabilidad se cruzan con mi raza, clase y género. Analizaré las maneras en que he experimentado la respetabilidad. Y te diré cómo rechazo la respetabilidad a través de esas intersecciones, como una práctica de reclamo a través de la subcultura chonga.[1]

Las «políticas de respetabilidad» fue un término acuñado por una mujer de raza negra, Evelyn Higginbotham, con la intención de describir las experiencias de las mujeres de raza negra y la estrategia que adoptaron para subvertir los estereotipos. Mi resistencia a las políticas de respetabilidad no es una crítica a lo que

---

[1] N. del E. Chonga es un término surgido en Miami para referirse a mujeres latinas jóvenes pertenecientes a la clase trabajadora, sexualmente empoderadas y con códigos de conducta que contradicen lo que se supone son los buenos modales de una señorita, muchos de ellos heredados de la colonia y ya obsoletos. Aunque el término se usa generalmente de manera despectiva, son cada vez más las mujeres que con orgullo se identifican como pertenecientes a esta subcultura.

ha sido una técnica de supervivencia, más bien, es la manera que he escogido para moverme por el mundo, con sus consecuencias y todo, como una persona de color, pero no de raza negra.

Todos nos adherimos a una versión de políticas de respetabilidad —«nosotros» siendo de raza negra, indígenas y de color—. Todos cambiamos nuestro discurso, acentos, comportamientos, apariencias, a otros más agradables alrededor de la cultura normativa, a la que correctamente me refiero como cultura blanca. Por ejemplo, los espacios profesionales que fueron creados por hombres cis, heteros y blancos, únicamente han sido infiltrados por mujeres, gente abiertamente LGBTQIA+ y personas de raza negra, indígenas y de color en una historia muy reciente. Así que todos los que están fuera de los parámetros normales, aprenden a cambiar de código para afirmar su sentido de pertenencia, pero mayoritariamente para la América blanca y de clase media alta.

Cada vez que he explicado la respetabilidad y sus manifestaciones a cualquiera que no es de raza negra, indígena o de color, han percibido, de manera consistente, este acto de autopreservación como falso. Específicamente, cuando les he hablado a los hombres blancos acerca de las políticas de respetabilidad, sale a la conversación la palabra «provocación». Este es un viejo término sexista en el que una mujer que reflexiona acerca de la manera en que maniobra los espacios no es de confiar. Cuando lo que está pasando, en realidad, es un intento de prosperar en el mundo que estos hombres han creado. La idea de que las mujeres se tienen que comportar diferente, en diferentes contextos, para conseguir trabajos, aumentos, mejores calificaciones, invitaciones a eventos, o para casarse, les parece absurdo a los hombres. Aunque muchas de nosotras lo hagamos todos los días.

Muchas cambiamos para sobrevivir en los espacios blancos, y muchas incluso intentamos prosperar en las profundidades de esa persona en la que nos convirtieron. Las políticas de respetabilidad también dominan la vigilancia de las mujeres y la manera en que definimos quién es materia para el casamiento o quién no lo es, siempre bajo la sombra de la sociedad heteronormativa y patriarcal. Desde la colonización, se ha esperado que las mujeres sean modestas y que ni siquiera insinúen sus deseos sexuales.

Estas expectativas alrededor de la feminidad respetable, la experimentan muchas mujeres. Y si eres una persona de raza negra, indígena o de color, pero también una mujer, esa doble conciencia domina la manera en que te mueves por el mundo. Para mí, ese control específico vino del código de vestimenta de las escuelas, que vigilaban excesivamente a las chicas y a algunos chicos, a no ser que vistieran lo que los blancos consideraban como vestimenta de pandillas, que usualmente suele ser un código en contra de la cultura negra. Esta vigilancia de mi apariencia también vino de la Iglesia y de lo que se consideraba agradable a Dios. Más adelante, mi propia sororidad vigilaría cómo nos comportaríamos y vestiríamos cuando estuviéramos defendiéndonos de lo que creemos, lo cual es otro espectáculo de mierda en sí mismo, y, si soy honesta, es un cuento que podría tener su propio libro. Ser una chica, una mujer, en esta sociedad significa pelear contra la respetabilidad en todo evento, institución y espacio. Las mujeres saben que en cualquier espacio van a ser juzgadas por la manera en que se muestran, la manera en que se presentan.

Una vez que entendí que cambiar el código de vestimenta en espacios blancos significaba presentarme como civilizada, según los estándares blancos, no pude seguir caminando en esa dirección. Sentí el peso de todo. Pude recordar a mi mami hablando sobre mi abuelita, que murió demasiado pronto, porque se preocupaba por todos, pero no podía detenerse para cuidarse a sí misma, y supe que tenía que detener esa maldición generacional de priorizar qué les hacía sentir a todos, en lugar de cómo me estaba sintiendo yo. Entonces, tuve esta idea salvaje: ¿qué pasaría si floreciera como soy?, ¿qué significaría florecer como yo misma?

Recuerdo cuando, de manera intencional, empecé a abrazar mi feminidad de clase trabajadora en la academia. Me habían advertido sobre ello. Me habían dicho que evitara eso, porque era una mujer e iba a ser considerada incompetente, y que era mi obligación ser doblemente inteligente e ingeniosa. Era mi deber probarme a mí misma, pero ya no quería vivir de esa manera.

No me gustó que me dijeran que tenía que ser todo eso para la comodidad de los hombres. Así que lentamente, pero llena de seguridad, empecé a ir con paso firme por mi propia feminidad. Me empecé a arreglar las uñas, algo que había evitado hacer desde la secundaria, porque me habían dicho que solo las mujerzuelas son las que usan uñas largas acrílicas. Empecé a arreglarme el cabello, algo que me habían dicho que me llevaría a pecar, porque las mujeres vanidosas no temían a Dios. Empecé a usar colores brillantes y zapatos altos. No quería tener que convencer a nadie de que merecía que me respetaran. Quería abrazar la cultura femenina de la que, explícitamente, me habían dicho que debía mantenerme alejada. Quería que valoraran mi humanidad, sin importar lo que vistiera o la manera en que hablara.

Yo sabía que todo eso me estaba preparando para el fracaso, pero quería intentar y averiguar en dónde podía estar segura y en dónde no. Despojarme de la blancura hizo que necesitara investigar la respetabilidad. Quería saber en quién no podía confiar, y quería que fuera mi cuerpo el que examinara mis alrededores. Quería vestirme como yo misma y observar la respuesta de los demás. Si la gente blanca respondía pobremente, significaría que debía alejarme de ese espacio académico o de esa relación romántica o de esa amistad. A esas alturas, yo me había presentado a mí misma de la manera más agradable, no amenazadora, decente y modesta posible; a esas alturas yo había trabajado duro para que la gente blanca estuviera a gusto. Ahora quería que mi cuerpo trabajara para mí, no para ellos.

Los cuerpos de las latinas son leídos como fuera de control y usados en contra de las comunidades que representan.
—Jillian Hernández

Quería probarme primero a mí misma que los estándares por ser una latina color canela respetable eran ridículos. Quería vestirme como quisiera y quería probar a mis amistades y colegas y ver si aun así iban a respetarme y aceptarme. Al final me di cuenta de que ser yo misma significaba perder algunas de estas personas.

Y no solo amistades blancas. Incluso de raza negra, indígena y gente de color y algunes cuir mantuvieron su distancia, revelando que se habían tragado las políticas de respetabilidad y por lo mismo no querían ser asociadas conmigo. La gente de la iglesia de mis padres empezó a susurrar cosas sobre mí.

Recuerdo de manera vívida una visita a Miami, en la que mis padres me pidieron que fuera a la iglesia con ellos. No estaban tratando de salvarme el alma; la invitación era parte del ritual familiar de los domingos, donde se compartía en familia. De niña, siempre habíamos ido juntos a la iglesia, éramos los primeros en llegar, los últimos en irnos. Yo realmente no tenía ganas de regresar a un lugar que me regalaba oleadas de recuerdos negativos, pero la idea de definirme a mí misma seguía en pie: ¿qué significaría presentarme como yo misma en ese espacio? Así que escogí un vestido rojo bastante corto y apretado y me fui a la iglesia con ellos.

Recuerdo haber entrado y haber sido saludada por todos mis antiguos conocidos. Parecía que era la hija pródiga que volvía a casa. De niña, había sido la líder de danza del grupo de la iglesia y había tenido una gran presencia en esa comunidad durante años. Y allí estaba, regresando como una persona totalmente diferente, y no iba a permitirles que definieran cómo tenía que entrar a ese espacio.

Me senté en los espacios pastorales, en la primera fila, una organización de espacios que siempre había tomado a mal por la jerarquía que se creaba en esos ambientes de por sí tóxicos. Y entonces sucedió. Para proteger al pastor principal de la indecencia de mi vestido rojo, un ujier intentó colocarme una manta blanca sobre las piernas. Mi mami no lo toleró.

Ella estaba sentada a mi lado, y recuerdo haber visto la reacción en su rostro antes de que yo me diera cuenta de lo que estaba pasando. La recuerdo estirándose más allá de mis piernas, y luego me di cuenta de que su rostro estaba cada vez más rojo. La vi arrebatándole la manta blanca al ujier antes de que tocara mis piernas. Ni siquiera vi quién era el ujier, solo vi el rostro de mi leona.

Como dije, estábamos en la fila de enfrente y todos podían vernos. Todo el mundo nos vio y estoy segura de que, cuando yo regresé a la escuela, ella escuchó susurros sobre su evidente desafío. Pero mi mami sabía, y sabe, cómo me siento en relación con la iglesia y no iba a permitir que mi regreso fuera contaminado por la cultura de pureza que hay adentro.

Mi mami me apoyó ese día, y supe que mi mami me entendía y entendía que lo que yo estaba tratando de hacer era algo más allá de ese momento. Quería ser yo y esperar más que las migajas que obtendría si me adhería a la respetabilidad. El cambio de códigos es para el beneficio de la gente blanca, estén presentes o no, y en el espacio de esta iglesia latina en la que se habla español, las demandas de respetabilidad se hacían evidentes. Las buenas cristianas se comportan bien, porque Dios está observando. No es una coincidencia que la gente blanca se beneficie de nuestro buen comportamiento y que sean sus teologías las que se enseñen hoy día.

Pero la iglesia no era el único lugar en el que me obligaban a esconder partes de mí misma para convertir mi cuerpo femenino color canela en algo más agradable. Recuerdo lo que les escuchaba decir a otras latinas a mis espaldas en la escuela de posgrado. Recuerdo a la gente que mantenía su distancia, ver a colegas haciendo un gesto de hastío cuando yo entraba a un lugar, amistades que no llegaron a desarrollarse, porque les latines en esos espacios no querían que los relacionaran conmigo, o gente de mi comunidad que se rehusaba a hablarme. Y eso me enseñó lecciones muy duras acerca de la inconstancia del feminismo dentro de los espacios de élite de la academia.

Ahora, vestirme femenina es una costumbre cotidiana con el objetivo de darle cuerpo a la identidad dual de ser femenina e inteligente. Yo quiero que las latinas de clase trabajadora sepan que no tenemos que esconder nuestras identidades para ser aceptadas en espacios de élite. Ver a alguien con tatuajes, uñas largas y ropa atrevida que aun así tiene éxito, crea una narrativa alternativa para que la mayoría de nosotras pueda florecer.

Espero que mi ejemplo como latina que rechaza la mirada blanca y aun así se mueve por sus espacios de élite, le pueda facilitar a otra persona el respeto, sin tener que apagarse primero. No solo soy una mujer de color que experimentó misoginia mediante las demandas de respetabilidad. También soy bilingüe, y eso le dio otra capa. El cambio de código que se requiere para ganar respetabilidad, tiene un amplio historial que incluye a gente bilingüe que ha tenido que cambiar de idioma.

Yo soy otra persona cuando hablo espanglish. Encorvo mis hombros, abro las piernas, y mis brazos y hombros se convierten en parte fundamental de la expresión de mi lenguaje. Mi postura general en espanglish se siente como cuando me quito el brasier al llegar a casa.

En esencia, y en mi faceta más feliz, hablo espanglish con fluidez. Vine a los Estados Unidos cuando tenía siete años, y mis padres nunca aprendieron inglés. Siempre he hablado español en casa. El inglés es el lenguaje que uso en la escuela, y me siento cómoda en ambos idiomas por diferentes razones. Mientras que el español es mi primera lengua, también hablo inglés. El inglés americano tiene códigos internos y externos, y un «buen» inglés destaca un conocimiento interno y el acceso interno a ciertos privilegios. A pesar de que los Estados Unidos no tienen una lengua oficial, hay cierto valor en la gente que habla inglés. De manera inconsciente sale a luz la verdad cuando un xenófobo pide que se «hable americano».

Yo hablo bien el inglés, e incluso puedo decir que lo hago con fluidez, pero todo eso se cae cuando se espera que entienda el sarcasmo y los modismos. No siempre capto las entonaciones leves, y muchas veces tomo lo dicho de manera irónica como literal. Ha sido así como los de adentro han podido darse cuenta de que soy ajena, aunque el inglés haga parecer que no. Es mi cambio de código en el juego.

La alternancia de código no es una forma benigna de las políticas de respetabilidad; no se trata de un conjunto de habilidades extra que la gente de raza negra, indígena y de color poseen. Cuando se exige que la gente de raza negra, indígena y de color hable de una manera que sea agradable para las audiencias blancas, esa petición apoya la supremacía blanca.

A las personas negras que pueden sentirse más cómodas con el Inglés Afroestadounidense Vernáculo (AAVE, por sus siglas en inglés), a menudo se les pide que cambien la manera en la que hablan cuando están en espacios blancos, para sentirse más seguras y evitar que los blancos no se sientan incómodos. A los inmigrantes y los hablantes bilingües de color que podrían sentirse más cómodos en su idioma natal, a menudo se les pide que hablen un inglés sin acento cuando están en espacios blancos para sentirse más seguros y evitar que los blancos no se sientan incómodos. Todos tienen que actuar en relación con las audiencias blancas, hacer de lo blanco el estatus de la clase media, y del privilegio, la norma, aunque esa no sea la experiencia vital de la mayoría de americanos. Incluso al hablar inglés, los acentos regionales o los acentos generados por hablar múltiples idiomas se aplacan para comodidad de los oyentes blancos, muchas personas de raza negra, indígena y de color le llaman a esto su «voz blanca».

El término «voz blanca» parece dar por hecho que solo la gente blanca habla bien, lo cual no es cierto. Cuando digo que estoy usando mi «voz blanca», no significa que esté de acuerdo con la jerarquía asignada en el discurso aceptable. Uso mi «voz blanca» porque debo adaptarme para existir y prosperar en una sociedad blanca y capitalista. Gano ventajas cuando sueno «blanca» en la escuela, en el trabajo, incluso cuando visito a mi familia. No estoy diciendo que mi «voz blanca» sea mejor; de hecho, no le estoy dando valor a esa habilidad. Al menos, llamándola por su nombre, puedo exigir que los que escuchan entiendan que estoy usando un discurso que está diseñado para borrarme.

Aceptar algo fuera de mí como superior, significaría aceptar mi inferioridad, que es realmente lo que sucede cuando cambio de códigos. A lo largo de los años, he sabido que necesitaba resistir a esas herramientas que me han ayudado a triunfar en los espacios blancos, porque el éxito nunca debería exigir que me borre a mí misma. Así fue como decidí hablar espanglish.

Estaba con una de mis mejores amigas, Liz Valle. Ella nos llevaba hacia algún lugar, cuando su hijo adolescente, en ese entonces, llamó. Estaba haciendo algún encargo y necesitaba usar su tarjeta de crédito. Liz tenía que mantener sus ojos en el camino, así que me pidió que tomara su billetera y su teléfono y que le leyera los números de su tarjeta de crédito a su hijo. Mientras los leía cambié de español a inglés sin mayor tropiezo, como lo hago con mis amigos bilingües.

Su hijo se rio del otro lado de la línea y dijo: «Me los puedes leer en un solo idioma».

Y yo grité: «¡No!, el espanglish es el idioma de mi gente».

De alguna manera, estaba siendo irónica en ese momento, pero mientras más pienso en eso, más creo que es verdad. Mis ancestros eran indígenas, y sin mucho consentimiento de por medio, vinieron los españoles y crearon esta nueva raza: los mestizos. La mezcla de españoles e indígenas dio lugar a una gran mayoría de la población de Latinoamérica. El idioma de los mestizos es principalmente el español.

El español es mi idioma materno; me recuerda las tajadas con queso. Me recuerda de dónde vengo, pero también hablo un argot del español que me lleva específicamente a cierto vecindario en Managua, Nicaragua, llamado Chico Pelón. Yo construyo oraciones como nicaragüense, oraciones que no tienen mucho sentido para los hablantes del español de otros países, como: «Te vas a joder si andas fregando con esa chavala». Si yo usara un español más agradable diría: «Si sigues molestando a esa niña, vas a tener problemas». Yo escojo deliberadamente hasta palabras simples como «sandalias»; en Nicaragua les decimos chinelas, pero sé que el español agradable quiere que diga sandalias.

El español es el idioma de mi mami y mi papi, y la manera en la que ellos dicen mi nombre en español me hace sentir segura: Priscila, Priscilita, Prisi, Pris.

El español también es el idioma de la opresión, y tengo conciencia de esa realidad constantemente. Cuando escucho a otros hablantes del español expresando su frustración hacia les latines que nacieron en Estados Unidos y no hablan español, me suena a verdadero. Olvidamos que los españoles, los europeos, nos impusieron el español a la fuerza. El español es la realidad tangible de nuestra colonización.

Por el contrario, el español también es un idioma de liberación, porque lo que nuestros pueblos han hecho deliberadamente con ello es ingenioso. Dime que no se te pone la piel de gallina cuando escuchas el hermoso español que habla la gente de Puerto Plata o un niño de Jinotega o incluso una persona nacida en Cundinamarca. Hemos tomado eso que nos fue impuesto y lo hemos transformado en una bella expresión de supervivencia.

Cuando aprendes a soñar y a pensar en dos idiomas, cuando tu migración ha incluido dos idiomas en su guion y en tu esencia, aprendes a sentirte más segura con quienes pueden hablar ambos de manera fluida. Esa gente me atrapa. Ellos entienden lo que significa traducir documentos complicados para sus padres de habla española, abueles y tíes. Entienden lo que es crecer demasiado rápido porque pasaste leyendo citaciones judiciales, llenando documentos de ayuda gubernamental o simplemente escuchando en inglés a un doctor que hablaba de tu mami, como si mereciera la enfermedad que trae por su falta de comprensión del idioma. Aprender a recibir los golpes que iban para tus padres y aprender a no traducir la fealdad que viene con las jerarquías del lenguaje, significa que no puedes fingir que esas jerarquías no existen.

Los bilingües saben que quienes solo hablan inglés nunca tuvieron que desaprender su idioma materno, nunca les arrebataron su cultura.

El espanglish no viene con un libro de gramática, una clase o un diccionario. Está en el aire, existiendo solo para aquellos que han desarrollado un oído para entenderlo.

—Juliana Delgado Lopera

Quienes hablamos espanglish fluido sabemos que muchas veces no sabrás el nombre de algo en un idioma o en el otro, lo que significa que un lado te ha expuesto a los libros, mientras que el otro te ha expuesto al amor. Yo puedo hacer declaraciones de amor en español que harían que mis amantes se desmayaran, porque aprendí a amar apasionadamente en español. Y puedo pelear verbalmente como cualquiera puede pelear en inglés, porque tuve que aprender a hacerlo, y a defenderme a mí y a mi gente en ese idioma.

El espanglish *es* el idioma de mi gente: una clase específica de inmigrantes o niños de inmigrantes que aprendió dos idiomas de manera fluida, pero que también optó por no priorizar ninguno de ellos, porque somos producto de dos mundos. También optamos por recrearnos como desplazados, y esa mierda es resiliencia pura.

A muy corta edad entendí que solo hay algunas instancias particulares en las que lo mejor de tu ser se siente seguro de salir. Cuando migramos a este país, toda mi familia fue a Santa's Enchanted Forest en Miami. Esta feria estacional es indispensable para los locales. Fue la primera vez que me subí a juegos de feria y montañas rusas. Ese momento glorioso en el que yo era lo suficientemente alta para participar en los juegos de niños mayores, significaba que mi hermano y yo debíamos esperar en la línea juntos. Recuerdo que hablábamos con emoción sobre el paseo y sobre dónde íbamos a sentarnos para disfrutarlo mejor, cuando escuché algo a nuestras espaldas. Dos niños que hablaban inglés dijeron: «Hablen en inglés, están en América». Y todo mi estado de ánimo cambió. Me sentí tan avergonzada. No recuerdo nada más acerca de ese día que la sensación de que me habían quitado el aire.

Desde muy pequeña, entendí que hay una versión de mí que prefiere la gente blanca, porque es la versión a la que recompensan. Esta versión no es burlada. Esta versión logra existir solo en sus términos.

El espanglish es visto, por la gente blanca, regularmente como una tontería. He aprendido que mientras yo me siento más yo misma hablando en espanglish, la gente blanca lo siente como una amenaza.

Y claro, algunas personas pueden especular acerca de que era comprensible que los monolingües requirieran que cambiara al inglés. Pero no se trataba solo de mi idioma. También tenía que cambiar mi tono y mi expresión. No solo tenía que cambiar a mi «voz blanca», sino que también tenía que cambiar a mi «comportamiento blanco» para comodidad de la gente blanca que me rodeaba, tristemente, por mi propio progreso.

Cuando estoy siendo mi versión más feliz y verdadera, soy una experiencia encarnada. Cuando hablo espanglish, lo hago con todo mi cuerpo. Cuando me río, lo hago con cada uno de mis músculos, con cada parte de mí. La manera como le hablo a la gente es mi manera de comprometerme. Yo no tengo breves intercambios en inglés; yo divulgo en espanglish.

Cuando encarno completamente mi espanglish en público, me sacan de los restaurantes. También he sido silenciada en espacios comunes universitarios por ser disruptiva. Me han regañado y me han pedido que baje la intensidad, cuando todo lo que he estado haciendo es mostrarme como soy.

Los niveles de comodidad de la gente blanca parecen ser la prioridad, especialmente la de ellos mismos. Y su incomodidad significa que debemos alterarnos para tener acceso a sus espacios, y ellos se han apropiado de muchos espacios. Ellos dominan el gobierno, las fuerzas armadas, la América corporativa, la academia, el sistema de justicia, lo que sea. Ellos no solamente crearon esos espacios, sino que se han asegurado de que solo la versión de ti que ellos aprueban pueda entrar. Nunca más te sentirás como tú misma.

Esta es la segregación racial contemporánea. La habilidad de existir en sus espacios está, en el mejor de los casos, restringida; y en el peor de los casos, prohibida.

Las políticas de respetabilidad nos han robado a muchos el gozo de ser nosotros mismos, y muchos de nosotros hemos decidido aceptar la versión de nosotros mismos que la gente blanca prefiere. Cuando acepté la versión de mí que ellos preferían, sentí como si estuviera en un estado constante de desplazamiento corporal. Siempre era un show, una actuación para ellos. Me sentía como un payaso.

[Evelyn] Higginbotham (1993) describe [las políticas de respetabilidad] como una manera de contrarrestar las estructuras y los estereotipos racistas, la respetabilidad requiere condenar comportamientos considerados indignos de respeto dentro de uno, en grupo.

—Mikaela Pitcan, Alice E. Marwik y danah boyd

Es necesaria una revuelta colectiva en contra de todas estas herramientas de control social.

Recuerdo la primera vez que me di cuenta de que me habían leído mal y me consideraban agresiva. Estaba en una fiesta con mis compañeros blancos. Alguien me dijo algo y respondí casualmente. El intercambio fue tan pequeño que los detalles exactos se escapan de mi memoria. Pero más tarde, en la cocina, uno de mis amigos blancos dijo que estaban asustados por mi respuesta y que les daba miedo enojarme. Yo estaba desconcertada. Yo no estaba enojada cuando se dio la reacción; lo había sentido neutral, y la conversación se había olvidado de manera instantánea.

Veamos, de donde yo vengo, soy vista como la hija del pastor y como una niña buena. Por alguna razón, yo había comprado esa identidad y había actuado en formas que acentuaban esa imagen, pero, de alguna manera, en los espacios blancos eso no se traducía. Carecía de la habilidad de ajustar mi presentación para acomodarla a la mirada blanca, porque no había crecido rodeada de gente blanca. Así que luego de haber inmigrado, tuve que aprender a no asustar a la gente blanca americana. Ser una mujer de color, una latina color canela, significa que cuando estoy alrededor de la gente blanca, tienden a predeterminarse viéndome como el estereotipo de la latina rabiosa.

A ese punto de mi vida, no entendía y no podía aceptar este malentendido aparentemente inocente, pero lo cierto acerca de los malentendidos con la gente blanca es que pueden ser peligrosos para la gente negra y de color. Ser vista como un estereotipo puede resultar nuestra encarcelación e incluso nuestra muerte a manos de oficiales de la policía. Sobrevivir depende, a menudo, de comprender la manera en que somos vistos por la gente blanca y luego ajustar las partes que ellos malinterpretan como aterradoras o agresivas. Eso se me hace estúpido.

Ahora sabemos que los policías ven a los niños negros como peligrosos adultos. Ahora sabemos que la gente blanca ve a los niños negros como aberrantes, y a los niños blancos como angelicales. Ahora sabemos que los sesgos raciales han informado a todo el sistema carcelario de los Estados Unidos. La correcta desviación de la gente blanca de la respetabilidad a través del castigo y la encarcelación. Pero el «mal comportamiento» es solo una manera de decir que no actuaron blancamente.

Las personas blancas se pueden comportar como deseen y aun así son vistas como si les quedara la humanidad intacta. La gente de raza negra, indígena y de color debe actuar de manera respetable frente a la mirada blanca, mientras está en las instituciones blancas, de lo contrario, es silenciada, reprendida con fuerza, encarcelada o incluso asesinada. E incluso, cuando actuamos como deberíamos, en cuanto se envía una alerta a todo el campus acerca de alguien que es considerado peligroso, el color de tu piel determinará si se acercan a ti de manera protectora o recelosa. Las políticas de respetabilidad solo son requeridas para la gente de raza negra, indígena y de color, y mientras tu piel sea de un tono más oscuro, más controlado estarás; esta es la razón por la cual nuestro marco de trabajo para entender la respetabilidad fue creado por Evelyn Higginbotham, una mujer de raza negra.

Las políticas de respetabilidad funcionan como control social. Es peligroso salirse de esos parámetros. Aunque la gente blanca definió esos parámetros, muy a menudo, incluso las personas de raza negra, indígenas y de color los refuerzan dentro de sus propias comunidades. La supremacía blanca es diseñada de forma tan traicionera, que nosotros mismos podemos interferir en nuestro propio camino.

Palabras codificadas, racializadas, son utilizadas a menudo en nuestras comunidades por la gente de raza negra, indígena y de color para distanciarse de los estereotipos: *refugiado, ilegal, rencorosa, gueto*. Muy a menudo, mucha gente de raza negra, indígena y de color aceptará estas definiciones como reales, internalizará estas ideas racistas y las usarán en contra de otras personas como ellas. Al aceptar esas palabras como adjetivos negativos y distanciarse de ellos, la gente negra, indígena y de color está reforzando de manera equivocada esos estereotipos. Pero, al elevar la versión de sí mismos aprobada por los blancos, distinguiéndose como *profesionales, elegantes, bien hablados o elevados*, la gente de raza negra, indígena y de color está apoyando equivocadamente la supremacía blanca. Tratando de ganar seguridad para sí mismos, diciendo que ellos son los «buenos» negros, los «buenos» indígenas, los «buenos» de color, y reclamando, de esa manera, su proximidad a la blancura, refuerzan equivocadamente las creencias de la supremacía blanca de que la mayoría de ellos son «malos».

Las políticas de respetabilidad son una trampa circular.

Tener miedo de ser identificado dentro de la perversidad, puede llevarnos fácilmente a luchar por la normalidad autorrestrictiva.

—Celine Parreñas Shimizu

Haber crecido como una latina de color de la clase trabajadora impactó en la forma en la que me muevo a través de las políticas de respetabilidad. Independientemente de lo que decida ponerme, de cómo decida actuar, la mirada blanca redefinió mis elecciones como aquellas que confirman o refutan los estereotipos prescritos.

Así que déjame presentarte a las chongas. De alguna manera, las chongas son similares a las cholas. Hay términos regionales, así que la familiaridad con ellas dependerá de dónde vivas. Las cholas son una subcultura latina mexicanoamericana de la costa oeste. Las chongas son, principalmente, una subcultura latina cubana de Florida. Estéticamente hay similitudes, pero sobre todo diré que hay notables diferencias. Una de las grandes diferencias es que las cholas eruditas han reclamado esa subcultura de las garras de las políticas de respetabilidad en formas en que las chongas no lo han hecho. Puedo nombrar varias eruditas cholas, pero solo puedo nombrar a una chonga: Dra. Jillian Hernández.

Yo crecí con la idea de verme tan bonita como las chongas que me rodeaban, pero los medios hicieron de eso un tabú de identidad que nadie quería reclamar, incluso las que lo emulaban.

Ser una chonga era un objetivo que yo tenía durante mucho tiempo, hasta que se me pasó. Personalmente, culpo a las Chonga Girls —un dúo de comedia conformado por latinas milenial blancas que asumían el rol de chongas como un disfraz para burlarse—, pero también sé que este giro en contra de la cultura era más grande que su acto. Cuando estaba en la escuela, las Chonga Girls hicieron un video musical paródico en el que se burlaban de las chongas por su estética barata, su inglés con acento y su promiscuidad asumida. En realidad, estas dos mujeres estuvieron rechazando a las chongas más allá de estereotiparlas, a diferencia de otras intérpretes que se alineaban a sí mismas como diferentes y, por lo tanto, respetables, al ridiculizar a esta subcultura particular. A través de este acto de ridiculización de las chongas, normalizaron el rechazo comunal de las latinas bulliciosas, pobres e inmigrantes. Y la comunidad latina de Miami se lo tragó y lo duplicó. Las Chonga Girls usaron sus cuerpos para mostrarnos a todos que teníamos que dejar de tratar de imitar esta subcultura latina. En esa época, yo era una chiquilla latina impresionable que apenas empezaba el viaje de bajarse la identidad en favor de la blancura.

Las representaciones estereotípicas hiperbólicas de las latinas que se encuentran a menudo en la cultura visual están medidas en contra de un constructo imaginario de ciudadanos estadounidenses (blancos y de clase media).

—Jillian Hernández

Hoy en día, de acuerdo con la mayoría de latines en Miami, las chongas son:

- Sucias
- Tienen malas actitudes
- Baratas
- Demasiado sexys
- Hablan en inglés con acento
- Hablan un español «inapropiado»
- Usan demasiado maquillaje
- O, como mi cuñada latina, nacida en Estados Unidos dijo alguna vez, son «demasiado hispanas».

Las chongas reclaman con orgullo su migración de una manera vista como contraria por la cultura blanca, la cual pide que los inmigrantes sientan vergüenza por sus diferencias y se asimilen inmediatamente a la cultura blanca dominante.

¿Cómo se mira una chonga? Una chonga es una latina, usualmente inmigrante, de un contexto de clase trabajadora o pobre, quien ha adoptado una postura de fortaleza y la ha acompañado de una estética. Es importante notar que muchas chongas, regularmente, no se refieren a sí mismas como tales, porque el término se ha convertido en un insulto.

Yo tengo una perspectiva descolonizada de las chongas, lo cual significa que reivindico esta calumnia clasista y racializada y la transformo en lo que realmente es cuando le quito, a la subcultura, las capas de opresión y odio adquirido.

Las chongas son hermosas, fuertes e intrépidas, que amarán con la misma intensidad con que odiarán a cualquiera que trate de hacerles daño a ellas o a sus seres queridos. Las chongas son valientes, resilientes, ellas usan sus cuerpos y se hacen valer para resistir la asimilación y el blanqueado.

Las chongas tienen la habilidad de maniobrar en situaciones violentas. Son creadas en vecindarios y barrios de la clase trabajadora, y han aprendido que la policía es rápida para asomarse a sus vecindarios para arrestar a la gente, pero lenta para llegar y ser de ayuda. Han aprendido que sus familias y su comunidad cercana son las únicas personas que tienen interés por ellas.

Como han visto la corrupción en sus países de origen y la anulación en la tierra de los libres, han llegado a creer que todos a su alrededor están intentando sacar ventaja de su pobreza.

Cuando reciben los libros de texto rotos o no existentes en las escuelas, cuando viven en desiertos alimentarios y en alojamientos peligrosos y sin regulación, se dan cuenta de que el sistema no fue hecho para protegerlas, así que se protegen a sí mismas.

Las chongas tienen la lengua afilada. Cuando la enseñanza, los profesores americanos y los consejeros, les dijeron que dejaran de soñar, porque alguien como ellas nunca podría llegar a la universidad, aprendieron a valerse por sí mismas.

Yo me identifiqué como chonga durante años, y luego de experimentar la ridiculización, opté por una estética muda. A mediados de mis veinte años, procuré reclamar mi identidad, pero me tomó mucho tiempo lograrlo.

Las chongas rechazan inherentemente la cultura y la mirada blancas. Las chongas aprendieron a no dejar que la gente les diga quiénes son. Las chongas exigen ser vistas como son.

Y si alguien duda de nosotras, si alguien cree que puede hacernos sentir inferiores por tener acento, les demostramos lo contrario. Sabemos cómo destrozarlos, pieza por pieza, con nuestras palabras rápidas y nuestras respuestas afiladas. Tuvimos que aprender a ser fuertes, fuimos cinceladas y nos convirtieron en un arma de defensa personal.

Como chonga, rápidamente me di cuenta de que era vista como anormal y peligrosa. Recuerdo una vez en la que, durante un intercambio casual, un cajero de Whole Foods (la meca de la blancura) me preguntó si alguna vez le había disparado a alguien. Allí entendí que mi color había sido declarado como peligroso.

Las chongas se adornan a sí mismas con la armadura que escogen. Vestimos como diosas. Vemos nuestra feminidad como una herramienta para nuestra supervivencia, como la usaron nuestras madres, nuestras abuelas y bisabuelas. Y en esta tierra de los libres, intentamos utilizar esas herramientas para maniobrar espacios a los que parece que no estamos invitadas.

Cuando estilizo mi delineador, me hago el contorno de los labios, me pongo mi minifalda y mi blusa corta, me estoy adornando con mi pintura de guerra y mi armadura. Porque para ti no soy humana, pero está bien, porque para mí y para aquellos que entienden, soy una diosa.

Las chongas oscilan entre el español y el inglés con una facilidad que solo se puede describir como brillante. Somos en su mayoría inmigrantes, y el éxito aquí, usualmente significa asimilarse a un comportamiento y encarnación de los valores de la clase media alta blanca, y el acento, en esos espacios, es visto como una molestia. Cuando ignoramos los insistentes pedidos de que nos deshagamos de cualquier seña de nuestra migración, nos hacen a un lado. Pero verás que toda esta parte del mundo perteneció a nuestros ancestros, antes de que los tuyos llegaran, así que, aunque hablemos el idioma que nos forzaron a hablar, lo hablaremos como nos plazca. De todas formas, estás en tierra robada.

Podemos acentuarlo, escupirlo, hablarlo rápidamente o a toda voz, es nuestra resistencia ante tu presencia sin invitación y tu estadía extendida.

Las chongas están en todas partes. Cuando una chonga está por allí, lo sabes; haremos que lo sepas. Somos hipervisibles para que recuerdes nuestros nombres, lo que vestimos, lo que dijimos, y la manera como lo dijimos. Y en una tierra que intenta ignorar nuestra existencia y nos empuja a vivir como las últimas, nuestra visibilidad es poder. Porque no puedes borrar lo que no controlas, y no puedes controlar a los que nunca han agachado la cabeza ante tus nociones de una América hegemónica.

Somos ruidosas, somos orgullosas y no retrocedemos.

Pregúntale a cualquiera que se haya enfrentado a una chonga, acerca de su experiencia y te enseñará a vernos como somos: divinas. Y para cualquier chonga que esté en un espacio muy inaccesible: tú importas y no tienes por qué despojarte de tu dureza para existir en cualquier espacio. Esos espacios solo se elevan por tu existencia.

Volver a abrazar una subcultura que aprendí que era anormal dentro de una sociedad normativa, significaba estar en riesgo. Siempre he estado velando por mí misma. Me parqueo cerca de las luces cuando voy de compras, me parqueo cerca de las entradas a toda costa, miro hacia atrás cada cierto tiempo para asegurarme de que no me han seguido, nunca uso auriculares en público para mantenerme alerta, siempre tengo las llaves en la mano cuando regreso al auto, le sonrío a los trabajadores de servicio para tener aliados siempre que se pueda, uso cosas de Vanderbilt o me arreglo cuando necesito ir a ver a doctores, dentistas o a cualquiera que pueda herirme, porque no les gusta mi presencia de color en sus espacios blancos.

No le sonrío a la gente blanca, no les hago pensar que les estoy dando una bienvenida bienintencionada o todo lo contrario. Muy a menudo mi humanidad es material para ser juzgada, y aprendí a no ser validada por ellos. Yo me valido a mí misma.

No trato de hacerme amiga de gente blanca; tengo a toda la gente blanca que necesito. En cambio, siempre ando en búsqueda de gente como yo, gente que sabe cómo es vivir una vida de moderación por seguridad propia. Además, de que un grupo de nosotros, juntos, es más fuerte que uno de nosotros solo. Esa es la gente en la que confío para desbaratar los espacios blancos.

Y si nunca has pensado en eso mientras estás en público, es porque te sientes segura en tu contexto y ese es un regalo maravilloso que yo envidio. No somos lo mismo. He aprendido a sobrevivir a la blancura y a vivir sin el peso de buscar su aprobación.

CAPÍTULO 6

MASCULINIDAD TÓXICA

Antes de saltar hacia este capítulo, quiero señalar que la masculinidad tóxica afecta la vida de las mujeres todos los días. Claro que entiendo que los hombres también se ven afectados por la toxicidad de su masculinidad, pero este capítulo no se centra en cómo se sienten los hombres o cómo sanan de ello. Este capítulo es específicamente acerca de los abusos de los padres y los hermanos, pero también va un poco más allá. Porque al final del día, todas las personas estamos afectadas por la masculinidad tóxica, incluso cuando el comportamiento que estás atestiguando no se vea explícitamente tóxico.

Este capítulo tiene por objeto darte las palabras para lo que ya has visto. Yo escogí sanar de la masculinidad tóxica, y mis métodos quizá pueden ayudarte. Pero mi sanación no es ordenada, ni está nítidamente envuelta y adornada con un lindo lazo.

Empiezo este capítulo apuntando hacia el monstruo bajo mi cama: la masculinidad tóxica.

Ocupas espacio. Ocupas tanto espacio, que la gente se queda sin lugar para respirar. Tú, mi papi.

Mi mami se perdió a sí misma dentro de esta energía, y siendo muy niña la vi pelear para encontrarse. La vi luchar para averiguar por qué le había sucedido esto a ella, luchando por culparse a sí misma, porque tú siempre la culpabas. La vi luchando por protegerte cuando tus hijas empezaron a ver a través de la farsa.

Tú lastimas a quienes están a tu alrededor. Te importa demasiado cómo te ves. Usas toda la ropa adecuada, la joyería exacta, el cabello siempre en su lugar, los zapatos siempre bien lustrados. Haces que la gente se sienta suertuda por estar cerca de ti, por estar relacionada contigo. Pero todo eso es una ilusión; dentro de ti guardas oscuridad y rabia, cubiertas con ropa prístina y bien planchada y buenos relojes. Creas la ilusión para distraer a la gente de lo que llevas en tu interior. Eres un maestro del disfraz.

Manejas como si tuvieras algo que probar. Tus vehículos se han convertido en extensiones de tu hombría, y manejas como si alguien siempre estuviera observando, siempre estuviera juzgando. Como si cada decisión vehicular se fuera a reflejar en tu masculinidad. No importa lo que esté sucediendo, necesitas que tu auto te represente. Manejas como si el mundo te debiera algo, como si siempre estuvieras atrasado, como si no comprendieras cómo funciona el tráfico, como si las reglas no tuvieran nada que ver contigo.

Las apariencias son todo un paquete para ti y el estatus es de especial importancia. Hablas confiadamente acerca de todo lo que sabes y de lo que no sabes. Cuando alguien prueba que tiene más conocimiento que tú, pierdes interés. Si alguien que conoces intenta tomar más espacio que tú, eso da pie para terminar esa relación y ridiculizarla en público. Si esa persona resulta ser tu hija, pues que así sea.

Eres orgulloso, tu reputación es más importante para ti que tus acciones. Presentarás una cara en público, muy diferente a la que tienes en privado. Culparás a todos a tu alrededor por cosas que hiciste, para salvarte el pellejo, aunque eso implique culpar a mi mami por cosas que ella nunca hizo, por pensamientos que nunca le cruzaron por la cabeza.

La manera como te ves frente a los hombres que admiras es moneda de valor. Te odias tanto que debes fingir que te amas de más, y eventualmente te saboteas.

Y aun así mi corazón siempre ha querido abrazarte, aunque tú no me abraces.

No solamente no entendí a los hombres, los temí.

—bell hooks

Durante mucho tiempo le tuve aversión a cualquiera que encarnara o potencialmente encarnara la masculinidad tóxica.

De hecho, hasta mi primer matrimonio, podría decir que creé barreras que pensé que podían protegerme cuando salía con alguien o hacía nuevos amigos. Porque el monstruo bajo mi cama se parecía mucho al monstruo que dormía junto a mi mami. Tuve que aprender a mantenerme fuera del alcance de mi papi y de mi hermano, porque durante mucho tiempo me dejé vulnerar por ellos. El daño que me provocaron todavía se siente.

Yo era la niña de papá. Era igual a mi papi, y el apodo con el que crecí era «cara de papa», porque tenía una hermosa carita redonda como una papa, y porque me parecía a mi papá.

Me tomó años lamentar la pérdida del estatus de hija de papi. Como sociedad, reverenciamos a las hijas de papi. Las hijas de papi son las más queridas de la sociedad, en la misma medida en que los hijos de mamá son ridiculizados. Ambas reacciones extremas son producto de la masculinidad tóxica. Dentro de la heteronormatividad, alinearte con tu figura paterna, siendo una chica, es un regalo, y alinearte con tu figura materna, siendo un chico, es una debilidad. Sabía que el estatus de hija de papi era algo para presumir.

Ser la hija de papi era mi recompensa por ser la mejor chica. Lo defendía, sentí que tenía que hacerlo, incluso en contra de mi mami. Casualmente mi papi me dio esa carga. Mi papi iba a confiar en mí, y constantemente hablar conmigo de manera negativa acerca de mi mami. Así empecé a creer que mi mami era una perra en potencia. Mi papi me hablaba de todas las cosas que mi mami no lo dejaba hacer, que sonaba mucho a todas las cosas que a mí no me permitían hacer, como salir con mis amigos y andar en la calle hasta tarde.

Mi papi se tuvo que alinear con sus niños, porque a menudo no estaba en casa y parecía que mi mami tenía que hacer de papá para todos.

Mi papi era El Proveedor y mi mami tenía que hacer *todo lo demás.*

Era fácil escogerla a ella como el enemigo. Era fácil verla como el «problema» focal para nosotros. Pero también era fácil aislarla y poner a sus hijos en su contra. Y durante años, ella y yo raramente hablamos, porque él la había pintado como dictadora. Yo le tenía rencor por lo que le hacía a él.

Yo me tragué lo que él decía acerca de ella, y yo quería su aprobación más que nada. De hecho, mi mami y yo no fuimos cercanas, hasta que me casé. Empecé a imaginar el tener mis propios hijos y cómo reaccionaría si mi esposo les hablara mal de mí. De repente, fue muy claro ver cuán injusto había sido él con ella. Las cosas empezaron a caer en su sitio en cuanto a cómo funcionaba su relación, y cómo el aislamiento fue la herramienta utilizada en contra de nosotras, porque no solo la aisló, si no que hizo todo lo posible para aislarme de ella. Años más tarde, cuando la necesité, tuve que encontrar cómo llegar a ella. Y cuando lo hice, empecé a hacerle a mi mami algunas preguntas difíciles.

Recuerdo haberle contado a mi mami cómo mi papi me hablaba de ella, y le pregunté por qué ella nunca habló negativamente de él, al menos para contrarrestar lo que él nos decía. Ella me dijo algo que se quedó conmigo incluso hasta hoy: «Él es tu papi, y él es un buen papi», defendiéndolo todavía. Mi mami lo protegía como yo lo protegía.

Aun así, tengo un lugar especial en mi corazón para mi papi. Mi papi es divertido, y no lo digo de la manera en que todos son un poco divertidos. Me refiero a que es hilarante. Si compartes lo suficiente con él, te encontrarás muriéndote de la risa. He visto a mis tías orinarse de tanto reírse con él, y me he ido a la cama con el ruido de las risas de sus amigos muchas noches. Siendo niña, pensaba que la risa lo seguía.

Para el cumpleaños de mi papi, el año pasado, mi mami me envió un video de él. En el video solo se puede ver a mi papi, mi sobrina y mi hermano. Hay cubiletes frente a él con velitas encima. Él dejó que mi sobrina de tres años soplara las velas, y eso la emocionó. Y luego era su turno. En este video vi a mi papi prepararse dramáticamente para soplar las velitas. Abriendo mucho su boca y llenando ruidosamente sus pulmones de aire. Luego, al exhalar, hace como que olvidó en donde estaba el pastel y «accidentalmente» se voltea y sopla en otra dirección. Luego finge estar sorprendido por haber fallado, lo cual le encanta a mi sobrina bebé. Puedo escucharla chillando y riéndose. Este es mi papi.

Hizo este mismo juego como cuatro o cinco veces, llevando a mi sobrina a ataques de risa. Su risa llenó el video por completo. Viéndolo, lloré, porque ese es el papi que conocí de niña. Era divertido y me favorecía a mí encima de todo. Sentí inmenso amor por este hombre divertido y cálido en mi vida; todavía lo hago cuando se refleja alguna de mis memorias de infancia en él. Por esa razón me llevó años aceptar lo que sucedió, aceptar que algo ha cambiado. Nunca pude conciliar ese cambio, hasta que finalmente lo comprendí a través de la lectura de bell hooks, contando las historias de su vida y de su papá.

Mi papi fue un padre fenomenal durante mi infancia, pero se perdió cuando me convertí en una adolescente y luego en una mujer. A medida que crecí, se apagó por completo. Dejé de ser la escogida.

Escribo acerca de mi papi desde un lugar de dolor y desde una profunda nostalgia por sanarme. La última vez que dejé que mi papi me tratara como si fuera inhumana, fue en febrero de 2016, cuando me atacó y casi lloré. Casi le mostré debilidad. Casi actué como una chica, como mi mami. Casi retrocedí al lugar en el que había comenzado, a pesar de todo el trabajo que había hecho a lo largo de mi vida.

Ese día, ese febrero fatídico, sé que mi papi me atacó con observaciones explosivas, porque sintió que su estatus había sido amenazado, que había sido insultado y excluido. Se había sentido inadecuado, y su orgullo había sido herido.

Sé que mi papi me atacó porque se sintió irrespetado. Pensó que le estaba robando atención y respeto que eran, por derecho y exclusividad, suyos. Pensó que estaba abarcando mucho espacio, que era más espacio del que las mujeres tienen permitido poseer. Mi confianza lo hizo sentir menos, y él no podía permitir sentirse menos que una mujer, cuando no sabía poner ningún valor significativo en una mujer.

En febrero de 2016, estábamos en Guatemala. Yo había insistido en ir con él en un viaje que hacía a Nicaragua y Guatemala, porque extrañaba mi tierra de origen. Extrañaba a mis primos, la comida, el clima, el paisaje, y solo necesitaba irme. Viajar de vuelta a casa para sanar es un lujo al que muchos de nosotros aspiramos. Pero algunos debemos hacer concesiones para optar por este tipo de viaje sanador. Mi concesión fue viajar con este hombre con el que ya no tenía una relación, y me engañé a mí misma pensando que el viaje podía sanar esa relación.

También me aseguré de haberme cuidado de las maneras que conocía en ese entonces, así que a menudo me escapé con primos y amigos para beber. Conecté con viejas amistades y cuando estaba con mi papi me convertía en lo más pequeña e invisible que podía. No quería ser la razón por la que nos involucráramos en un alegato. Quería ser suave, sin complicaciones, como le gustaba a mi papi.

Me había mudado a la casa de mis padres luego de graduarme de mi maestría, porque mi mami había insistido y yo no tenía ninguna otra opción financiera. Había sido aceptada en otro programa de maestría con una beca maravillosa que cubría la mayoría de mis gastos; aun así, sentía que necesitaba alejarme de la academia por salud. Mi programa de posgrado había sido difícil, me había divorciado a medio camino y reconocía dentro de mí un cansancio extremo que no había sentido antes. Así que estaba viviendo con ellos, porque no tenía otra opción y me había convencido a mí misma de que tenía las habilidades para sobrevivir bajo el mismo techo con mi papi otra vez.

Durante el viaje, me quedé sin dinero y me hice vulnerable ante él. Mi papi había usado el dinero como un medio para controlar a los demás durante toda su vida. El dinero sigue siendo lo que hace que siga agarrando fuertemente a mi mami hasta hoy, de la misma manera como cuando se casaron. Permitir que me cuidara, significaba permitir que me dominara. Yo sabía que esto era así, pero luego de una semana lejos de casa, me quedé sin dinero y tuve que volver a él.

Algo que debo hacer notar acerca de mi papá es que su pasatiempo favorito es ser el centro de atención. Le encanta ser el más gracioso del salón. Crecer con un papá como él fue divertido, hasta que dejó de serlo. Una de las peores cosas que mis padres hicieron fue golpearme y hacerme creer que lo hacían porque me amaban. Me golpeaban porque decían que querían lo mejor para mí. Ellos enmarcaban las nalgadas como algo que su Dios ordenaba para bien, y lo explicaban como un acto de amor para mantenernos por «el buen camino». Como resultado de ello, ya de adulta me costó mucho separar el dolor físico del amor. Y aunque los golpes dolían, son las palabras de mi papi las que escucho una y otra vez en mi cabeza cada vez que hago algo fuera de esa angosta definición de «lo bueno».

Y allí estábamos en la parte final de nuestro viaje cuando sucedió algo que no voy a olvidar. Estando en Guatemala, Andrés, el buen amigo de la iglesia de papá, habló muy emocionado durante todo el viaje, acerca de las reuniones teológicas que organizaría en su casa. Habló acerca de sus invitados y dijo que hablarían de teología y filosofía. También habían invitado mujeres, lo cual me sorprendió escuchar, tomando en cuenta que esta iglesia no ordena a las mujeres ni les permiten hacer mucho en términos de puestos de liderazgo. En una ocasión tuve que reunirme con algunos de esos intelectuales, todos hombres. Ellos se habían enterado de que recién me había graduado de la escuela de divinidad y eso les intrigaba. Una muchacha nacida en Nicaragua, que ahora vive en los Estados Unidos, y que obtiene un grado académico por una universidad americana y de una institución teológica. Eso era lo que Andrés soñaba para sus hijas: una educación universitaria americana. Y yo estaba sentada allí, viviendo el sueño que tenía para sus hijas.

En la iglesia ellos han aprendido que Dios creó al hombre para reinar sobre el mundo y sobre todo lo que hay en él y que era el trabajo de la mujer ayudar a los hombres para que llevaran a

*cabo esta tarea, obedecer y siempre asumir un rol subordinado
en relación con un hombre poderoso.*

—bell hooks

Una mañana, Andrés reunió a algunos de sus amigos para que
desayunáramos juntos. Lo recuerdo fanfarroneando acerca de
mí con base en lo que sabía de las redes sociales, y el resto de los
hombres procedieron a hacerme preguntas. Evité responderles,
di respuestas breves, porque conozco mi lugar en estos espacios
y porque no tengo razones para creer que estas interacciones
puedan ser seguras. Llegamos al tema de la elección en Estados Unidos, porque estaba participando Trump. Uno de los co-
merciantes del grupo habló favorablemente de Trump, y lo hice
retroceder de la manera más recatada y silenciosa que conozco. Habiendo estudiado ética y teología, me siento cómoda re-
lacionando esos tópicos, pero no me sentía cómoda al hacerlo
con estos hombres. Cada vez que hacían preguntas, respondía
sin invitar a darle seguimiento a las preguntas y generalmente
evadiendo profundizar en las conversaciones. En vez de eso, los
escuché hablar acerca de un montón de cosas. De alguna manera, parecía que estaban haciendo presión en contra de teologías
que tenían ideas claras acerca del género en las que mi padre
todavía creía. Ninguna otra mujer estaba presente en esa discusión aparte de mí. Los hombres estaban poniéndome atención de manera respetuosa; de allí que pareciera que se sintieran
con derecho de tener esas conversaciones conmigo. No sabían
lo traumático que los años de enseñanzas misóginas en la iglesia
habían sido para mí. No percibían que mis respuestas cortadas
y mis posturas cautelosas venían de un lugar de desconfianza y
dolor. Ellos solo eran *intelectuales* haciendo lo que hacen los *intelectuales*: ignorar el contexto, las emociones y seguir hablando solo para escucharse a sí mismos hablar. Hablar en círculos

acerca de todo y de nada, todo al mismo tiempo, eso es *intelectualismo* masculino. Temo decir que los decepcioné, pero yo no me pongo en situaciones que activen mi propio trauma para el entretenimiento de nadie, así que no cooperé.

Durante todo ese tiempo, mi papi estaba excepcionalmente silencioso. Generalmente, mi papi no es silencioso y eso también me tenía tensa. Conozco a ese hombre; crecí entendiéndolo y sé cuándo algo le desagrada. Él parecía estar muy en lo suyo mientras estábamos allí, y el último día Andrés nos llevó al aeropuerto. Andrés fisgó más allá en lo relacionado con mis estudios. Como lo he conocido durante toda la vida, mientras había sido brusca con sus amigos intelectuales, con él sentía que podía hablar. Él tiene dos hijas y trata a su esposa como a una igual. Así que empecé a hablar y a sincerarme con respecto a la visión teológica en la que creía. Mencioné que nuestra iglesia había hecho mucho daño al no preparar a los pastores (todos hombres) con mejor teología acerca de las mujeres, y fue cuando mi papá me interrumpió.

Empezó a gritarme con esta reserva de ira reprimida que sabía que no iba dirigida solo para mí. Dijo que no necesitaba educación para entender la voluntad de Dios. Dijo que la teología que él conocía era la única teología que Dios ordenó. Dijo que todo lo demás era una mentira de las feministas, escupía la palabra «feminismo» como si se tratara de una maldición. Y dijo que estaba equivocada al cuestionar la teología de nuestra iglesia, porque ese no era mi rol.

Yo me callé.

Todo el trauma alrededor de ese hombre, de mi padre, volvió de golpe. Pensé que le debía el mismo respeto que se le debe a cualquiera que hubiera pagado mi comida a lo largo del viaje. Su amigo Andrés me miró y luego lo miró a él y se quedó callado. El hombre que yo creía que respetaba a las mujeres como iguales no había dicho nada.

Pero luego recordé que la iglesia de mi infancia en Miami tenía un pastor sexista y vil. Edgar está en una alta posición dentro de la junta directiva de la iglesia. Está a cargo de todas las plantas a nivel nacional. Ambos, Edgar y Andrés, han asistido a la misma iglesia en Guatemala, hasta que Edgar emigró a Estados Unidos. Y cada uno de los miembros ha atestiguado, de una u otra manera, cómo Edgar desestima a su esposa y le dice cosas que yo nunca le diría a otra persona. Todos hablaban de eso; nadie hizo nunca nada para detenerlo. La manera en que estos hombres de la iglesia trataban a las mujeres me dijo todo lo que tenía que saber. Para ellos, la manera en la que un hombre trataba a su esposa no era importante y era un asunto privado. Si un pastor había sido elegido por Dios, nadie, menos aún una mujer, podía cuestionarlo. Estos hombres eran respetados y admirados, a pesar de que aterrorizaban a las mujeres de su casa. Yo recuerdo haber escuchado a mis padres hablar acerca de la manera en la que Edgar trataba a su esposa, ambos expresaban desdén por este hombre. Mi papá y Edgar tenían una enemistad personal, basada en el poder y la cercanía al poder, pero siempre tuve la impresión de que mi papi quería hacer algo por resolverla, a pesar de lo horrendo que este hombre era con su esposa.

Aquí es en donde la gente regularmente fracasa: ellos prefieren quedarse callados y mirar hacia otro lado, antes de atreverse a corregir el tratamiento de un marido hacia su mujer o de un padre hacia su hija. Es un club. Y una regla del club es protegerse uno al otro y mantener el poder de los hombres sobre las mujeres.

Después de que me gritó, mi padre y yo dejamos de hablar. El resto del trayecto hacia el aeropuerto fue silencioso. Abrazamos a Andrés y nos despedimos sin dirigirnos la palabra entre nosotros. Nos registramos, abordamos el avión, nos sentamos uno al lado del otro y no hablamos. No hablamos cuando aterrizamos ni cuando fuimos a buscar nuestro equipaje. Y luego, mientras esperábamos en el aeropuerto de Miami, mi papi hizo una broma acerca de que había conseguido un parásito estomacal y que había perdido mucho peso durante el viaje. Y me reí evitando hacer contacto con sus ojos. Me hice lo más pequeña y lo más invisible que pude. No quería ser la razón de que empezara un altercado verbal. Quería ser llevadera, sin complicaciones, así como a mi papi le gustaba.

Eso es lo que mi papi hace. Explota con las mujeres de su vida por pasarse de la raya. Luego de cualquier explosión que él piensa que es merecida, pretende que no ha hecho nada malo y pone la responsabilidad en mí para liberarse de todo resentimiento o herida que esté albergando. Y si no lo dejo ir, yo soy el problema y la odiosa. Ese es el juego, el único juego que sabe jugar. Las reglas están claras, y yo ya debía saberlo.

Pero yo no quería aceptarlo y empecé a dejar de tratar de arreglar la relación con mi papá. Algunas veces le decía que lo amaba, porque me daba miedo. Cuando estoy con él me encojo lo más que puedo hasta hacerme invisible. Así que, con el objetivo de lidiar con mis miedos, no me acoplo. He creado lazos estrictos en los que no contesto sus llamadas. Me aseguro de no visitar a mis padres sin estar totalmente preparada: me aseguro de tener carro y dinero para el hotel en caso de que sea necesario escapar, y me hago acompañar de alguna amistad o colega para protegerme cuando las cosas se salen de tono. No puedo depender de que mis padres me protejan, por eso me protejo yo.

He aprendido que el trauma es complejo e intergeneracional. Mi papi fue criado bajo mucha presión debido a su género. Tuvo que crecer rápido. Mi abuelito se suicidó cuando mi papi tenía dieciséis años. Mi papi era uno de siete hermanos. Antes de morir, mi abuelito habló con dos de los hijos más grandes y les dijo que se iba a ir y que era responsabilidad de ellos hacerse cargo de la familia. Mi abuelo intentó pasarles la estafeta a estos chicos adolescentes, y, al día siguiente, fue encontrado muerto. Luego de su funeral, esos dos hermanos se fueron del pueblo. Huyeron de la enorme presión que les había quedado por ser hombres.

Mi papi, que era el tercero más grande, fue dejado solo a cargo de sus hermanos y su mamá. Aunque nadie le había pasado la estafeta, la tomó antes de que tocara el suelo. No solamente la tomó, sino que corrió lo más rápido que pudo, y no ha dejado de correr. Se hizo cargo de su familia como nunca lo hizo su padre. Mi abuelita Cándida nunca trabajó. Mi papi era un músico como mi abuelito, así que volvió a juntar la banda del abuelo y empezó a hacerse cargo. Tocaba en clubs antes de que tuviera la edad para beber, incluso se presentó ante el presidente de nuestro país. Su banda era exitosa, le alcanzaba para pagar las cosas de la casa de mi abuelita y la educación privada de su hermana mayor y sus hermanos más pequeños. A los dieciséis, mi papi tuvo que convertirse en el sostén de sus hermanos y su mami. A los dieciséis se convirtió en el hombre de la casa. Mi papi solo alcanzó a ser un adolescente durante tres años, antes de que le arrebataran la infancia.

Mi papi es un hombre orgulloso que vela por el bienestar de los otros y que moriría tratando de hacerse cargo de alguien a quien ama. Lleva sintiendo esa responsabilidad durante muchos años antes de que yo naciera. Ese tipo de presión, aunada a la de vivir en un país que estaba atravesando una guerra civil devastadora, hizo que mi papi se ajustara a su contexto. Una guerra que fue prolongada debido a la intervención estadounidense, impactó a mi papi, y ya sea que él lo sepa o no, ese trauma ha estado presente en nuestras vidas.

En muchas comunidades, los hombres parecen asignar peso ideológico a la vestimenta exterior y a la pureza sexual de

las mujeres de la comunidad porque ven a las mujeres como:
1) La más valiosa posesión de la comunidad o la nación.
2) Los vehículos principales para transmitir los valores de
toda la nación de una generación a otra. 3) Portadoras de las
generaciones futuras o crudamente como úteros nacionalis-
tas. 4) Los miembros más vulnerables de la comunidad para
ser deshonrados o explotados por opresores extranjeros. 5) Las
más accesibles a asimilación o cooptación por parte de extran-
jeros maliciosos.

—Cynthia Enloe

La Dra. Cinthya Enloe fue la primera persona que leí y que indirectamente humanizó mi experiencia con mi papi. Mis padres
vivieron a través de la guerra y las intervenciones de los Estados
Unidos, y no salieron ilesos. Enloe habla específicamente sobre
el militarismo y el género y la manera en que ambos impactan
en los hombres. Los géneros binarios se refuerzan en tiempos de
guerra; por supervivencia, las mujeres son restringidas a la casa y
los hombres deben protegerlas de los invasores. Haber aprendido esto me hizo ver a mi papi desde otra perspectiva. Sé que me
estaba protegiendo del mismo peligro que él había experimentado durante la conflictividad civil en Nicaragua, al tener que
proteger a su mami y su hermana.

Aprendí que el monstruo debajo de la cama de mi papi no
era solo el de la masculinidad tóxica. Él tuvo que luchar contra
más de lo que cualquier muchacho podría, y se las arregló para
hacerlo bien, y es feliz a pesar de todo.

Mi papi atravesó experiencias traumáticas e hizo lo que le pidieron. Es un sobreviviente. Eso no es excusa para todo lo que
recibí debido a su trauma irresuelto, pero me dio la habilidad
para comprenderlo todo de mejor manera. Y hay tantas cosas
que amo de mi papi, cosas que no olvidaré, a pesar de que aún

trato de sanar de sus abusos. Finalmente comprendí que no fue enteramente su culpa y eso me ayudó a redirigir mi rabia.

Las mujeres tendemos a hacer muchas cosas para justificar las acciones de los hombres en nuestras vidas, mientras los hombres hacen poco o casi nada para reconocer nuestro dolor, mucho menos para tratar de aliviarlo. Yo pensé en matricularme en la institución en donde enseña Enloe en busca de mi segunda maestría. Su trabajo me ayudó a comprender a mi papi. Pero mientras me aceptaban en el programa, decidí no hacerlo. Me alegra no haber ido. Estuve a punto de hacer una carrera académica para justificar el comportamiento de mi papi y su tratamiento hacia mí, mi hermana y mi mami. Casi le permito al monstruo debajo de mi cama que tomara el control de mi vida, haciéndome una experta en él.

[Las mujeres] aprenden a hacer de su sufrimiento, de sus quejas y de su amargura, una identidad.

—bell hooks

Lidiar con mi papi ha sido difícil. Me he sentido infiel y malagradecida por crear límites, aunque me hayan mantenido a salvo. Todavía experimento los efectos negativos de temer a la figura masculina más importante de mi infancia. Lucho en contra de hacer cosas imperfectas, porque el miedo de ser golpeada todavía perdura; la última vez que me golpeó tenía veintitrés años. Pero más aún, tengo miedo a las figuras de autoridad. Cuando me encuentro con alguna, todavía esa inseguridad se me nota. Tiendo a asumir que no contribuyo en nada, me ahogo en recuerdos de infancia y debo esforzarme para estar presente y enfocada.

No confío con facilidad, porque siento que pueden aprovecharse de mí. No muestro vulnerabilidad sin medida ante mis parejas. Siempre estoy en guardia, anticipando que mi vulnerabilidad podría ser usada en mi contra. Voy a mucha terapia y trato de entender la falta de amor que sentí en un hogar que se jactaba de estar lleno de amor.

Ahora, generalmente, tengo las herramientas para enmarcar las experiencias de mi papi y mis experiencias con él. Sin embargo, no he encontrado una manera de lidiar con el abuso de los hermanos, aparte de entender que estos comportamientos son heredados. No he leído mucho acerca del abuso de los hermanos y tampoco he hablado con muchas personas que lo hayan experimentado. Pero tener un hermano mayor emocionalmente abusador en un entorno hogareño, que le da más importancia a los hombres y sus habilidades, ha significado que este abuso ha sido excusado de manera rutinaria y soportado de manera tácita. Él constantemente estaba envalentonado para decir y hacer lo que le daba la regalada gana conmigo y con mi hermana pequeña. Debido a la reverencia de la iglesia y de nuestro entorno familiar patriarcal, que dicta cierta superioridad en los hombres, nuestro hermano no era tratado como tal sino como nuestro príncipe.

Mi hermano es cruel cuando está enojado, es vicioso. Tiene la habilidad de hacerte sentir interesante y graciosa, hasta que le cambia el ánimo. Y sus estados de ánimo son impredecibles. No sabes si te vas a encontrar con Jekill o si estás a punto de interactuar con Hyde.

Él puede ser calmado, relajado, atractivo, o puede de repente cambiar e insultar sin razón. Luego dirá que yo me lo merecía y que es mi culpa. Luego se disculpará. En esto no se parece a mi papi. Mi hermano es un maestro de las disculpas.

Después de liberar sus sentimientos, de decir las cosas más crueles que puedan imaginarse, de haberse acercado a mi rostro, tanto que pude ver sus pupilas dilatadas de rabia, se disculpa.

Podría decir que mi hermano mayor es experto en rogar para que lo perdonen por sus rabietas. Le verás rodar lágrimas por las mejillas después de haberme dicho cosas y haber insultado mi apariencia y mi inteligencia. Hará grandes promesas de no volver a decir lo que dijo. Sabe manipular, tal vez para asegurarse un lugar en tu corazón a pesar de su comportamiento. Pero estas grandes disculpas siempre están vacías. Siempre ha roto sus promesas de ser mejor y frenar su temperamento. Es como si no tuviera control sobre su rabia, y solo tengo que aceptarlo y pensar que volverá a sus cabales eventualmente.

Mantener una relación con una persona con un temperamento incontrolable e impredecible implica que debo minimizarme, hacerme lo más invisible posible. Yo no quería ser la razón por la cual llegáramos a un altercado verbal. Quería ser llevadera, sin complicaciones, así como a mi hermano le gustaba.

Su rabia estaba literalmente al tope y casi podías ver cómo construía un berrinche. Mi hermano me asusta en maneras que mi papi nunca logró. Sin mi papi, mi hermano no sería lo que es. Su comportamiento era tolerado y su rabia casi nunca era corregida. Libremente se convirtió en lo que es hoy por la manera en que fuimos criados.

Casi nunca escribo acerca de mi hermano. Raramente lo menciono. He minimizado su existencia en mi día a día. Como una manera de borrar la peor parte de mi infancia. Pero él es crucial para entender mi infancia; solo escogí no darle ese poder. Contrario a mi papi que viajaba seguido a causa de trabajo, nosotras estábamos estancadas con el «hombre de la casa», veinticuatro horas al día, los siete días de la semana.

Mi hermano había entendido que nuestra casa monitoreaba a las chicas. A todos les confiaban el seguimiento de las doctrinas de la iglesia, menos a mi hermana y a mí. Mi hermano entendió que su papel era el de controlarnos, «protegernos» de nosotras mismas, así que se echó encima el hacer de ese poder su arma. A las mujeres había que controlarlas.

Si éramos descubiertas rompiendo las reglas de ser mujeres puras y cristianas —incluso si solo mirábamos un show de televisión demasiado secular—, le diría a mi mami. Entonces me regañaban. En la superficie, esto parece normal, una «paternidad apropiada», pero por debajo estaba claro que era un juego construido para su beneficio. Él lo sabía y disfrutaba ese juego en el que me hacía sentir sin poder alguno. Él debía recordarme que estaba en una jerarquía superior y que nadie lo podía tocar. Yo tomé a mal cuán a menudo lo hacía, porque no era solamente rivalidad de hermanos, estaba empuñando un poder de género avalado por la iglesia.

Nuestro hogar era estricto, pero convenientemente más estricto cuando mi hermano así lo quería. Yo hice lo que pude para subvertir esas reglas, incluso en secreto. En mi lógica, si las reglas no aplicaban para mi hermano (que solo era dos años mayor que yo), entonces tampoco debían aplicar para mí. Pero raramente me salía con la mía. Y eso significaba que a veces me rendía y únicamente trataba de hacerme pequeña y lo más invisible posible. Quería ser llevadera, no ser complicada, como a todo el mundo le gustaba. Y esperé el día en que pudiera irme de allí.

Si mi hermano llegaba a saber que estaba saliendo con alguien, manejaba hacia donde él creía que yo estaría, tratando de recaudar «pruebas» de mi impureza para mis padres. Mi hermano se convirtió en el guardián de mi pureza y la pureza de mi hermana. Él fue el que les dijo a mis padres que mi hermana ya no era virgen, por lo que fue criticada. Él se dio a la tarea de encontrar evidencias de mi pecado. Fue él quien eventualmente se convirtió en nuestros padres cuando fornicó. Se sintió tan avergonzado, que sufrió también a manos de todo esto. Él pensó que había hecho algo horrible, cuando todo lo que había hecho era tener sexo con su novia. Yo sé que no era solo él, era algo más grande que nosotros, pero él se hizo cargo de convertirse en juez y jurado sobre mi cuerpo y el cuerpo de mi hermana pequeña. Nuestra iglesia y nuestra casa le dijeron que ese era el rol que debía tener, por encima de nosotros, como un alguacil.

Luego de diecisiete años de rabia, seguidos de disculpas exageradas y declaraciones de amor fraternal, dejé de hablarle a mi hermano. Estaba insensible y me había cansado de que me dijeran todas las cosas que estaba haciendo mal. Estaba cansada de hacerme pequeña y de invisibilizarme. Entendí que nuestra iglesia lo había colocado en un pedestal, un lugar que yo nunca alcanzaría. Me convertí en piedra y aprendí esa inexplicable habilidad de pasar de ver a alguien todos los días de mi infancia a dejarlo totalmente fuera de mi vida.

Aprendí a que no me importara, a cerrar todas mis emociones a su alrededor. Aprendí a mantenerlo alejado de mí y de todo lo que yo valoraba.

El día que decidí llevar un novio a casa por primera vez, hice todo lo posible para protegerlo de mi hermano. Yo también quería que este chico me protegiera de mi hermano. Fue divertido darme cuenta de que mi hermano no retaba a los hombres. Solo le gustaba ridiculizar a las chicas. Yo podía sentirme segura si mi novio estaba presente; era cuando mi hermano se comportaba mejor. Me caía mal pensar que solo otro hombre podía controlarlo. Me molestaba que haber nacido de los mismos padres no significara nada para él. Me enojaba pensar que fuera tan frío conmigo y tan cálido con los chicos con los que yo salía. Me molestaba que mis novios conocieran a mi hermano y luego cuestionaran las historias de su abuso durante la infancia. Me caía mal que estos muchachos se cayeran bien. Me enojaba que mis historias de abuso parecieran «no tan malas», hasta que uno de mis novios atestiguó su crueldad. Me enojaba que hubiera tenido que ver para creer.

Aprendí a no decirle nada. Aprendí que todo lo que dijera se iba a convertir en un argumento en mi contra. No confiaba en él.

Sus intenciones siempre fueron sospechosas en el mejor de los casos. De esa manera me aseguraba de cualquier cosa que pudiera venir. Estaba protegida de cualquier intento de encanto. Lo menos que él supiera de mí, mejor. Lo menos que él escuchara de mí, más yo sabía que estaría bien. Mi lógica era que él no podría lastimarme si yo estaba preparada todo el tiempo.

Raramente escribo acerca de mi hermano, porque requiere que les haga preguntas difíciles a mis padres. ¿Por qué dejaron que tuviera poder sobre mí, que me maltratara, me minimizara y me deshumanizara? Mi mami solía decir que su hermano mayor era peor, como si eso supuestamente respondiera las súplicas mías y de mi hermanita para que lo corrigieran. Nunca entenderé cómo permitieron que eso nos pasara.

Mi hermana y yo todavía estamos unidas por su comportamiento. Ella me llama para contarme acerca de sus nuevas payasadas, sus nuevos insultos y sus nuevas tácticas de manipulación. Nos tranquiliza saber que no estábamos creciendo solas y que nos teníamos una a la otra para ayudarnos y protegernos de él. De hecho, yo fui quien amenazó con llamar a la policía el día que lastimó a mi hermana a tal grado que la hizo llorar de dolor. Todo sucedió frente a mi papi y mi mami, y mi mami dejó el cuarto cuando mi papi le dijo a mi hermana que había sido su culpa.

Raramente escribo acerca de mi hermano, porque requiere que vuelva la mirada hacia mí. Raramente escribo acerca de mi hermano, porque temo no haber hecho lo suficiente para hacerlo mejor persona, para detener su misoginia. Pero luego recuerdo esa voz que me sigue diciendo: estoy educada socialmente para racionalizar el comportamiento de mis abusadores con el objetivo de sobrevivir a una cultura patriarcal. Fui educada socialmente para hacer el trabajo emocional, para comprender y sanar relaciones con hombres que creen que son superiores. Esta misma cultura educa socialmente a los hombres para hacer muy poco o ningún trabajo emocional para sanar mi dolor. Así que he elegido alejarme. Y mi hermano nunca estará bien sabiendo que estoy existiendo fuera de su control.

Él ha pasado años diciendo que me ama. Es un juego que también juega mi papi: apartarse pasivamente y darme espacio para la disculpa. Esperan pacientemente. Se posicionan como víctimas de mi rechazo. Yo soy la resentida que no deja ir las cosas malas, y ellos son las víctimas de mi autopreservación. Ellos creen esto profundamente. Ellos no ven que sobrevivir estando a su alrededor ha significado minimizarme e invisibilizarme lo más posible.

Ellos no se dan cuenta de que no quiero ser la razón para empezar un altercado verbal. Ellos no ven que todo lo que quiero es ser llevadera, no ser complicada.

Todo lo que ven es que soy una mujer, y por lo tanto histérica cada vez que me pongo emocional, y que su papel es el de dominarme a cualquier costo. Ese es el punto de la manipulación emocional de los hombres tóxicos: siempre se enmarcarán como inocentes y seremos llevadas a creer que es verdad. Nos convertiremos en sus defensoras y les diremos a nuestras hijas que se centren en lo bueno. Hemos sido enseñadas a ser tragadas por la creencia fundacional de alguien que dijo que ellos son mejores que nosotras.

Siempre he sospechado que nuestra migración golpeó más fuerte a mi hermano de lo que me golpeó a mí. Yo era más pequeña y tenía mayor capacidad de absorber más de la cultura. Aprendí más fácilmente el inglés, sin mucho acento, mientras que el suyo permanece. Él tenía nueve años cuando nos mudamos y lo molestaban mucho por su acento. Su personalidad parece haberse transformado aquí.

En Nicaragua él tenía un montón de amigos y a menudo jugaba afuera. Tenía independencia. Iba y volvía de la escuela en bicicleta. Pero cuando llegamos aquí, se volvió callado y tímido. Su primera experiencia de acoso en los Estados Unidos fue con una mujer, un hecho por el que mi papá se burlaría durante muchos años. Le costaba mantener los pocos amigos que lograba hacer, así que raramente tenía amigos. Es un solitario severamente incomprendido. Siempre he creído que nuestra migración fue traumática para él, y que nadie lo ayudó realmente. La masculinidad tóxica les dice a los chicos que entierren sus sentimientos, y me pregunto cuánto le habrá impactado eso. Pero no voy a excusar su comportamiento cuando él no trabaja para sanar su propio trauma.

Ahora ya no me minimizo ni lucho por hacerme invisible ante nadie. Entendí que si a los hombres no les gusto yo o mi trabajo —y en especial si les dicen a sus novias, amigas o parejas que se alejen de mí— es porque debo estar haciendo algo bien. Estoy intentando crear una realidad en la que las mujeres como yo, podamos crecer valientemente siendo nosotras mismas, no como los hombres, sino como nosotras mismas en toda nuestra plenitud.

Mis amigas, intencional y mutuamente seleccionadas, me han ayudado a construir esta realidad. Soy parte de un grupo de tres hijas de pastores recuperadas, somos de la misma iglesia, pero de diferentes congregaciones. Yo asistía a la congregación de Managua y eventualmente a la de Miami, y ellas asistían a la congregación de Guatemala y eventualmente a la de Chicago. Teníamos la misma iglesia, doctrina y liderazgo, pero en diferentes ciudades. Nos hacemos llamar Las Brujas como un intento de reclamar una palabra que la iglesia siempre ha utilizado en contra de las disidentes femeninas. Las tres migramos a este país casi al mismo tiempo. Las tres hemos sido rechazadas por nuestras iglesias. Las tres hemos sido las niñas que avergonzamos a nuestra familia pastoral cristiana de una u otra manera. Juntas procesamos nuestro dolor, celebramos nuestras victorias y honramos nuestra humanidad.

A través de ellas he estado intentando crear arenas en las que no tengamos que minimizarnos para la comodidad de los hombres presentes. Estoy intentando gozarme en mi visibilidad en lugar de protegerme en mi invisibilidad. Ninguna de nosotras vivimos en la misma ciudad, pero cuando nos reunimos, nos revelamos en nuestra vastedad y ocupamos todo el espacio.

Ambas viven en Chicago, y cuando las visito, vamos a un restaurante que pertenece a una pareja colombiana. A menudo, el esposo usa a su esposa como parte de sus bromas, y todas tomamos la decisión de ponernos abiertamente de su lado. Esos momentos de no hacer silencio y no darnos la vuelta, hacen que nos recuperemos de la complicidad que vimos a nuestro alrededor al crecer. Cuando los dueños nos ven entrar al restaurante, aunque hayan pasado meses, nos reconocen. En este restaurante, un espacio al que de cariño le llamamos «nuestro restaurante», hemos creado un hogar. Un hogar que está con nosotros, con cada una, y en los lugares en los que podemos ser nosotras mismas. Con estas amigas, estoy intentando encontrar comodidad dentro de mí y radicalmente aceptar partes de mí misma. Nos apoyamos una a la otra con responsabilidad, y nos retamos entre todas para crecer. Con ellas, soy la versión de mí misma que no puedo ser en casa. Mis amigas son mi familia escogida. Todas hemos experimentado rechazo en nuestra casa y en nuestras iglesias, y hemos optado por aceptarnos radicalmente entre todas. Hemos aceptado nuestras tragedias.

He encontrado mi identidad no por mis experiencias íntimas con la toxicidad masculina familiar, sino a pesar de ellas. En mi propia tragedia he tenido que encontrar maneras de honrar mis fortalezas y mi habilidad de cuidarme, a pesar del monstruo que vive debajo de mi cama.

En mi país, como en muchos países de Latinoamérica y el Caribe, hay una serie de historias que van de generación en generación por transmisión oral. Una de esas historias famosas es la de «La llorona». En esa historia que oí de pequeña, una madre descubre que su esposo está siendo infiel y mata a sus hijos. Toma conciencia de ello solo después de que el acto ha sido consumado, y hoy su espíritu deambula por las calles en busca de sus hijos. En la historia, todos los niños corren peligro de ser llevados o reclamados por ella como propios.

La historia no da detalles de la fecha o el lugar en que sucedió, y sirve para evitar que los niños salgan después de que se oculta el sol. Como muchas historias, tiene una lección de la que hay que aprender, una advertencia. Esta historia de fantasmas es un cuento muy común durante la infancia en los hogares de Latinoamérica. Narrar y volver a narrar esta tragedia es una norma cultural.

En la escuela de posgrado descubrí una serie de estas historias compartidas por muchos descendientes de latinoamericanos. La Malinche es una de esas historias. Como la he escuchado, la Malinche era una mujer indígena que sirvió como traductora para los conquistadores y ayudó en la colonización del Imperio azteca. También escuché que había sido comprada y vendida la mayor parte de su vida, y esa era la razón por la que conocía muchos idiomas y servía de traductora. La Malinche es generalmente vista como traidora.

Su historia también dice que fue amante de Hernán Cortés, un conquistador español. Además, se cuenta que mató a sus hijos luego de que los conquistadores se marchan de vuelta a España.

Como la de La Llorona, la historia de La Malinche es una tragedia. Muchos eruditos creen que ambas historias son la misma y muchos han reclamado a La Malinche. Creen que no tenía influencia. Como esclava y amante, ella no estaba abandonando a su gente a voluntad, sino que era una herramienta para un imperio más grande y poderoso. La Malinche es una víctima de la colonización y de la dominación masculina, y hoy en día, ella ronda por las calles llorando la tragedia que fue su vida.

En una sociedad patriarcal, el foco de la historia está en la maldad y las emociones de estas lloronas, en lugar de estar sobre los hombres agresores y las injusticias que generaron estas tragedias. Y esa es la razón por la que cuento mis propias historias, porque no soy mi rabia, mi miedo ni mi tristeza. Mis respuestas emocionales al trauma son solo una pequeña ventana dentro de experiencias más grandes por las que he atravesado.

Las principales actividades de las mujeres son reducidas a dos: sufrir la presencia de los hombres y lamentarse por su ausencia.
—Elizabeth E. Brusco

En mi ámbito familiar, las lágrimas son una demostración de debilidad que se desprecia. En la infancia mi mami tenía un loro que sabía hablar. El loro me decía «llorona» cada vez que entraba al cuarto. Me decía así, porque todos en mi casa me decían llorona. Durante buena parte de mi vida creí que era una chillona, pero en retrospectiva, puedo ver las cosas con mayor claridad: yo lloraba para pedir ayuda luego de años de maltrato, pero nuestra cultura nos ha insensibilizado ante los lamentos de las mujeres, las lágrimas de las mujeres. Nos han enseñado a través de historias, como la de La llorona, que nuestras lágrimas son, en el mejor de los casos, un truco.

En la medida en que fui creciendo me di cuenta de que esto no era saludable ni normal. Cuando aprendí a reestructurar estas tragedias femeninas particulares, aprendí a dejar de sentirme avergonzada por mis propias lágrimas. Así que ahora me permito llorar más seguido. Ahora sé que llorar no es exclusivamente un rasgo femenino ni una debilidad. Al contrario, es una manera de nombrar las tragedias en nuestra vida y es una manera de liberarlas. No lloraba porque fuera chillona, así como La Llorona no lloraba solo porque había matado a sus hijos. La Llorona se estaba lamentando por su vida, una vida que le habían arrebatado. Y yo lloraba porque no sabía cómo explicar el abuso emocional o cómo lidiar con él siendo una niña. Aun así, era llamada llorona de manera despectiva, cuando nadie hizo nada para corregir el comportamiento que causaba mis lágrimas.

Eso es lo que hacemos. Decimos que las mujeres son locas, lloronas, putas, y otro montón de términos que están destinados específicamente a avergonzar a las mujeres por no seguir las reglas y por hablar por sí mismas.

A mí me dijeron loca cuando dejé a mi exesposo. Me dijeron puta cuando decidí tener mucho sexo y gozar de él. Y llorona cuando traté de desbaratar el comportamiento abusivo. Ahora sé que este lenguaje cifrado era usado para detener mis protestas y evitar que viviera mi vida bajo mis propios términos.

Espero que podamos alejarnos de ser una sociedad que culpa a las mujeres en lugar de protegerlas. Espero que la gente continúe reclamando el panteón de deidades indígenas que fue descartado y vilipendiado al preferir al Dios cristiano. Espero que podamos animarnos a ver las tragedias de las mujeres a la cara y tratemos de sanar de ellas en lugar de huir, como me enseñaron que se tenía que hacer.

Yo me identifico con La Llorona, porque yo quería ser amada. En lugar de eso, fui abusada por ese monstruo que vive debajo de mi cama, que también duerme junto a mi mami y en el cuarto de al lado. Y durante años nadie escuchó. Y hasta que aprendamos a escuchar, recordaré a la niña que fui como La Llorona. Una niñita llorando desesperadamente en busca de ayuda, que tuvo que ingeniárselas para sobrevivir en un entorno familiar que le daba muy poco valor y que manejaron para burlarse de ella en lugar de acercarse para ayudar.

Y, al final de todo, mi corazón siempre ha querido abrazarte, aunque no me abraces y esa es la verdadera tragedia.

CAPÍTULO 7

INTERSECCIONALIDAD

La interseccionalidad [es] una manera de enmarcar las interacciones de raza y género en el contexto de violencia en contra de las mujeres de color.

—Kimberlé Crenshaw

Esto es para las chicas peludas. Esto es para las chicas a las que no se les permitía rasurarse las piernas hasta que no tuvieran, por lo menos, doce años, y cuando finalmente se les permitía, les advirtieron que solo podían hacerlo hasta las rodillas. Porque solo las putas usaban ropa lo suficientemente corta como para enseñar la parte de arriba de las piernas.

Esto es para las chicas que suplicaron, rogaron, lloraron pidiendo que las dejaran rasurarse antes, y se encontraron con miradas sin pizca de simpatía de parte de papi y de mami. Esto es para las chicas que secretamente se rasuraron el dedo gordo del pie solo para usar sandalias, tomando en cuenta que lo único que podían usar era pantalones, una vez que alguien les señaló sus piernas peludas.

Esto es para las chicas peludas. Para aquellas cuyos brazos fueron punto de bromas en la escuela primaria. Esto es para las chicas que encontraron las cremas decolorantes para vello corporal un día en la farmacia. Para aquellas que luego se decoloraron el vello de los brazos, solo para darse cuenta de que la crema no escondía el grosor de su melena. La decoloración solo parecía resaltar su cantidad de pelo sobre su piel color canela.

Esto es para las chicas con nudillos peludos, y para las que se los depilaron una vez porque alguien les señaló su vellosidad.

Esto es para las chicas peludas. Las chicas que no se habían dado cuenta de que a las mujeres también les crece el bigote en diferentes grados. Esto es para las que estaban felices, disfrutando su vida, hasta que su hermano mayor se burló del pelo que les estaba creciendo sobre el labio superior, enfrente de un chico con el que creían que iban a casarse.

Esto es para las chicas con pelo en forma sagital. Para las chicas con ese grueso parche de vello en la parte inferior de la espalda. Esto es para las chicas a las que les dijeron que «solo los chicos» tienen vello en esa parte de sus cuerpos.

Esto es para las chicas a las que las hicieron sentir menos que una chica, menos que una mujer, no solo por ser peluda sino porque su pelo era más oscuro y grueso.

Esto es para todas aquellas chicas cuyas cejas tienen vida propia. Yo empecé a usar anteojos prescritos durante el último año de la preparatoria, y la primera vez que me los probé, mis cejas tocaron los lentes. Recuerdo la risa de mi mami, diciendo que yo tenía las cejas de mi papi. Empecé a podarlas ese mismo día. Esto es para las chicas que intentaron todo para eliminar sus cejas cuando descubrieron las pinzas. Esto es para las que se obsesionaron con podarse y mantenerse las cejas, solo para darse cuenta de que las cejas gruesas eran la nueva moda para las chicas blancas.

Esto es para las chicas que se preguntaron de dónde había venido todo ese pelajal y desearon liberarse de él. Para las que lloraron porque lo único que querían era verse como esas chicas en las revistas: las de piel lisa, hermosas, las que no tenían que preocuparse acerca de cuándo debían volver a rasurarse.

Esto es por las que han tenido que amarse, a pesar de que todos les han dicho lo contrario. Ser una chica peluda significa que este mundo nos ha enseñado a borrarnos con láser, cera, rasuradoras, decolorantes, pinzas y demás.

Ser una chica peluda significa tener que aprender a amarte en esta nueva versión sin vello que has creado, o aprender a amar el pelajal tal y como es, pero también te ha tocado aprender a amarte de cualquier manera. Significa que durante mucho tiempo te han desanimado por tu aspecto y que has tenido que tomar esa información y rechazarla o usarla.

Esto es por todas las lágrimas que derramaste y por todo el empeño que pusiste en amarte.

Te veo. Soy como tú, y sigo aprendiendo y desaprendiendo todas las ideas eurocéntricas de belleza que alimentaron el odio a mí misma. Pero nos recuperaremos y nos criaremos como una orgullosa generación peluda que será una fuerza de la naturaleza.

El vello corporal denota inmediatamente la evolución hacia la apropiación y la autodeterminación.

—Rebecca M. Herzig

Yo empecé este capítulo con la particular experiencia de las chicas peludas porque, a pesar de lo que el feminismo ha insistido, nuestras experiencias como mujeres —ya sea asignadas desde el nacimiento (AFAB, por sus siglas en inglés) o de otra manera— son vastas y variadas.

Esta vastedad, incluida la vastedad de las opresiones impactadas, está abordada dentro de la interseccionalidad. Gente de raza negra, indígena y mujeres de color no tienen la opción de separar su opresión por el racismo, de la opresión por el sexismo; ellas experimentan ambas desde todas las comunidades. Como una faceta de esa violencia, los ideales blancos de belleza son patriarcales y racistas, y sofocan a la gente de raza negra, indígena y mujeres de color.

Cuando escribí esta historia, no estaba pensando en todas las chicas hermosas, blancas, sin vello corporal que me habían mostrado como normales en la televisión, revistas y las tiendas Limited Too. Cuando escribí esta historia, estaba pensando en todas las chicas peludas, negras y de color a quienes les hicieron creer que algo estaba mal con ellas, porque no reflejaban los estándares europeos de belleza.

Viendo las cosas a través de los lentes interseccionales, me permite descentralizar las normas de blancura y de machismo. La experiencia del hombre blanco ha sido enseñada como la experiencia universal y representativa del ser humano. Y no lo es. Recuerdo estar aprendiendo acerca de la interseccionalidad en la escuela de posgrado y sentirme golpeada porque, hasta ese punto, yo había asumido que lo «universal» me incluía. Aun cuando había tenido experiencias que me decían lo contrario, mi mala educación me decía que lo universal me incluía y yo lo creía. Tuve que aceptar que la experiencia humana nunca me había incluido. Me dolía que mis diferencias no fueran reconocidas, mucho menos honradas. Al contrario, se esperaba que yo absorbiera la visión de mundo dominante de los blancos, incluso cuando la blancura no quería que yo existiera. Este desplazamiento fue doloroso.

Algunas veces pienso que solamente asumí que el desplazamiento siempre iba a ser mi realidad, debido a la migración. Tenía que aprender a tallar espacios para mí, leyendo el trabajo de gente de raza negra, indígena y mujeres de color. Tuve que aprender primero acerca de la interseccionalidad, antes de que pudiera empezar a hacer ese trabajo.

El término «interseccionalidad» me dio las palabras que necesitaba para nombrar esas experiencias con las que había estado lidiando toda mi vida. Me dio las herramientas para convertir ese desplazamiento en algo generativo y sanador para mí y para otras personas.

El acto de escribir esta carta abierta a las chicas peludas tiene muchos estratos para mí. Primero, publiqué una versión en línea en el *Huffington Post* para escarbar un pequeño espacio en el que no fuera avergonzada y en el que mi experiencia, como una chica peluda, no fuera borrada.

La reivindicación del orgullo del vello en mi cuerpo femenino nunca pretendió incluir a ninguna mujer blanca. La presión de rasurarse está presente para todas las mujeres, pero las mujeres de raza negra y de color que tienen vello, viven esto de una manera diferente, violenta. Esta carta me permitió hablarle a la gente que íntimamente la entenderían como una experiencia diferente para mujeres de raza negra y de color. Leí esta historia en un cuarto con alrededor de cincuenta mujeres negras, indígenas y de color que tenían lágrimas en los ojos, y he leído esta historia en un espacio con mezcla de razas y géneros en donde vi a un hombre blanco levantarse de su asiento y dejar el lugar a media historia. Esta historia no está hecha para una audiencia mixta; esta historia está destinada solo para nosotras.

Porque la historia de las chicas de color canela que tienen vello no es para una audiencia general, no centra una experiencia blanca. La gente blanca está acostumbrada a que sus experiencias siempre sean el centro, como una norma; tanto que no pueden leer otra experiencia como una experiencia humana legítima. Utilizando una estructura interseccional, estoy descentralizando esta cultura normativa. Esta historia es para las personas cuyas intersecciones significan que son mujeres con rasgos genéticos diferentes a la blancura y una predisposición para tener vello.

Yo escribí esto para las mujeres de raza negra, indígenas y de color que crecieron atormentadas por algo que no podían cambiar de sí mismas. Lo escribí desde el punto de vista de querer mejorar nuestra mirada hacia quienes son peludes. Empezar este capítulo de la interseccionalidad, con una perspectiva marginalizada, fue intencional. Quiero que las personas que no están familiarizadas con esta experiencia sean confrontadas y sientan la incomodidad de ser excluidas, tal vez, por primera vez en sus vidas. También quiero que quienes están íntimamente familiarizadas con esta experiencia, se sientan en la magia de tener nuestra propia realidad nombrada. Quiero que quienes me lean, sientan la magia de una historia interseccional que no prioriza la blancura.

Una falla del feminismo convencional es que es blanco y de élite. El concepto de la interseccionalidad surgió, en parte, como una crítica para el feminismo solo de género. Un feminismo que ve la experiencia femenina blanca cis como la experiencia femenina universal, simplemente no puede abordar los problemas que afrontan la mayoría de las mujeres del planeta, porque la mayoría de las mujeres del plantea son de raza negra y de color. Y el feminismo convencional no es consciente de que, si bien las mujeres pueden compartir algunas experiencias (como la presión por rasurarse), la forma en que las experimentamos se basa en nuestras intersecciones de raza, habilidad, clase y sexualidad, lo que puede hacer que esa presión similar se sienta totalmente diferente.

Es en los detalles de tus experiencias en donde encontrarás que son únicas, y es este estado de ser únicas en donde encontrarás las intersecciones de las facetas de tu identidad. Si tu movimiento se rehúsa a honrar nuestras diferencias, entonces tu movimiento solo sirve para reforzar el *statu quo*. Un feminismo «universal» solo sirve a la narración predeterminada, que siempre está por encima de todo lo demás.

Estudios recientes indican que más del 99 por ciento de las mujeres americanas se remueven el vello de manera voluntaria, y que más del 85 por ciento lo hace regularmente, incluso a diario. Los lugares usuales, por el momento, son las piernas, axilas, sobre el labio superior, cejas y líneas de bikini. Estos hábitos parecen trascender los límites étnicos, raciales y regionales.

—Rebecca M. Herzig

El pelo parece unificar a mujeres de raza negra, indígenas y de color en diferentes niveles. Y aunque no todas se identificarán con esta narrativa, hay cosas dentro de ella que aún se sienten reales y nuestras, en maneras que las mujeres blancas no pueden entender.

Las mujeres son educadas socialmente para depender de la aprobación masculina. Esto significa que, como mujer de raza negra, indígena y de color, para ser considerada femenina, somos presionadas para ser bellas en un mundo en donde solo las mujeres blancas son tenidas como estándar de belleza. Si no eres blanca, ya hay algo considerado inferior acerca de tu cuerpo. Cuando eres de color y tienes vello corporal, de alguna manera hasta eres codificada como masculina, por lo que tu cuerpo es una traición a la feminidad. Las mujeres blancas han sido cómplices en cimentar estos estándares.

Las mujeres blancas, rutinariamente, han dado un paso en cuanto a liberarse de las injusticias que han enfrentado debido a su género, dejándose crecer el vello de su cuerpo. Nuestras batallas no son las mismas. Aun cuando las mujeres blancas enfrentan el latigazo de la sociedad por su vello corporal, siguen siendo blancas. Ser de la raza «deseable» significa que su resistencia aterrizará diferente que la de una mujer de color que deja que le crezca el vello como un acto de resistencia.

Esto no es para una mujer blanca de cabello oscuro, esto no se centra en esas experiencias ni las valida. Las mujeres negras y de piel canela somos obligadas a rasurarnos el vello para poder ser deseables en una sociedad que nos ha enseñado que nuestros cuerpos de por sí son indeseables debido al color de nuestra piel. Este capítulo es acerca del amor propio y de mantenerse firme en lo que sea que hayas decidido para prosperar.

El amor propio de una mujer de color es político y radical y es inquietante para el statu quo, porque ha escogido valientemente desmantelar las narrativas de estética racista en su contra. Entonces, cuando las personas acosan a una mujer de color por estar contenta y satisfecha con su apariencia —una realidad sometida a la calumnia racista y sexista de la industria de cosméticos— y cuando le dicen que sea «humilde», que es el código normativo para decir: «Nah, tú no eres especial, no eres clara ni delicada de una manera eurocéntrica», ella tiene todo el derecho de comerse sus corazones y luego escupirlos. El amor propio de una mujer color canela es revolucionario y cualquiera que desee disolverlo, debe retroceder inmediatamente.

—Mehreen Kasana

Esta acotación de Mehreen Kasana es precisamente la razón por la que esta pieza es para las mujeres de raza negra, indígenas y de color que tienen el cabello oscuro. Si no has tenido que buscar por los pasillos de la farmacia por esa crema decolorante de vellos que tu amiga de raza negra, indígena y de color, de cabello oscuro, te recomendó, significa que no somos lo mismo. Y las diferencias son hermosas; las intersecciones están llenas de riqueza y variaciones. También debo hacer notar que las cremas blanqueadoras de vello corporal nos fallaron terriblemente, y fallan debido al hecho exacto de que nuestra piel negra o de color canela está destinada a tener vello oscuro. Esta historia solo puede ser vivida por otras mujeres negras, indígenas y de color que tengan el cabello oscuro.

Como el feminismo obviamente no ha descubierto que las mujeres pueden tener también otras capas de identidad, el feminismo seguirá fallando al no ver a todas las mujeres.

Soy una mujer y tengo la piel color canela. Soy mujer y crecí como clase trabajadora. Soy mujer y soy inmigrante, pero también soy una mujer y fui asignada como mujer desde mi nacimiento, lo que significa que soy cisgénero. Soy una mujer y estoy en una relación heterosexual. Soy una mujer y tengo múltiples títulos académicos. Todo eso significa que cuando voy a una entrevista de trabajo, esas intersecciones serán de ventaja o desventaja para mí. Esas intersecciones también dan información acerca de cómo me acerco a todo; eso es lo que significa la interseccionalidad. Significa que varias realidades pueden informar simultáneamente acerca de quienes somos, por qué pensamos como pensamos, por qué nos importa lo que nos importa y por qué no podemos esperar unirnos a movimientos que no consideran todas esas realidades. También es lo primero que la gente quiere rechazar cuando crea movimientos. El movimiento de mujeres en Estados Unidos borró a las mujeres de color.

El movimiento por los derechos civiles marginó a las mujeres de color. Cuando un movimiento quiere enfocarse en una experiencia «unificada» mediante la eliminación de experiencias específicas, significa que estos movimientos borran a demasiadas de nosotras.

Abrazar todas mis identidades interseccionales ha significado mucho para mí. Finalmente pude hablar acerca de cosas que me habían dicho que debía callar, como mis raíces nicaragüenses. Descubrir y abrazar mis complejidades significó no tener que esconderme más. Por eso la interseccionalidad es tan importante.

Ahora bien, darme cuenta de cómo mis intersecciones afectaron mis relaciones románticas fue un proceso lento, pero necesario. Para mí, salir con alguien fuera de mi raza, género y antecedentes económicos significaba nombrar todas esas cosas que nos hacían diferentes, en lugar de fingir que esas intersecciones no existían.

Cuando empecé a salir con el chico que se convertiría en mi segundo esposo, yo sabía que entrar a esa relación requeriría transparencia con respecto a nuestras diferencias. Él es un hombre blanco, yo soy una chica color canela. Teníamos que ser capaces de direccionar las dinámicas de poder entre una persona a la que la sociedad sobrevalora y una a la que no valora en absoluto. Y nombrar mi impotencia fue poderoso. Nombrar las formas en las que sus identidades interseccionales son más privilegiadas que las mías es mi forma de intentar direccionar las diferencias para poder crear una relación simbiótica.

Para hacerlo, le escribí una carta. Inicialmente tenía la intención de quedarse solo entre él y yo, pero ahora están invitadas a bucear dentro de nuestra relación y la fundación sobre la que fue asentada.

Gringuito:

Necesito ser franca acerca de lo que significa salir con una chica color canela de Chico Pelón, Managua, Nicaragua. Porque desde que llegué a los Estados Unidos, ustedes, los chicos blancos, han intentado volver a colonizar mi cuerpo ya colonizado, y generalmente he evitado enamorarme de alguien que no puede entender cómo aceptar toda esta azúcar morena. Generalmente, evitaba salir con chicos blancos por una razón obvia: soy la pesadilla de los gringos. Conozco mi historia y sé cuánto privilegio y cuánta supremacía blanca ha impactado mi vida de manera directa. Así que no me someto a ningún hombre ni me someto a ningún hombre blanco.

No te enseñaré español. A la gente le pagan mucho dinero por ese trabajo. La gente obtiene grados académicos y se mete en préstamos estudiantiles para convertirse en traductores. Es un trabajo infravalorado. Y quiero que comprendas, aunque nunca lo hagas del todo, lo que se siente ser ajena. Quiero que veas y sientas, aunque sea solo un momento, lo que mi papi y mami, que solo hablan español, todavía viven en este país. Quiero que tengas que ver programas como Plaza Sésamo para empezar a ganar entrada a estos espacios que para ti serán extranjeros. Quiero que tengas que preguntarme qué realmente quiso decir la gente.

No le diré a mis amistades que tengan paciencia contigo. Porque mi familia te recibiría con los brazos abiertos y le «gustarás» casi inmediatamente. Hay razones para ello —razones profundas y de gente colonizada— así que serán mis amistades quienes te pondrán a prueba. Mis amistades no se interesarán en ti como un pase de acercamiento a la blancura. Quiero que te hagan las preguntas verdaderas. Quiero que te pregunten si tienes «algo» por las latinas, y, sin importar lo que respondas, te devolverán un indescifrable: «hmm».

Quiero que te pregunten cuánto de tu atracción es un fetiche por mi cultura, y lo que opinas del capitalismo como hombre blanco. Quiero ver cómo te retuerces y cómo se filtran tus verdaderos colores a través de los poros. Quiero ver cómo te justificas. Quiero saber cuánto fuego soportas, porque necesitaré tu apoyo cuando conozca a tu familia y amigos.

Tus amigos me llamarán «caliente» y me preguntarán si me gusta la comida picante, como si toda la cocina de Latinoamérica fuera picante. Y quizá hasta se aventuren a pedirme que hable español para ellos. Todo esto será producto de su blancura y privilegio, pero no me hundiré. Sin embargo, espero que nades igual de bien cuando mis amistades vengan por tu cabeza (figurativamente), porque tu familia y amigos, de manera intencional o no, vendrán por mi corazón y yo sabré cómo manejarlo.

Espero que digas mi nombre con mi acento. Nací como Priscila Dorcas Mojica Rodríguez. Con una «L» porque dos conforman el sonido de una «Y» en español. Tu nombre americano será dicho correctamente en todos tus espacios, incluso en mis espacios. Pero mi nombre será consistentemente despedazado. Así que espero que, al menos, mantengas mi nombre, mi nombre completo, con la misma protección y cuidado que siempre se le ha dado al tuyo, gracias al color de tu piel.

La gente de mi comunidad va a amar el color de tus ojos, tus ojos azules. Quizá hasta te inflen el ego; probablemente ya lo han hecho. Por favor, recuerda lo que le ha costado a la gente valorar los rasgos claros, la blancura en general; hay industrias de aclarado de piel y toda una industria de lentes de contacto de color, que prospera a partir del auto desprecio de gente de raza negra, indígena y de color. A nuestras comunidades les han dicho toda la vida que los rasgos blancos son superiores a nuestros rasgos oscuros, con narices más anchas, caras achatadas, etc. Tu blancura va a ser envidiada, pero eso viene con mi subyugación y la de mi gente.

Puede que en broma te llame un nicaragüense «honorario». Es una broma. Es mi manera de reconocer que tú, como hombre blanco que está saliendo con una diosa pinolera, tendrás acceso a cosas dentro de mi cultura a las que no podrías acceder de visita durante un viaje misionero o de vacaciones. Por favor, no le repitas este sentimiento alegre a tus amigos, ni a ningune otre latine con quien te encuentres. No tienes que hablar por mí, porque ser nica es único, una experiencia vivida. Ser nicaragüense es mi derecho de nacimiento, así como no temer que un policía te mate en medio de una citación de tránsito ha sido la tuya. Mi color es especial y hablaré de él y de mi comida y de mi cultura con orgullo. He aprendido a hacerlo a pesar de que este país me ha dicho que no lo haga. Los Estados Unidos han requerido la eliminación total de mis antecedentes para tener acceso a las cosas de este país. Mi amor propio es contracultural en una sociedad que me quiere asimilada. Mi orgullo es político.

Por encima de todo, aprende a sentarte en la incomodidad de estar en el más alto peldaño de la pigmentocracia, un privilegio que no te ganaste, sino que naciste con él. Y luego opta por protegerme a mí y a la forma que he escogido de rechazar esta mentalidad todos los días, aunque no necesite protección.

Estas son solamente algunas de las cosas que encontrarás si insistes en salir con una chica nacida en Chico Pelón, Managua, Nicaragua.

Siempre mía, nunca tuya,

Antes de aprender acerca de la interseccionalidad, nunca había tenido una conversación como esta con un amante. Durante buena parte del tiempo en el que estuve saliendo con chicos, nunca pensé traer a cuenta las intersecciones de género, raza y clase. Cuando salí con otros latinos de antecedentes económicos similares a los míos, el género era el único problema que debía ser dirigido. Pero una vez que el panorama de candidatos empezó a ser cada vez más blanco en Tennessee y empecé a salir con hombres blancos cuya entera existencia estaba beneficiada por la subyugación de gente como yo, tuve que acostumbrarme a tener esa conversación de forma exhaustiva y pensar en la interseccionalidad. La gente blanca me enseñó mi otredad y luego yo los reté con ella, porque la gente blanca seguirá proclamando su capacidad limitada de diferenciar los colores para evitar admitir sus propios privilegios.

Así que si iba a empezar una relación con alguien cuyas intersecciones eran totalmente diferentes a las mías, entendí que había trabajo por hacer para asegurarme de que no corría peligro. La carta que le hice a quien ahora es mi esposo fue un momento valioso para los dos.

Mis intersecciones me acompañan dondequiera que vaya, esté lista para ellas o no. Y en los espacios blancos se sienten pesadas y limitadoras. Lleva trabajo comprender que lo blanco no es universal y lleva trabajo centrarte a ti misma a través de descentralizar el *statu quo*. La interseccionalidad legitimó las facetas de la opresión que había sentido: racismo, clasismo, sexismo.

Sin la interseccionalidad tendría muy pocas herramientas para combatir las narrativas dominantes y las normas. Me hubiera quedado sola para buscar el sentido de mi deshumanización. Si aceptas que la blancura es la norma, entonces ser de raza negra, indígena y de color significa que, sin importar a donde vayas, siempre habrá algo malo contigo. Si no puedes articular todas las formas en las que la sociedad te ha borrado, empiezas a pensar que tu voz es ignorada porque hiciste algo malo. Las personas de raza negra, indígena y de color regularmente nos encontramos a nosotras mismas invalidando nuestras propias experiencias y recuerdos. Hasta las interacciones sociales se sienten tensas con nuestra inconformidad. Un simple y gran ejemplo de esto es mi falta de conocimiento de la cultura pop, debido a mi educación conservadora, cristiana, inmigrante y de clase trabajadora. La gente siempre se espantará de que no conozco a muchos actores por su nombre, con excepción de Nicolas Cage. No conozco la mayoría de los clásicos de culto y solo recientemente vi las películas de *Star Wars*, al punto de haber sentido que finalmente entendía décadas de referencias. Lo mismo puedo decir de la música, en especial del rock clásico y mi respuesta en el pasado a esta falta de conocimiento ha sido la vergüenza y la culpa. Ya con la interseccionalidad he tenido la posibilidad de reenmarcar esas experiencias. En lugar de sentir ese desplazamiento internamente y en silencio, ahora puedo nombrarlo y convertirme en una participante activa. Algo tan simple como saber de qué está hablando la gente, puede hacerte sentir conectada o no, presente o diferente.

Debido a mis interseccionalidades, experimenté una clase particular de deshumanización durante mi programa de posgrado cada Halloween.

Cada uno de los cuatro años del programa, más de un estudiante me preguntaba si se podía vestir como yo para Halloween. Luego de un año, imagino que pensarás que debí haberme acostumbrado a la pregunta o al menos debí estar mejor preparada. Pero, de alguna manera, siempre me agarraban con la guardia baja cuando me hacían esa pregunta ridícula y deshumanizante: «¿Puedo usarte como disfraz?».

En mi autoestima yo imaginaba que era leída como glamorosa y a la moda por mi clóset fenomenalmente curado de ropa hecha en casa y piezas de segunda mano y algunas piezas de tendencia y moda rápida a bajo costo. Yo valoraba mi habilidad de verme como de mil dólares con ropa de segunda mano, pero pronto me di cuenta de que no era una habilidad que fuera celebrada fuera de mi comunidad. La manera en la que era percibida en mi comunidad, mayoritariamente latina, no era la manera en la que era percibida en los espacios blancos. Porque estoy racializada como chica de color y el color es codificado como inferior, y porque la función de la blancura es regular todo lo que está fuera de ella, tuve que confrontarme a una dura realidad cuando empecé a asistir a mi institución predominantemente blanca.

El primer año, la chica que me preguntó si podía vestirse como yo para Halloween era una «amiga». Así es como llamo a la gente blanca que se disfraza de amigable, pero solo te están desarmando y esperando el momento de preguntar lo que han querido preguntar desde el primer momento en que te conocieron. Su nombre es Julie y estábamos en una fiesta un poco antes de Halloween. Nuestro departamento tenía una infame fiesta anual de Halloween que era organizada por nuestra Asociación de Estudiantes del programa. La mayoría de la gente se engalanaba para ese evento.

Recuerdo que se me acercó y dijo: «¿Puedo ser tú para Halloween?». Creo que ella vio la confusión y la ligera ira en mis ojos. Empezó a aclarar diciendo que ella nunca se vestiría como yo me visto, y otras observaciones que parecían hechas para sonar como cumplidos, pero no lo eran. Luego sacó su teléfono y dijo que un año se había vestido como una estrella de televisión, y ese era el «look» que quería este año. Ella insistió en seguir cavando un agujero exactamente de su tamaño.

Dijo que quería usar un vestido con estampado de piel de chita y una chaqueta de piel. Esa era la percepción que tenía de mí. Y cuando vi la foto borrosa de la previa vestimenta de Halloween que ella misma había hecho, solo leí una cosa: barata. Inmediatamente me sentí avergonzada. Pero no volvió a insistir y yo me deshice de esa conversación e intenté fingir que nunca se había dado. Terminé por no ir a la fiesta de Halloween para evitar lo raro de tratar de divertirme alrededor de gente blanca que parecía disfrutar avergonzándome.

En ese momento, yo no sabía qué estaba sucediendo y tomé el golpe con calma. Traté de fingir que no me habían pisoteado el orgullo y traté de fingir que las cosas que se habían dicho no habían sido dichas. Luego me di cuenta de que era algo que no iba a poder digerir de una sola vez. Y que me iba a llevar un poco de tiempo entender cada una de las capas de racismo.

Aun así, intenté mantenerme cerca de Julie, posiblemente para probarle que yo no era lo que ella había percibido de mí, lo cual era un error. No puedes forzar a alguien a que vea tu humanidad cuando ya han decidido verte como inferior. Ahora me doy cuenta de que, cuando me preguntó si podía vestirse como yo para Halloween, estaba haciendo una declaración codificada acerca de mi otredad. Ella, una mujer blanca de clase media alta, encarnaba intersecciones que había priorizado por encima de las mías. Mis identidades interseccionales debieron fascinarla en el mejor de los casos y debieron ser vistas como un disfraz en el peor de ellos.

El año siguiente, un hombre me hizo la misma pregunta. Mi memoria de ese momento es un poco borrosa, pero recuerdo que estábamos parados afuera del edificio de posgrado y mencionó su deseo de vestirse como yo para Halloween. Lo dijo como si se hubiera tratado de la broma más divertida que pudiera haber hecho, pero era parte de la broma. Hoy es un candidato a doctor en una institución de élite.

Esas dos primeras veces me agarraron de sorpresa y no supe cómo reaccionar. El año siguiente intenté adelantarme a estas interacciones racistas y organicé un panel acerca de Halloween en el edificio del campus. El panel era acerca de cómo evitar ser insensibles y unas veinte personas llegaron (de más de doscientos estudiantes de la escuela de posgrado). El evento pareció enojar a los estudiantes blancos. No podían creer que un panel de sus colegas de color se atreviera a decirles cómo comportarse humanamente durante la fiesta de Halloween. Pero luego recordé que la interseccionalidad me había sido enseñada durante una clase opcional y casi no se había mencionado en las clases oficiales y, por supuesto, las clases optativas que priorizaban a la gente no blanca eran tomadas en su mayoría por estudiantes de raza negra, indígenas y de color y minoritariamente por la gente blanca de nuestro programa.

Cuando pienso en la interseccionalidad también necesito pensar en mis identidades privilegiadas. Soy una persona cis y crecí con un entendimiento judeocristiano del mundo que hicieron que mis diferencias étnicas y raciales fueran sentidas, algunas veces, menos amenazantes por la gente blanca. El cristianismo me hizo agradable ante la gente blanca de maneras en las que, si no hubiera sido cristiana, no hubiera logrado. Además, la pigmentación de mi piel les parece menos amenazante a muchos de mis colegas de lo que si hubiera sido negra. La Dra. Myra Mendible habla acerca de cómo la piel de color se encuentra en un intermedio entre lo negro y lo blanco.

Mientras experimentaba la retórica antinmigrante y una estereotipación evidente en Nashville, se sentía extraño pensar en las ventajas que tenía. Pero hubo un incidente particular que me hizo darme cuenta de que mis intersecciones con la raza me habían colocado en una mejor posición por encima de mis colegas, e incluso del profesorado de raza negra.

En la academia existe esta retórica alrededor de no comprometerse con lo que llaman «olimpiadas de opresión». Con este lenguaje, las experiencias de todas las personas de raza negra, indígenas y de color se allanan y se colocan sobre un campo de juego parejo. Yo no cuestioné mucho esto en ese entonces, pero lo he hecho desde que aprendí a rechazar el deseo de evitar el tópico de la antinegritud global.

Recuerdo cuando tomé mi primera clase con una profesora de Vanderbilt de raza negra. La clase se titulaba Feminismo, *womanism* y teología y ética mujerista. Esta profesora es una líder erudita del *womanism* y una de las mejores académicas que he tenido el privilegio de llamar mi mentora. Sus cursos fueron cruciales en mi propia radicalización y me matriculé en todo lo que enseñaba, hasta que me gradué. Recuerdo claramente cómo abrió un camino para que yo encontrara las palabras que necesitaba para sobrevivir a la academia. Recuerdo que cuando tocamos el tema mujerista en el curso, la profesora abrió la clase a discusión acerca de dónde estábamos parados en cuestiones de latinidad.

Nunca olvidaré las preguntas que la profesora le planteó a toda la clase, pues estaban destinadas a confrontar al estudiantado con su ignorancia acerca de la experiencia de la gente latina. La Dra. Stacey M. Floyd-Thomas les pidió a mis colegas que levantaran la mano si alguna vez habían tenido amistad con alguien que fuera Latine, si conocían Latines, si eran amigos de gente que fuera amiga de gente latina y otras preguntas para cuestionar la falta de proximidad y familiaridad del alumnado con les latines. Ninguna mano se levantó durante las preguntas, excepto la mía.

Viendo esto, finalmente entendí por qué me había sentido tan incomprendida todo ese tiempo y finalmente fui capaz de entender que la forma en me movía en estos espacios blancos, iba a ser vista, analizada y asumida como representativa. Mi ejemplo podía ser usado por la gente blanca ignorante en contra de otres Latines, debido a la falta de exposición de mis compañeros blancos a personas como yo.

Comprender cómo vivimos completamente segregados en una sociedad significó que finalmente tenía la información que necesitaba para quitarme un peso de encima por sentirme constantemente incomprendida. Siempre me he sentido ajena en las bromas, reuniones sociales y espacios académicos, pero finalmente entendí que no era porque hubiera algo malo en mí. Eran ellos, mis compañeros blancos, los que no tenían idea de cómo lidiar conmigo. Todo lo que tenían eran estereotipos; esas eran las únicas referencias que tenían para descifrarme.

Recuerdo cuando recibí un correo electrónico de una mujer blanca de la clase. Era enviado en su mayoría a estudiantes blancos, pero yo estaba incluida. El correo hablaba acerca de discutir formas de lidiar con lo que esta estudiante, y otros en el correo, percibían como agresión de parte de nuestra profesora. Recuerdo haber quedado desconcertada porque no había percibido ninguna agresión. Al contrario, en esa clase me había sentido bienvenida. Era la primera clase en la que mis experiencias no estaban en segundo plano. Al contrario, estaban constantemente centradas en las lecturas que teníamos y los ensayos que escribíamos. Este correo me lo había enviado alguien que había intentado alinearse a través de su familiaridad con el idioma español. Ella era, para todos los efectos, una mujer blanca bien intencionada. Pero las buenas intenciones no significan nada si tus actos no son buenos.

Lo que hice luego fue una decisión que aún sostengo: hablé con la profesora acerca de ese correo, porque yo entendía las intersecciones que ella encarnaba, tal y como me las había enseñado. Para mí fue un momento significativo porque, hasta ese punto, yo no era una soplona. Debido a mis experiencias con hombres y a lo dogmático de mi contexto eclesiástico, veía a la mayoría de las figuras de autoridad como riesgosas, y este momento me hizo darme cuenta de que la raza, el género, la sexualidad, la clase y un montón de ismos añaden complicaciones a toda la armazón de las dinámicas de poder entre estudiantes y profesores, pastores y congregación, padres e hijos y me hizo estudiar mis alianzas previas. También me había dado cuenta de que mientras yo era tratada de ciertas maneras, debido a los estereotipos racistas de latines y gente de color, mis colegas y profesorado de raza negra se enfrentaban a algo peor. Sabía que había un problema de racismo en mi institución y en todas las instituciones, y que los estudiantes blancos dirigían el barco, mientras que la facultad blanca y el personal, regularmente bajaban la cabeza.

Sé que hay maneras en las que mis intersecciones funcionan para oprimirme, pero que, dependiendo del círculo en el que me encuentre, también pueden funcionar para privilegiarme. Esta mujer blanca me había escogido, por alguna razón, como alguien con quien quería alinearse y también había escogido a la profesora de raza negra como alguien a quien quería envilecer. Era imposible hacerme a un lado cuando me pidieron que escogiera entre los estudiantes blancos de mi programa y esta querida profesora de raza negra.

Finalmente había entendido que el racismo en contra de la raza negra implicaba que la habilidad de esta profesora de estar en donde estaba en su carrera era y sigue siendo una proeza y que no había ninguna manera en la que yo fuera a participar en su caída. Así que le dije todo. Y ese momento también fue importante para mí porque era la primera vez que había decidido abiertamente desafiar a la blancura. Antes de eso, yo era una participante pasiva y por lo mismo cómplice en la opresión de gente de raza negra, indocumentada y LGBTQIA+ en una manera de autopreservación o eso pensaba. Ese momento se convirtió en el inicio de lo que soy hoy y, aunque este pequeño acto de contarle a mi profesora sobre el correo electrónico puede parecer insignificante, para mí —que llevaba una vida entera de alinearme con la blancura— fue una manera de finalmente decir: no más, nunca más.

Luego de que le contara a la profesora, ella lo trajo a colación frente a toda la clase. Explicó el racismo que implicaba la nota y armó una lección a partir de este incidente. Aprendí mucho acerca de lo que significa ser de raza negra dentro de la academia luego de esa clase y lo que significaría para mí si deseaba quedarme en la academia. Aprendí que habría maneras en las que ser de color iba a ser un arma en mi propia contra, y que iba a haber maneras en las que ser de color iba a ser un arma con la que la gente blanca iba a querer que yo apuntara en contra de otra gente de raza negra, indígena y de color y me iba a tocar decidir en dónde me iba a alinear o del lado de quien me iba a mantener. Ese fue mi momento de ajuste de cuentas con la blancura y cambió todo para mí. Estar en contra de la negritud es un fenómeno mundial. Y sin importar cuáles sean mis intersecciones, el hecho de que no sea de raza negra me convierte en una intrusa que debe decidir pararse del lado de la gente de raza negra y luchar en favor de su liberación. O, como les sucede a muchas latinas que no son negras, puedo dejar que usen mi voz en contra de las comunidades negras. Les Latines que no son de raza negra pueden alinearse a la blancura por muchas razones: para sentirse menos oprimidos, para ganarse la simpatía de la gente blanca o para esperar seguridad dentro de la supremacía blanca. Como no soy negra, mi color intermedio puede ser usado para bien o puede ser usado para el avance de lo blanco.

Yo le llamo a esto mi momento de ajuste de cuentas con la blancura, porque he permanecido de brazos cruzados y no he hecho lo suficiente por nuestra gente en el pasado; tampoco he hecho lo suficiente ni siquiera por mi propia familia. Finalmente estaba empezando a aceptar los matices de raza y etnicidad, y podía ver las diferentes maneras en que me había beneficiado de mis intersecciones según el contexto.

Había permanecido de brazos cruzados cuando mi papi me pidió que tradujera cosas cuando era más pequeña. Tomaba a mal la falta de eficacia en el uso del inglés de mis padres, porque pensaba que nuestra bondad moral era medida por nuestra capacidad de asimilarnos. Me quedé de brazos cruzados cuando los inmigrantes indocumentados fueron blanco de burlas por su acento. Hasta este punto, no había hecho más que enfocarme en mi propia educación y liberación. Pero ahora, mientras todavía lucho por ambas, sé que también tengo que luchar por los demás.

He estado tan enfocada en obtener una silla en su mesa metafórica de iniciados, que nunca me detuve a pensar que quizá lo que yo necesitaba y lo que la gente de raza negra, indígena y de color necesitaba, era crear una mesa nueva. Necesitábamos un espacio en donde no tuviéramos que cambiar partes de quienes somos para ser incluidos. Dicho de otra manera: que se joda su mesa, haremos la nuestra.

Como una mujer de color, que no es de raza negra, me corresponde rechazar la antinegritud, incluso cuando puedo beneficiarme de ella. Hago memoria de manera constante de que no importa cuán tentadora pueda parecer la blancura, sus encantos son solo una ilusión y la historia lo ha demostrado una y otra vez.

Para protegerme de la blancura, decidí cambiarme el nombre que la gente blanca usaría para referirse a mí.

En la escuela de posgrado, empecé a usar otro nombre en lugar del que me dieron de nacimiento. En muchos hogares latines hay una inclinación a buscar nombres blancos/americanos más atractivos, y mucha gente de nuestras comunidades termina llamándose Zoé, América, Cindy y Priscila, mi nombre legal. Muchas veces estos nombres que suenan a americanos terminan pronunciados de manera diferente por algunas razones, entre las que está la falta de habilidad con el idioma inglés. Así que mientras mi papi se llama Ricardo Enrique Mojica Fonseca y mi mami se llama Blanca Azucena Rodríguez Jarquin, mis hermanos y yo tenemos estos nombres más blancos/americanos. Me pusieron Priscila, el nombre de mi hermano es Richard y mi hermanita se llama Linda. En nuestras comunidades ninguno de esos nombres se ve extraño; es una práctica común de lo que yo llamo una fascinación con la blancura. Vengo de una familia de Rosa, Cándida, Ilse, Carolina, Lesbia, Álvaro, Jesarela, Arelis, Alcira, Nicolás, Dara, Jemima, vengo de nombres que no sientan bien en el inglés vernáculo. Estos nombres demandan atención. Ellos tensan los músculos de la lengua que, de otro modo, no se utilizan y requieren más esfuerzo para pronunciar.

Mi nombre era un reto para mí en la medida en que iba creciendo, porque mientras puedo decir perfectamente mi nombre en español, lucho para pronunciar su versión americanizada. Y así, cuando me mudé a Nashville, todos los estudiantes blancos podían decir mi nombre mejor que yo en su versión de inglés, versión americanizada, y sentía como que me estaban arrebatando el nombre. Muchas cosas me habían quitado ya en los espacios blancos —como mi orgullo y mi habilidad de creer que era valiosa— así que decidí recuperar mi nombre de la gente blanca y solo dejar que la gente que amo me llame por mi nombre legal.

A la mitad de mi maestría, pedí que todos me llamaran por el nombre que había escogido: Prisca. Porque sentía que la mirada blanca me había consumido, decidí sacar las partes que consideraba más sagradas de mí y protegerlas.

Le pedí a la gente blanca que dijera mi nombre, mi nombre completo. Les dije que dejaran que mi nombre les pesara en la boca y les retorciera la lengua. Les pedí que dijeran: **PRISCA DORCAS MOJICA RODRÍGUEZ.**

No, les dije a los blancos que no me llamaran P ni por otro nombre que no fuera **PRISCA DORCAS MOJICA RODRÍGUEZ.**

Mi nombre de nacimiento es Priscila Dorcas Mojica Rodríguez. Priscila con una L, porque en español —mi idioma natal, mi primer idioma, el idioma de mi mami y de su mami— soy Priscila con una L.

En los Estados Unidos, la gente tiende a creer que como estás en su tierra conquistada pueden tomar tu nombre y hacerlo encajar en su idioma. Eso es colonización encubierta, tomar mi nombre en español y tomarlo sin consideración, convirtiéndolo en Pur-si-lah en lugar de Pri-si-la. Hay una diferencia. Mi mami dice mi nombre como se supone que debe ser dicho; mi papi dice mi nombre como siempre fue su intención. No sé quién diablos sea Priscila, pronunciada PUR-SI-LAH.

En 2013 cambié mi nombre a uno que no pudieras colonizar tan rápido, un nombre que tuvieras que preguntar dos veces para oírlo bien: PRISCA.

Y también empecé a usar mi segundo nombre. No solo su inicial. Y el apellido de soltera de mi madre. Porque les latines son presionados para esconder esos largos nombres en los Estados Unidos, porque es lo que hacen los americanos. Los americanos no saben que en español, en la lista de apellidos, el que va después del segundo nombre es el oficial. Nosotros clasificamos nuestros nombres en orden de importancia. Aquí, en los Estados Unidos, si un americano ve un nombre tan largo como el nuestro, deciden agarrar el último apellido y usarlo como el apellido principal.

A mí me han llamado Priscila Rodríguez muy a menudo. Lo han hecho empleadores, periodistas que han escrito sobre mí y sobre mi trabajo, doctores, terapeutas y mis profesores. Y este es un error frecuente que ocurre. Pero el daño mayor es la falta de atención que va a la tendencia blanca colonial de dominar la cultura de los pueblos con la de la gente blanca. Así que en 2013 empecé a llamarme Prisca y luego agregué el apellido enlistado legalmente de la familia de mi mami porque quería ser vista, no absorbida por mis colonizadores.

Quiero que luches con mi nombre completo. Es político y estratégico y lleno de resistencia, porque has despedazado mi nombre durante mucho tiempo y me aceptaste como una latina buena durante mucho tiempo.

Así que dirás mi nombre, mi nombre completo.

Y te veré luchando con ello y no permitiré que me llames de ninguna otra manera, porque es lo mínimo que puedo hacer cuando la gente blanca intenta recolonizar mi cuerpo y mi nombre en la cotidianidad.

Mi nombre es **PRISCA DORCAS MOJICA RODRÍGUEZ**. Prefiero escucharlos batallando para pronunciar ese nombre que escucharlos destrozando el nombre que me dio mi madre.

Así que cuando me presento como **Prisca** y la gente blanca tiene dificultades para decirlo, respiro aliviada, porque pueden despedazar Prisca todo lo que quieran, pero nunca tendrán el privilegio de decir mi nombre con su hermoso acento en español.

Soy
PRISCA DORCAS MOJICA RODRÍGUEZ
he escogido que la blancura no borre
ninguna parte de mí, especialmente mi nombre.

Dales a tus hijas nombres difíciles. Nombres que obliguen el uso completo de la lengua. Mi nombre hace que quieran decirme la verdad. Mi nombre no me permite confiar en quien no sabe pronunciarlo bien.

—Warsan Shire

Permitirme avanzar con orgullo en mis intersecciones es algo que ha tenido efectos positivos en mi vida, a pesar del bombardeo constante de racismo que todavía experimento. Me siento protegida por el nombre que escogí y todavía vivo en Tennessee. Me siento protegida del dolor que solía aparecer cuando mi nombre era tomado desde mi lengua materna y empujado al ciclo de centrifugado del idioma inglés.

La interseccionalidad se asienta en este lugar incómodo para la gente blanca, porque la interseccionalidad afirma la validez de las identidades, de diversas identidades, más allá de la blancura. Le dice a la gente blanca que somos diferentes y que esa diferencia es buena para nosotros. La interseccionalidad es importante porque la cultura blanca se siente más cómoda eliminándonos con la anulación de los colores. Si no afirmamos la validez de nuestras diferencias, caemos en nuestra consumación y eliminación.

La metodología interseccional busca crear visibilidad en donde regularmente no hay. Nombres para las personas de raza negra, indígenas y de color y LGBTQIA+ pueden dar vida. Entonces cuando alguien de raza negra, indígena y de color y LGBTQIA+ le dice a una persona blanca el nombre que ha escogido, la persona blanca debe respetar. Lo que estamos pidiendo es básico. Lo que estamos pidiendo es que reconozcan nuestra capacidad de decidir la manera en la que queremos que se nos acerquen. Este es un derecho humano que debemos pedir, desde que ellos han decidido ignorarlo durante mucho tiempo.

CAPÍTULO 8

LA MIRADA MASCULINA

Recuerdo el día que dejé de depender de la mirada masculina. Para mí fue muy específico. Recuerdo claramente el día en que mis amistades y yo hicimos un ritual, una celebración, un círculo de sanación para ayudarme a pasar de estar sujeta a la mirada masculina a renunciar a ella.

Fue en 2014, después de haber dejado a mi exesposo. Estaba luchando, viviendo sin la seguridad de la compañía masculina. Me sentía traicionada por mi educación cristiana fundamentalista, que me había inculcado valores patriarcales acerca del matrimonio. Me sentía sola. Estaba devastada. Aunque si me mirabas por el campus —pues todavía estaba estudiando cuando mi matrimonio se disolvió— pensarías que lo estaba llevando bien, y posiblemente que hasta estaba contenta con el cambio. Pero mis buenas amistades, mis hermanes, sabían.

Mis amistades me secuestraban a mitad de la noche y me insistían para que comiera, porque sabían que había dejado de comer. Me abrazaron mientras lloraba. Se quedaron conmigo en casa durante los primeros días, porque sabían que no iba a afrontar dormir sola. Me ayudaron a mudarme a un nuevo lugar y les exigieron a mis colegas de casa que me pintaran el cuarto de otro color. No tuvieron éxito, pero fue bello ver que me defendían.

Cuando me despojé de la mirada masculina, me sentía aterrada, a pesar de que sabía que era lo mejor. Cuando me despojé de la mirada masculina, me sentí sola, incluso cuando no lo estaba. Cuando me despojé de la mirada masculina, caí en un espiral y necesité de una comunidad muy fuerte que estuviera cerca y me trajera de vuelta.

Así que hicimos un ritual. En mi grupo cuir de gente de raza negra y de color hay sanadores, pastores, buscadores de justicia y activistas y todos entienden el simbolismo. Algunos incluso estudiaron rituales para sus doctorados. Nuestro ritual fue una reunión para llevar a cabo un acto de desafío, como un símbolo de desmantelar mi compromiso con la mirada masculina.

Eran los principios de la primavera del 2014. El clima todavía estaba fresco al final de las tardes. Todas mis amistades cercanas se reunieron; había invocado a mis más grandes amores para que me acompañaran en esa transición. DJ nos recibió, porque su hogar tenía una hoguera. Necesitábamos fuego para nuestro ritual. Con mis amistades alrededor —Alba, Andrea, Lis, Tatiana, Carlin, Anna y DJ— tocamos tambores y panderetas y quemamos mi vestido de novia.

Llevé todo mi dolor a ese fuego y le pedí que me lo quitara. Escribí todo lo que me dolía en una pieza de papel y lo lancé a las llamas. Ya no quería lamentarme por eso que me había controlado toda la vida hasta ese punto. Mi devoción total a la mirada masculina debía arder en el fuego.

Cuando comprendí que en una boda la gente se pone de pie al paso de la novia porque se considera que es el día más importante de su vida, me di cuenta de que iba a necesitar otro ritual para cancelar ese ritual inicial del matrimonio. Tenía que hacer un cambio.

Mis fabulosas amistades bailaron alrededor del fuego y me celebraron. Comprendí que eso era lo que necesitaba y lo que quería, pero, aun así, no podía silenciar completamente lo que siempre me habían enseñado acerca de necesitar un hombre en mi vida. Mi hermosa comunidad me celebró, me sostuvo, incluso cuando yo no sabía si iba a sentirme segura fuera de la mirada masculina.

Después de muchas lágrimas, todos entramos a la casa de DJ y bebimos té para calentarnos el cuerpo. Nos reunimos y dejamos que el tiempo se extendiera. Mirando a la nada, pensando acerca de todo, me encontré sintiendo mucho dolor, pero también me sentí profundamente amada.

Este ritual fue la manera en que mis amigos me trajeron de vuelta a la tierra y fue el acto más amoroso que he experimentado. Mis amistades platónicas me acompañaron a lo largo de los momentos más aterradores de mi vida. Y esa noche, mis amigos me ayudaron a quitarme de encima la carga de la mirada masculina y lanzarla al fuego.

Mi exmarido no era el problema. El problema era que yo creía que me habían enseñado que una feminidad exitosa era tener un exitoso matrimonio heterosexual. Por eso me casé. El ritual me ayudó a liberarme de eso.

Había visto todas mis expectativas de una feminidad exitosa arder en el fuego junto con mi vestido de boda blanco. Yo observé el vestido para confirmar que se había desintegrado completamente. Necesitaba ver todos esos sueños destruidos físicamente para empezar a curarme de ellos.

Funcionalmente, la opresión es domesticar.

—Paulo Freire

Ese ritual del matrimonio, el reconocimiento de que es una realización para las mujeres en relaciones heterosexuales, todavía está vigente. Existir como una mujer «exitosa» significa adherirse a estructuras patriarcales. Nos arriesgamos a perder demasiado en nuestra rebelión.

Crecí asistiendo a una congregación muy conservadora, sin denominación, carismática hispana. Si eso no indica las capas de misoginia que me formaron, déjenme explicarlas. La iglesia a la que asistía era una iglesia fundamentalista patriarcal, que es la clase de iglesia que cree que los hombres son la cabeza del hogar y guían la vida de todos en su casa. Son los responsables de garantizar que en su casa todo esté apegado a la Biblia, que es la palabra de Dios, para poder llegar al cielo en el momento de nuestra muerte.

Los hombres decidían cómo interpretar la Biblia, su palabra era la palabra de Dios y, por lo tanto, indiscutible. Por ejemplo, de acuerdo con mi padre, los tatuajes eran prohibidos porque «la Biblia dice», aunque esto no fuera siempre así. Los mismos versículos que hacen referencia a los tatuajes, hablan acerca de la comida Kosher, pero mi padre ignoraba esa última parte. Hay lecturas selectivas detrás de qué versículos debían seguirse estrictamente y cuáles quedaban abiertos a la interpretación, y los hombres podían decidir sobre eso libremente. Las interpretaciones teológicas solo eran recibidas a través de la presencia pastoral. Se cree que los pastores son escogidos por Dios, y Dios solo escoge a los hombres.

Los miembros de la congregación eran mantenidos en línea en cuanto a su devoción a través del miedo. Yo crecí constantemente escuchando acerca de demonios y Satanás. No recuerdo realmente a Walter Mercado, porque ese canal era cambiado de inmediato en los televisores en casa. Mi mami le decía endemoniado, y yo le creía. Me daba miedo quedar a merced de los demonios. Durante la infancia, la magia parece posible y la imaginación corre salvaje, así que me lo tragué y lo creí con entera convicción.

Si no te alineabas a Dios y a lo que Dios quería para tu vida, entonces estabas alineada a Satanás. Y a mí me daba miedo Satanás. La guerra psicológica era intensa, y constantemente tenía pesadillas con que llegaba al infierno y conocía a Satanás. Muchas veces experimenté parálisis del sueño, y cuando me quejaba con mis padres al respecto, me decían que era un demonio que intentaba entrar a mi cuerpo. Me habían enseñado cómo reprender a los demonios y lo hacía cada vez que experimentaba parálisis del sueño. Ellos asociaban mi parálisis del sueño, un fenómeno natural, con mi posible posesión demoníaca, y ya de adulta todavía creía que era verdad.

También crecimos entendiendo el concepto de la R mayúscula: el Rapto o el fin de los tiempos. Era del conocimiento general que un día no lejano, Dios iba a volver y se iba a llevar al cielo a los verdaderos creyentes, mientras que los paganos, no cristianos, iban a ser dejados atrás e iban a ser torturados por demonios como castigo por sus pecados. Ahora de adulta, todo eso me suena tonto, pero cuando era niña y adolescente, todo en mi vida se trataba acerca de no ser «dejada atrás» o parecer que podía serlo, porque eso levantaría señales de alerta dentro de la comunidad cristiana de personas que se habían otorgado el derecho de vigilar a los demás por la «preocupación» de sus almas. Las mujeres eran más controladas que los hombres, y las mujeres jóvenes eran consideradas las más susceptibles de caer en pecado.

Mis padres habían crecido en la religión católica, pero se habían convertido a un cristianismo más evangélico, carismático, antes de que mis hermanos y yo naciéramos. Y básicamente vivíamos en la iglesia. Mi papi era pastor, mi hermano tocaba la batería en el grupo de adoración, y mi hermana y yo estábamos en el equipo de danza. Nos definíamos por nuestro cristianismo. Definíamos nuestra moral a través de la iglesia. Solo teníamos permitido relacionarnos con otros cristianos temerosos de Dios. Todos los demás estaban alineados con Satanás.

Recuerdo un día en que mis padres me recogieron de la escuela y yo estaba contándoles acerca de mi día. Cometí el error de hablar de mis amigas —y referirme a ellas solo como mis amigas— y mi papi hizo que me detuviera y dijo: «Ellas no son tus amigas, tus amigas solamente son las de la iglesia». A menudo era bombardeada con mensajes desde el púlpito para mantener la fe en nuestro señor y salvador.

Las mujeres no eran líderes y no tenían voz en esta iglesia. Mi iglesia fundamentalista patriarcal no ordena a las mujeres. Se habla del feminismo de manera negativa. Me han dicho que me mantenga alejada del engaño del feminismo y del engañoso reclamo de que hombres y mujeres son iguales. Cuando estaba en la secundaria, los líderes de la iglesia de las diversas plantas que se expandían alrededor del mundo, se reunieron para discutir si a las mujeres se les podía permitir dirigir las oraciones para las ofrendas y los diezmos los domingos. Fue toda una discusión y votaron en esta simple entrega como si estuviéramos eligiendo al nuevo líder de nuestro culto. Los hombres de mi iglesia tomaban con seriedad el rol que les había sido concedido por Dios como líderes y cabezas de casa.

Como dije anteriormente, mi papi es un pastor. Por lo que no solamente había sido escogido por Dios para guiar a toda una congregación, sino también era la cabeza de nuestra casa. Nosotros teníamos este doble entendimiento acerca de su posición en relación con todo, y, en consecuencia, cuál era la posición de mi mami. De niña entendí cuál iba a ser la realidad de mi vida futura en un hogar o en nuestra iglesia. Nuestra iglesia fundamentalista patriarcal me estaba formando. Lento, pero seguro, me estaban adoctrinando.

El patriarcado es un sistema político y social que insiste en que los hombres son inherentemente dominantes, superiores a todo y todos los considerados débiles, especialmente las mujeres, y dotados con el derecho de dirigir y dominar sobre ellos, y mantener el dominio a través de varias formas de terrorismo psicológico y violencia.

—bell hooks

Las chicas de esta iglesia solo recibían una forma de paternidad, y esta era punitiva. Mi hermana y yo fuimos cuidadas como si se tratara de muñecas de porcelana que fácilmente hubieran podido ser desplazadas de la mano de Dios. También nos cuidaban porque nuestra pureza era una forma de moneda de cambio masculina. En una iglesia que valora la virginidad femenina, los padres eran valorados por su habilidad para guardar nuestra pureza.

Yo no tenía permiso para tener amigos que no fueran cristianos, porque podían tentarme a alejarme de Dios. No me daban permiso de tener novios, porque eso nos llevaría a tener sexo, y como dijera mi mami: «Para qué calentarse». Solo se me permitía tener amigos, lo cual significaba que no podía salir con nadie. Cuando ya estaba en edad de casarme, se esperaba que yo tuviera una amistad con un hombre bajo supervisión durante un poco de tiempo, siempre a una distancia prudente, y ya luego casarnos. Mi comunidad cercana creía que, para una mujer, un buen marido cristiano es un premio. El único premio.

Y yo creía todo esto, porque mis padres me habían criado con este tipo de mensajes. Lecciones que me habían enseñado, según me dijeron, por amor a mí. Y me golpearían y me nalguearían por cualquier cosa que hiciera mal. Siempre tenía miedo de que me pegaran cada vez que iba en contra de los deseos de mis padres.

En cuarto grado, me dieron permiso para ir a una fiesta de cumpleaños. Había rogado ese permiso durante días. Y a mi mami no le quedó otra opción que darme dos horas de permiso para ir a la fiesta. Acabábamos de mudarnos de nuestro vecindario en Sweetwater a un vecindario latine más asimilado. Yo carecía de las habilidades de asimilación que mis compañeros parecían tener, y las reuniones sociales fueron el lugar en donde yo adquirí la evidencia más tangible de qué tan diferente era y cómo debía adaptarme.

Terminé pasándomela muy bien. Recuerdo que había música secular y todo el mundo empezó a bailar. Mi mami y mi hermano llegaron a recogerme antes de lo esperado, y me cacharon. Mientras estaba perreando, me volteé y vi a mi hermano observándome desde la puerta del jardín de la casa de mi amiga. Me estaban espiando y me habían descubierto.

Me golpearon por haber ido a una fiesta y haber bailado. Y se burlaron de mí porque era ridículo participar en este tipo de bailes. El baile no era para adorar a Dios, y me dijeron que no estaba aprobado por Dios, así que fui castigada con la vara, porque la Biblia dice.

De acuerdo con mi iglesia, las chicas buenas como yo no deberíamos bailar o tentar sexualmente a nadie. Para la iglesia, el baile representaba disponibilidad sexual. Todo esto era raro para mí. No creía que el baile fuera inherentemente malo, y eso fue lo que definió mi rol en la iglesia; yo lideraba el grupo de danza de adoración. Pero también sabía cómo sobrevivir, y acepté esta contradicción como mi realidad.

Todo lo que hiciera, más allá de reflejar una buena educación cristiana, mermaría mi valor y disminuiría mis oportunidades de encontrar un buen marido, mi premio. Lo entendí y tenía que aceptarlo. De lo contrario, sería acusada de estar poseída por demonios o sería golpeada hasta estar de acuerdo.

Constantemente estaba siendo bombardeada con estos mensajes acerca de mi lugar en el mundo como mujer. Me recuerdo a los ochos años hablando acerca de mi futuro esposo. Cualquier interés en el matrimonio o en la crianza de niños era alentado y codificado como honorable. Cuando jugaba con muñecas, la percepción de mis instintos maternos eran alabados.

Recuerdo la primera lista que hice con las cualidades de mi futuro esposo. Fue la primera de muchas. Tenía como doce o trece años, y estaba asistiendo a un evento cristiano diseñado para la juventud cristiana en el centro de Miami. En un punto, el conferencista separó a los chicos de las chicas, porque esos eran los únicos géneros que podían existir en ese tipo de iglesia. A las chicas les dieron hojas de papel, y la conferencista dijo que ella había hecho una lista, que ponía debajo de su almohada, con todos los atributos que deseaba en un marido. Dijo que lo más importante era que su esposo tuviera temor de Dios. Luego nos dio instrucciones a todas para que hiciéramos nuestra propia lista acerca de nuestros futuros esposos, y recuerdo que no supe qué poner. No me tomen a mal, yo era una preadolescente hormonal, loca por los chicos, pero también era solo una niña y no estaba pensando en el futuro. Aun así, nadie a mi alrededor pudo escapar. Nos estaban inclinando hacia ese futuro de matrimonio y felicidad como el único objetivo, y como todos a mi alrededor parecían creer en él, supe que yo también tenía que creer.

Como sea, de acuerdo con las instrucciones, puse en las primeras líneas de mi lista: «Hijo de pastor». Recuerdo haber vuelto a casa y que mi mami entró a mi cuarto para preguntarme acerca de la conferencia. Le conté de la lista y se sintió muy orgullosa. Me animó a orar y yo guardé la lista debajo de mi almohada durante una semana hasta que la perdí.

Mis padres hablaban tan a menudo de mi futuro esposo que empecé a saber cómo sería tener una cita, incluso antes de que me interesaran los chicos. Me dijeron que si un chico honorable, con temor de Dios, se quería casar conmigo, primero tenía que acercarse a mis padres, y luego le sería permitido que fuéramos amigos por un breve período. Luego, debíamos casarnos rápidamente para evitar el pecado de fornicación. Las relaciones largas no eran bien vistas, porque el pecado del sexo era considerado inevitable.

Supe que el Dios sobre el que había aprendido mientras iba creciendo, no quería que tuviera un novio, así que empecé a esconder cosas. Dios no puede competir con las hormonas; mi iglesia me lo enseñó y luego lo experimenté. Me sentía temeraria por querer besar a la gente antes de saber si tenían temor de Dios. Conforme fui creciendo, pude esconder mejor mis deseos y haría malabares para saciar esos impulsos hormonales.

Finalmente, a los diecinueve, pensé que era el momento de llevar a alguien a casa. Pensé que ya era lo suficientemente vieja para entrar a la línea del matrimonio, por lo que no tenía por qué esconder más a mis novios. Cuando llevé a José para que conociera a mis padres, me sentí muy decepcionada al darme cuenta de que, sin importar lo que yo tuviera en mi lista, ellos tenían su propia lista. Mis padres tenían sus propias expectativas acerca de la persona con quien creían que debía estar, y todo estaba conforme a lo que nos habían enseñado en la iglesia. Mi novio se autoproclamaba cristiano y había asistido a una escuela cristiana, así que pensé que yo estaba fuera de peligro, hasta que descubrí que su madre divorciada era un factor decisivo para mis padres. De acuerdo con mi iglesia y mis padres, la gente no se divorcia, porque los matrimonios son pactos que haces frente a Dios y no pueden romperse jamás. Una vez que se rompe ese pacto, todo tu linaje deja de tener valor.

Eventualmente terminé con este chico porque los comentarios pasivo-agresivos de mi familia se volvieron insoportables. Me di cuenta de que la iglesia estaba tomando la decisión de con quién se suponía que yo tenía que terminar, así que empecé a tomar a mal estas reglas. En este tipo de educación, los chicos son nacidos hombres y las chicas nunca son mujeres. Las chicas solo se convierten en madres y en la ayuda idónea de sus maridos.

En esa sola declaración se definió mi rol. Yo tenía que servir a un hombre, porque había sido teológicamente interpretada para ese propósito. Crecí escuchando lo de «ayuda idónea» toda mi vida, y la propaganda envejeció bastante rápido. Ser ama de casa era lo respetable; yo crecí viendo esta práctica en Nicaragua. Todas las esposas de los pastores eran amas de casa, y a mí me enseñaron que ese era un hermoso regalo que mi papi le había dado a mi mami. Y se suponía que yo tenía que encajar en ese rol toda mi vida. Sé que, en el contexto de la clase trabajadora, no trabajar es un lujo y entiendo que puede ser visto como un regalo de parte de un esposo para su esposa. Vi el valor de eso, pero también vi lo valioso de tener opciones. Incluso, luego de habernos mudado a Estados Unidos, me alentaron a aspirar a la honorable posición de madre y esposa y a nada más.

Ir a la universidad nunca se discutió, pero el matrimonio y los hijos eran a menudo tema de discusión. No había una recompensa real en casa para ser una chica lista luego de la secundaria, y no había un castigo real por ser una estudiante mediocre, así que renuncié a la escuela. Bailar y llenarse de lujuria era castigado, pero las malas calificaciones y el desinterés en la escuela raramente eran reconocidos. Cuando mi profesor en tercer año insinuó que debía ir a la Universidad, inmediatamente reflexioné acerca de mis calificaciones. Estaba en una mala posición con apenas 2.8 de promedio, pero luego tomé el test de aptitud escolástica y me fue bien sin mucho esfuerzo. Me di cuenta de que mis notas no eran un indicador de mi potencial, porque todavía estaba absorbiendo material. Tenía un promedio suficientemente bueno para solicitar ingreso en algunas escuelas del estado para sorpresa de muchos.

Para entonces, había empezado a pensar de manera diferente con respecto a mi futuro. No sabía cómo soñar con una carrera o una vida sin un hombre, pero tenía el presentimiento de que al menos podía intentarlo. Y con un poco de ayuda de casa, fui aceptada en una universidad. Cuando me di cuenta de lo cara que era la universidad, me di cuenta de que debía ir a un lugar que ofreciera un paquete grande de ayuda financiera. Eso implicó que yo iba y venía de la universidad, y como la educación superior nunca había sido un plan, una vez allí no hubo quién pudiera detener todo a lo que estaba expuesta. Ser una estudiante universitaria no era algo para lo que tuviera un marco de referencia, pero de alguna manera me las arreglé para averiguarlo.

Luego se me metió en la cabeza que debía ir por un grado académico, y recuerdo la primera vez que le expresé mi deseo a mis padres. Estábamos cenando y mi papi se rio fuerte y me despidió inmediatamente. Las chicas listas no le servían de nada a ningún marido. Ese día, mi papi le quitó el viento a mis velas, y supe que quedarme en casa iba a significar que ese iba a ser siempre el caso.

A los veintitrés, luego de llegar a la conclusión de que yo no tenía voz, según me habían enseñado en la iglesia, quise salir huyendo respetuosamente para crear una nueva realidad. Debí solo haber salido huyendo, pero tenía demasiado miedo. Tomé algunas clases teológicas y empecé a cuestionar verdaderamente la validez y el valor de la teología de mis padres.

Así que terminé haciendo lo que cualquier muchacha que haya crecido en una iglesia conservadora, patriarcal, carismática, sin denominación, hace para huir de sus padres y de su Dios: me comprometí. O bien, le propuse matrimonio a mi novio secreto y, muy a pesar de la consternación de mis padres, nos casamos.

Estaba cansada de que me dijeran que no era suficiente. Y por alguna razón, creí que emparejarme iba a resolver las cosas. En lugar de eso, solo probaron su punto.

Pero yo necesitaba largarme. Necesitaba sentir que podía tomar decisiones por mí misma. Aunque claramente no podía. Terminé escogiendo, como mi pase a una supuesta libertad, a un hombre temeroso de Dios de un hogar integrado. Aun así, el matrimonio parecía ser la única manera de escapar de las opciones que me daban mis padres, a través de una institución que me habían dicho que luego dictaría mis opciones.

Eventualmente, terminé solicitando mi entrada a la escuela de posgrado y empecé clases en la Vanderbilt University en otoño de 2011. Muchas cosas cambiaron cuando dejé atrás las reglas de mis padres. Me sacudí las presiones y empecé a estar expuesta a cosas que nunca hubiera imaginado posibles.

Cuando vi a mi amiga y colega Rev. Yolanda Norton obtener su ordenamiento, sollocé en los bancos. Yo sabía que otras iglesias ordenaban a las mujeres, pero ver cómo sucedía, con mis propios ojos, era otra historia y me había sacudido. Nunca me había imaginado cuánto necesitaba ver a una mujer de raza negra siendo ordenada en medio de un montón de sus colegas de raza negra. Aprendí acerca de las teólogas feministas. Me habían hablado de *womanism* y de teología mujerista. Por un momento, mis posibilidades parecían infinitas. Empecé a verme de manera diferente y quise convertirme en participante activa en las cosas que ocurrían en mi vida.

Tuve un primer matrimonio muy breve. Éramos jóvenes y cambiamos muy rápido. Dejé a mi esposo a mediados de mi programa de maestría. Dejé mi capa de seguridad y lamenté la pérdida de la mujer que había sido. No sabía quién era sin un hombre. Luego de mi padre, luego de mi esposo, nunca había tenido la oportunidad de ver qué podía pasar si estuviera sola.

Después de mi divorcio, todo lo que sentía era vergüenza. La misma vergüenza que había escuchado en la voz de mi mami cuando le dijo a mi primer novio, José, que el divorcio de su madre significaba que él nunca iba a ser suficiente. Sentí todas las palabras que le había dicho a ese chico algunos años atrás. Estaban grabadas en mi corazón con un cuchillo de carnicero.

Sentí dolor físico. Me sentía agobiada por la vergüenza que me estaba echando encima. Tenía que confesarle a mi mami mi separación y mi inminente divorcio. Sabía que no podía enfrentarla y cargar su vergüenza; todo mientras empacaba mi ropa, mis libros y la vida que había creado de acuerdo con sus reglas.

Recuerdo haber llamado a mi mami desde mi cama inflable en un sótano semi terminado. Mis amistades me habían ayudado a mudarme; habían empacado y desempacado mis cosas en el nuevo espacio. Después de que se fueran, me senté en una esquina, casi sin poder armar oraciones completas.

Cuando mi mami respondió el teléfono, inmediatamente comencé a llorar, porque estaba devastada y asustada. Recuerdo que me gritó por haber hecho lo que mis padres siempre habían visto como algo horrible: dejar la bendición de un hombre. Había roto mi pacto con Dios. Recuerdo haber colgado con lágrimas por todo el rostro mientras ella iba a la mitad de una racha de insultos. Me estaba echando encima todos mis miedos más grandes. En ese momento, supe que debía liberarme de su Dios por mi bien.

Liberarme de mi matrimonio y del Dios de mis padres fueron, probablemente, las cosas más difíciles que he hecho en mi vida. Mientras recogía los pedazos de mi corazón y de mi salud mental del suelo de ese sótano, empecé a avanzar con más confianza en la nueva persona en la que me estaba convirtiendo. Tenía que hacerlo. Tenía que sobrevivir a esta nueva realidad.

Acepté lo que ya sabía desde hace años, que la iglesia en la que había crecido estaba llena de teologías sexistas que me quitaban todo el valor, estuviera casada o no. Y esa misma iglesia tenía su lenguaje de desprecio para una mujer como yo, una mujer usada, divorciada, arruinada.

Me di cuenta de que esos demonios internos que me decían que era deplorable y que iba a morir sola, no eran demonios, sino remanentes de ese Dios en el que me dijeron desde niña que debía creer. Lento, pero seguro, me di cuenta de que ya no tenía el objetivo de convertirme en la esposa de alguien. Y pensar en quién iba a convertirme se sentía liberador.

Crecer en una iglesia fundamentalista, conservadora y patriarcal, significaba que había aprendido y aceptado que siempre iba a estar definida por los hombres. El hombre que me crio dictó todo sobre mí, y cuando me casé, se suponía que esa narrativa debía continuar. Divorciarme significaba aprender a convertirme en una persona de mi propiedad, con mis propios pensamientos, y aceptar que mi reputación era mía y solo mía.

Crecer en una iglesia fundamentalista, conservadora y patriarcal significaba que cuando asistiera a una escuela teológica para mi maestría, no tenía que esperar llevar el título a casa, porque mi iglesia creía que las mujeres no éramos dignas de hablar con Dios. Crecer en una iglesia sexista significaba que iba a tener que ver a las dos personas más importantes de mi vida dándome la espalda cuando más los necesitaba.

Mi mami y yo nos reconciliamos eventualmente, y aprendió a amar la nueva versión de mí, la divorciada. Mi relación con mi papi nunca volvió a ser la misma. La disolución de mi matrimonió significó que ahora me reflejaba mal en él, y no quiso tener nada que ver conmigo. Ya no tenía más herramientas para su paternidad.

También aprendí a ver a mi mami de manera diferente. Yo solía pensar que ella era débil, porque le gustaba limpiar y cocinar. Yo solía pensar que ella estaba en un nivel más bajo que el mío. Y me burlaba de ella por su devoción a su casa y sus hijos. Le decía que hiciera más, que aspirara a más, como si hubiera sido posible. Fui injusta. Hoy en día mi relación con mi mami no podría ser más fuerte, y mi hermana y yo también confiamos una en la otra de manera significativa.

Me empecé a dar cuenta de que mi mami gateó para que yo pudiera empezar a caminar y luego saliera corriendo. Mi mami es una sobreviviente. Ella también dejó un hogar tóxico y huyó de todo casándose. Yo heredé ese trauma. Inicialmente, mi mami había reaccionado a mi divorcio como le habían enseñado que debía hacerlo. Pero cuando pedí ser amada, no a pesar de mis «errores», sino como la hija fuerte que había tomado decisiones por sí misma, se quedó cerca y me apoyó.

Mi pureza era moneda de cambio en una iglesia en la que se valoraba la virginidad femenina. Se cuidaba como si se tratara del aspecto más definitivo de mi personalidad, y perderla significaba profanar mi cuerpo. Me habían dicho todo esto acerca de la cultura de la pureza, y me lo había tomado a pecho. No había sido enseñada a retar mi educación y nunca pensé que mis padres pudieran hacerme daño.

Durante los meses posteriores a mi separación y mi divorcio, descubrí exactamente cuánta vergüenza me habían inculcado en relación con el sexo y cuánto daño me habían hecho al ponerle valor a mi pureza. La cultura de la pureza fue una enorme razón por la cual me desalentaba tanto irme de la casa de mis padres sin un marido. Cuando mi hermanita se mudó —la única de los hermanos que pudo hacerlo sin tener que casarse primero— la humillaron. Su pureza estaba en peligro, y su mudanza se reflejaba negativamente en mi papi y en su habilidad de cuidar a sus hijas. También hacía quedar mal a mi mami: su incapacidad de enseñarnos la justa cantidad de vergüenza y miedo que debíamos sentir de vivir solas. Recuerdo largas llamadas telefónicas con mi hermanita, que de manera innata sabía que debía irse de la casa de mis padres. Todavía se lamentaba de esa decisión, porque la habían hecho sentir que estaba causando un escándalo. Hacerlo daba por sentado que ella quería ser promiscua y mis padres y mi hermano abusivamente la castigaron por sus pecados.

Yo ya no estaba viviendo en casa cuando eso sucedió. Pero recordaba todas las reglas.

Cuando me casé les mentí a mis padres y les dije que todavía era virgen. Siendo adolescente había decidido que si iba a fornicar tenía que mantener el número de encuentros sexuales en una cantidad respetable, y que solo iba a fornicar en relaciones largas y comprometidas. No solo eso, cada persona con la que había tenido sexo me había prometido, en algún momento, que algún día se iba a casar conmigo, y en mi mente eso parecía una manera socialmente aceptable de fornicación. Esa fue la manera en la que cumplí los ideales de mis padres al mismo tiempo en que trataba de evadirlos, convirtiéndome en la imperdonable figura de una puta. Eso fue clave, porque ser una puta implicaba el exilio total de la feminidad respetable, inteligente y digna. Y yo me la jugué de manera inteligente. Me la jugué bien.

Cuando me divorcié, acabé con toda la apariencia de respetabilidad que pude haber tenido. Y una vez que acepté que estaba arruinada, como decían en mi iglesia, la respetabilidad quedaba fuera de mi alcance. Decidí tener sexo casual con cuánta gente deseara y decidí tener sexo casual fuera de las restricciones impuestas por la mirada masculina.

Mi liberación sexual era algo a lo que aspiraba. Una vez despojada de la mirada masculina, las posibilidades eran emocionantes. Yo me había casado para complacer a todo el mundo; ahora iba a asegurarme de complacerme a mí misma.

Perder el respeto de mis padres fue una cosa, pero perder el respeto de mis colegas fue sobrecogedor. Luego de mi divorcio, quería resistir la expectativa social de la gratificación sexual solo dentro de los confines de relaciones serias destinadas al matrimonio. Yo no quería lo que me habían dicho que era más seguro y mejor para mí.

Solo quería averiguar qué era lo que me gustaba sexualmente. Constantemente preocupada por el desempeño social —ya sea ocultando el sexo con los novios antes de casarme, o teniendo sexo estando casada bajo la aprobación social— implicaba que yo no sabía cómo era el placer sexual fuera del contexto de lo aprobado socialmente. Entonces decidí que era el momento de convertirme en la peor pesadilla de cualquier papá. Era tiempo de convertirme, intencionalmente, en una puta.

Si bien el sexo fue mi ruta hacia la liberación sexual, y si bien no me interesan los estigmas sociales, supe que la amenaza del peligro físico todavía estaba a mi alrededor. Seguía siendo una mujer. Podía ser dominada por alguien que no entendía o no le interesaba saber cómo funcionaba el consenso. Así que empecé a cargar una navaja. Y les mandaba mi locación a mis amistades cuando salía a alguna cita. Incluso le enviaba mis locaciones a mi mami, ella se convirtió en un gran apoyo, incluso en mi promiscuidad.

Tinder se convirtió en mi campo de juego, y los primeros mensajes delinearon mis expectativas: solo sexo, nada más. Porque estaba viviendo en Tennessee, investigaba acerca de sus políticas y experiencias con muchachas de color, porque no quería ser el fetiche de nadie. Estaba decidida a experimentar sexo con totales desconocidos. Y me divertí mucho, pero desafortunadamente descubrí varias cosas muy interesantes acerca de cómo les no latines ven a las latinas.

Porque la figura de la latina hipersexualizada es real. La gente asumía que mi habilidad sexual era parte de mi cultura. Había escapado de una prisión y estaba intentando liberarme sexualmente, pero seguía rodeada de peligros.

Una vez me dijeron, antes de que saliéramos del restaurante, que se me notaba que iba a ser «salvaje» en la cama. Yo no estaba haciendo ninguna postura sexual, estaba relajada y comiendo papas fritas, sin pensar en que tenía que cortejar, pues era algo que habíamos acordado vía texto. Pero a pesar de eso, estaba siendo percibida como sexual.

Una vez un amante me dijo que no intentara volver a su casa por la ventana como acostumbraba la novia mexicana de su tío. Él también me dijo que su madre le había advertido acerca de «esas mujeres mexicanas». Todos somos mexicanos para la gente blanca de Tennessee.

A menudo me decían que me vestía de manera muy provocadora y que por ello cualquier atención negativa recibida era bien merecida. Esto me dolió, porque lo escuché generalmente de otras mujeres.

El sexismo está en todos lados y son las mujeres quienes lo refuerzan en buena parte. En el momento en que me convertí públicamente en soltera y en puta autodesignada, perdí el respeto de las mujeres en mi programa de posgrado. Me convertí en un problema. Me convertí en un espectáculo, en un espectáculo étnico.

Aparentemente, para algunos de mis colegas, mi deseo sexual se traducía como mi disponibilidad sexual. Recuerdo ir a la capilla con algunos compañeros de estudio y escuchar el cuchicheo a mi alrededor. Eventualmente, me habían dicho que no estaba vestida de manera apropiada para ir a la iglesia. Llevaba una falda circular, tacones y un top corto. Como ya no tenía que vestirme para aparentar ser pura, eso significaba que podía usar la ropa que me gustara. Incluso rodeada por los más progresivos y avanzados estudiantes de teología del país, estaba siendo sujeta al mismo comportamiento vergonzoso y de control que había experimentado en la iglesia de mi niñez. Una vez más volví a sentir la misma presión en el pecho, volví a sentirme atrapada. Entonces hice lo único que podía hacer, pedirles a mis compañeros que cerraran la puta boca.

Durante esta época, una de las más prominentes eruditas de mi programa, una mujer, me pidió a mí y a un grupo de colegas que no usáramos labial en la academia para asegurar que nos tomaran con seriedad. Recuerdo haber bajado la vista para ver lo que llevaba puesto y lo que mis compañeras llevaban puesto y entendí lo que estaba diciendo: menos femenina, más inteligente. Ese día hice el voto de usar siempre labial rojo cuando estuviera cerca de esa profesora.

Si le permitía a alguien más dictar lo que podía ponerme o la manera en la que me veía, mi cuerpo iba a dejar de ser mío. Me apropié de mí misma y eso me costó muy caro. Pero el objetivo era pertenecerme a mí misma y no había nada que me detuviera.

Mientras tanto, un miembro del personal del programa empezó a acercarse. Eventualmente, me besó y yo me sentía muy avergonzada por la situación. Volví a la dinámica de: «¿Yo incité para que esto pasara?». Aun así, puse a un lado mis dudas y lo reporté con su superior. El caso se volvió un show. Los abogados de Vanderbilt me preguntaron qué ropa estaba usando y qué tanto había estado bebiendo antes de que eso sucediera, eso inmediatamente me recordó la vergüenza que me habían enseñado a tener. Yo sentía que apenas había empezado a vivir y que querían devolverme a mi caja y hacer que me comportara mejor. Como los hombres a mi alrededor parecían incapaces de tener control sobre sí mismos, yo era la responsable, la que tenía que tener control. La misoginia era implacable y yo estaba cerca de graduarme, así que me alejé de la investigación. Esa es la razón por la cual los sobrevivientes de agresión sexual no se presentan: la sociedad nos culpará por lo que sucede, antes de ir tras un hombre con aparentes deseos incontrolables. En ese punto, ya había perdido el apoyo de una mentora y profesora muy querida, y mis colegas me vieron como acorralada. El miembro del personal era mayor y tenía más poder, pero para ellos yo debí habérmelo buscado.

Yo sabía que mi decisión de volverme independiente me iba a costar cara, pero también sabía lo cansador que era ser una mujer respetable, cuando eso significa hacer campaña todos los días para convencer a la sociedad de que yo era honorable. Ser una mujer es de por sí peligroso, pero lo es aún más cuando las mujeres renuncian a tener control de sus acciones.

La sociedad nos ha enseñado a buscar admiración y aprobación. ¿Cuándo termina la actuación social? ¿Cuántas de nosotras seguiremos los roles preestablecidos —el matrimonio, la maternidad— solo para ser respetadas, escuchadas y percibidas como adultas?

No podemos desmantelar un sistema mientras comprometamos con la negación colectiva de su impacto en nuestras vidas.

—bell hooks

Mi visión del mundo empezó a cambiar en la escuela de posgrado. Para entender completamente la mirada masculina y su impacto en mi vida, primero tuve que redefinir lo que valoraba en mi vida. Me tuve que alejar de las enseñanzas de mi iglesia en lo relacionado con ser una buena mujer, y de sus reglas en cuanto a la moralidad y honestidad. Empecé a aprender que los conceptos de pureza y protección eran, en realidad, métodos de control y métodos para justificar la violencia masculina en contra de las mujeres. Para romper con la regla de la modestia, tuve que encarnar la inmodestia.

Yo amaba los tops y los vestidos cortos. Mi iglesia me había enseñado que los maridos apropiados querían esposas moderadas. Con este antecedente, los ruedos cortos y los tops pequeños fueron mi manera de desafiar la mirada masculina. Yo no estaba tratando de atraer la atención de los hombres; me estaba vistiendo para complacerme a mí misma, desafiando lo que era considerado «mejor» para mi imagen, la imagen de una mujer honorable.

El que me hayan prohibido que me hiciera tatuajes, hizo que mis tatuajes fueran un acto de reclamo. Tuve este impulso de apropiarme de la piel que envolvía mis huesos. Mi carne finalmente era mía. Uno de mis primeros tatuajes fue la palabra LOCA, porque esa palabra había sido usada en mi contra muchas veces. Con esa palabra, yo había sido rechazada durante años por mi papi, por otros hombres, incluso por mujeres. Así que me apropié de la palabra que mi mami había usado en mi contra cuando dejé a mi exesposo. Me apropié de las palabras que habían sido usadas para detenerme y mantenerme en la línea del buen comportamiento. Me grabé esas palabras en la piel y me dije a mí misma que si ser libre y feliz significaba que estaba loca, pues así sería. Apropiarte de tu cuerpo es un acto radical, especialmente para gente de raza negra, indígena y mujeres de color, cuyos cuerpos son sitios cruciales de opresión.

Aprendí mucho en ese tiempo que me llevó al evento ritual del 2014. Aprendí que la gente habla de estar dispuesta a destrozar el patriarcado hasta que llega el tiempo de vivir esos ideales. Aprendí que encontrar personas aliadas es más difícil de lo que había imaginado. Aprendí que de ninguna manera iba a regresar a ser la chica que se casó solo para escapar de un hogar controlador. Aprendí a vivir por mí misma, no para el resto del mundo. No fue un destino solitario como había temido que fuera y me sentía más feliz con los resultados. Pero lo más importante es que finalmente entendí profundamente que un marido nunca fue un premio. Yo lo soy.

Actuar como una «buena mujer» era una lucha diaria, desafiar las expectativas masculinas también requiere de una práctica diaria. En mi caso, primero tuve que reconocer cómo me habían traumatizado las expectativas masculinas y me habían dejado incapaz de definir cómo ver la feminidad sin la aprobación masculina. Tuve que distanciarme de hombres dañinos: hombres que se apoderaban de los espacios, que querían ser el centro de atención, hombres que se sentían envalentonados para hablar acerca de mi cuerpo sin mi consentimiento. Hay muchos de estos hombres. No puedo pretender que soy libre de mi trauma de género. En su lugar, abrazo las habilidades que el trauma me ha enseñado acerca de la autopreservación. Luego dejo fuera las demandas de la mirada masculina y escucho a mi cuerpo.

Yo no me posiciono como agradable a la vista de los lectores masculinos. No tomaré a mis lectores masculinos de la mano. Espero que comprendan su complicidad en la masculinidad tóxica y luego espero que hagan su propio trabajo para desmantelar la supremacía masculina. Si la sociedad les enseña a los hombres que son naturalmente superiores, y nuestro sistema refuerza esa creencia, está en los hombres despojarse de un sistema que los beneficia.

Incluso el trabajo que hago, lo hago a pesar de los hombres. Escribo específicamente para mujeres, para resistir la idea adoctrinadora de que la audiencia universal se debe centrar en los hombres. Deliberadamente me protejo de la mirada masculina. Las mujeres y mis amigas me mantienen en contacto con partes de mí misma que me enseñaron que no tenían valor. A través de estas amistades, he aprendido una nueva habilidad: huir. Me enseñaron a quedarme y ganarme la aprobación masculina, y ahora sé cuál es el resultado, y huyo descaradamente.

Vengo de mujeres que se quedaron en matrimonios patriarcales a través del engaño, de la vergüenza pública y del abuso emocional, sobre todo, con compañeros de mierda que las trataban como inferiores desde el primer minuto de casados.

Vengo de mujeres que, al quedarse, enseñaron a sus hijos que eso estaba bien, y esos hijos luego se voltearon en contra de sus madres y las trataron como inferiores desde el mismo momento en que se sintieron «hombres».

Vengo de mujeres que lloraron, empacaron sus cosas, y escribieron cartas de despedida, pero se quedaron porque no tenían a dónde ir, porque era inseguro irse. Vengo de mujeres que me han despreciado en público por mi independencia, pero que sonrieron en secreto pensando: «Mi niña es valiente».

Vengo de mujeres que han permanecido en situaciones volátiles. Lo hicieron por sus hijos y por sus compañeros, pero nunca se quedaron porque así lo hubieran querido. Se quedaron porque tuvieron un sentido del deber hacia todos, menos hacía sí mismas.

Vengo de mujeres que han mantenido cuentas bancarias en secreto y han deshecho pastillas para dormir en la comida de la cena, solo por la fantasía de una libertad que nunca tendrán. Vengo de mujeres que, si pudieran regresar al día en que se casaron, no se casarían.

Vengo de mujeres que querían una carrera, pero, de alguna manera, en lugar de eso terminaron soportando a sus maridos.

Vengo de mujeres que se quedaron, porque se supone que es lo que debían hacer, porque el mundo es cruel y dijeron: «Todos los hombres son iguales».

Yo me escapo, necesito escapar, porque me enseñaron a quedarme y he visto a dónde nos ha llevado eso. Así que vuelo rápido porque lo necesito y porque quedarme significaría que, inevitablemente, les heredaría esta tradición a mis hijas futuras.

Corro rápido. Me tomo vacaciones, reservo viajes de un día para otro a lugares exóticos. Paso el día entero en la playa, tomando champaña sola o me encierro en el cuarto, bloqueo su número y enciendo velas.

Pero corro, corro por mi propio bien. Corro y llevo a las mujeres en mi corazón, aunque mi comportamiento las deje paralizadas. Corro por mí y por ellas y por todas las mujeres a las que les enseñaron a quedarse.

Tuve que desaprender a quedarme y aprendí a correr.

Sé que huir es un lujo. Lo sé, pero debo buscar este tipo de autopreservación, porque mientras huir puede ser doloroso, quedarse mata.

CAPÍTULO 9

LA FRAGILIDAD BLANCA

Los blancos, como grupo, parecen incapaces de entender el significado de la raza. Últimamente no comprenden bien el mundo que han creado. Sorprendidos por las líneas de sus propias manos.

—Cheryl E. Matias

Tengo muchos sentimientos al escribir acerca de este tópico debido a mis propias experiencias con gente blanca que vive con miedo de ser expuestos como racistas. Hay una diferencia entre racismo y fragilidad blanca, porque la fragilidad blanca previene a la gente blanca, incluso de tener conversaciones acerca de su propio racismo. La fragilidad blanca funciona para cambiar la culpa del racismo de la gente blanca hacia la gente de raza negra, indígena y de color. La fragilidad blanca amortigua a la gente en su creencia de que siempre son buenas, y consideran que cualquiera que rete esa creencia es mala.

Durante el penúltimo año de mi escuela de posgrado, fui con mis colegas a un viaje por la frontera de México y Arizona. El programa hace ese viaje cada año y yo lo había evitado el primer año por mi aversión al espíritu salvador blanco y al volunturismo. Como sea, cuando apareció la siguiente oportunidad, varios profesores y miembros del personal me aseguraron que era un viaje que se llevaba a cabo con mucha reflexión. Confié cuando me dijeron que habían tomado serias medidas para asegurarse de que el viaje fuera conducido éticamente. Después de haber tomado el viaje y haberme dado cuenta de qué era lo que realmente significaban esas medidas, quedé desilusionada con la idea de que esta clase de viajes alguna vez pudieran ser éticos.

Nos prohibieron tomar fotos de las personas, de «el color local». Y los conferencistas, los hospedadores y los líderes de las organizaciones con los que nos encontramos, eran activistas y organizadores locales, quienes me hicieron creer que eran compensados por su tiempo. Había abundancia de buenas intenciones.

Los académicos han perfeccionado el arte de decir suficientes palabras grandes para justificar cosas bastante atroces. Pero yo todavía estaba convencida de que esta vez los académicos sabían hacerlo mejor. Me convencieron de hacer el viaje. Yo estaba equivocada en esa evaluación, y ese viaje probaría que todos mis miedos y dudas eran completamente válidos.

En un punto, nos pidieron que jugáramos con dinero de mentiras e intentáramos comprar golosinas con el equivalente a lo que una persona en México recibe como salario semanal en una maquiladora. Como si los Estados Unidos tuviera un salario mínimo vital para empezar. Como si la clase en Estados Unidos fuera neutral en cuanto a raza. Estos momentos de «aprendizaje» resultaron más performativos de lo que había anticipado.

Y muchas de estas prácticas de inmersión todavía eran realidades familiares para mí. Eran cosas con las que todavía estaba lidiando como adulta, y sentí que estos ejercicios estaban jugando con partes vulnerables de mi experiencia como inmigrante latina. Era un ejercicio de empatía y de tender puentes hacia los inmigrantes, que no tomaban en consideración el retorno al trauma de los estudiantes inmigrantes que eran parte del viaje.

Claramente, incluso un viaje que se suponía tenía como intención ayudar a los inmigrantes, estaba diseñado solo para beneficio de la gente blanca.

Otra cosa que nos pidieron hacer fue cruzar la frontera de Estados Unidos a pie con nuestro pasaporte. Yo era la única que no era ciudadana, y debido a eso todo el grupo fue detenido durante un buen tiempo mientras verificaban mi identidad y cualquier cantidad de cosas. Una vez más, estos momentos de otredad fueron inconvenientes para los estudiantes blancos, pero eran realidades duras para mi vida y para la vida de los inmigrantes.

Esta fue una experiencia curada para mostrarle a los estudiantes blancos del programa la situación de les inmigrantes latines e indígenas de Latinoamérica. Nuestro itinerario tenía todo lo que podías imaginar, como caminar por las maquiladoras, cruzar la frontera a pie por el desierto, ir a un centro de detención de ICE e incluso pláticas con activistas y artistas locales indocumentados.

Por supuesto que la clase era dirigida por una mujer, una administradora de raza negra de nuestro programa, la decana Amy Steele. Digo «por supuesto», porque los hombres blancos (que son la mayoría en el mundo académico) se enfocan en cuestiones puramente académicas y son los que están enseñando las clases dominantes requeridas y no estas de carácter étnico y opcional. También debo hacer notar que, de las casi veinte personas de nuestro grupo, yo era la única inmigrante.

Para mí, como migrante, hubo muchos momentos incómodos a lo largo de esta experiencia inmersiva, y no puedo ni empezar a pensar en cómo un inmigrante indocumentado se hubiera sentido en estos escenarios. Como la total falta de conocimiento sobre el proceso de migración por parte de mis supuestas amistades y personas que se decían aliadas. Y la falta de conocimiento conversacional acerca de cómo funcionan las visas. La falta de deseo de informarse acerca de estas partes básicas de la vida inmigrante antes del viaje era desconcertante.

Pero también hubo momentos significativos, aunque extraños.

Por ejemplo, hubo una parada durante el viaje que hizo que todo fuera al menos manejable (si no valioso) para mí: cuando fuimos a ver el lugar en donde un niño llamado José Antonio Elena Rodríguez fue asesinado por un agente de la policía de la frontera.

En 2012, un niño de quince años llamado José Antonio Elena Rodríguez fue asesinado por un agente de seguridad de la frontera, porque estaba tirando piedras desde su lado de la frontera en Nogales, México. El agente de seguridad de la frontera, llamado Lonnie Swartz, le disparó al chico con el arma que le había dado el gobierno estadounidense. Swartz disparó doce veces, y diez balas impactaron en la espalda del niño. Swartz fue absuelto posteriormente.

En el grupo que viajó a Arizona y México, había un número considerable de estudiantes de raza negra y una latina. Y escuchar esta historia, ver los agujeros de las balas en el lado del edificio, todo golpeó a los estudiantes de raza negra y de color de manera un poco diferente a los estudiantes blancos. Fue en el 2014, cuando el movimiento Black Lives Matter estaba ganando terreno, y el diálogo alrededor de la brutalidad policial estaba empezando a entrar a nuestra burbuja académica.

Y luego de que celebramos una vigilia y nos quedamos en silencio en ese lugar, un estudiante de raza negra se acercó a mí y me dijo: «Tomemos una foto de solidaridad para nosotres».

Yo estaba feliz de tener ese momento de reconocimiento profundo de nuestro dolor compartido por los asesinatos aprobados por el estado en nuestras comunidades. Así que nos fuimos a llamar a los estudiantes de raza negra y a la otra latina y nos alejamos un poco del grupo para tomarnos una foto con los puños levantados. Estos fueron los mismos estudiantes que se levantaron en contra de las injusticias del programa, los mismos estudiantes que marcharon en los mítines de BLM, los mismos estudiantes que sabían cómo manifestarse por nuestras comunidades en casa. Y habernos mantenido juntos durante este viaje fue conmovedor por esas razones.

Estábamos haciendo una declaración ante la supremacía blanca: no nos destruirán. No ganarán. Estábamos abrazando nuestro dolor y encontrando una manera de existir, a pesar de la blancura sofocante. Estos momentos extraños, ablandaron el nudo que cargué en el estómago durante todo el viaje obscenamente traumático.

No está de más decir que incluso un solo momento de solidaridad no pudo ser protegido de la imposición de la mirada blanca. Justo antes de que la foto fuera tomada, una estudiante blanca se metió en el grupo. Los estudiantes de raza negra y los de color se miraron unos a otros confundidos. Incluso en ese momento teníamos que ver cómo manejar y acomodar la imposición de una persona blanca. Algunos solo nos encogimos de hombros.

Yo no pensaba gastar energía lidiando con una acción alegremente ignorante de una estudiante blanca. Parecía no haberse dado cuenta de que ningún estudiante blanco estaba con nosotros, un detalle en el que todos los demás repararon. Y parecía no darse cuenta de que no se trataba de una típica fotografía turística grupal. Así que hice lo mejor que podía hacer para mantener la integridad de todo lo que estábamos sintiendo. La corté de la foto. Tenía que respetar el esfuerzo que habían hecho los estudiantes de raza negra y de color para evitar la confrontación con una persona blanca «bien intencionada». Toda intervención iba a terminar pobremente. Ahora me doy cuenta de que la fragilidad blanca no es solamente que los sentimientos de la gente blanca deban ser constantemente considerados (cuando los nuestros nunca lo son). Para evitar la crisis de victimización de una persona blanca, la única solución es acomodar su derecho a estar siempre en el centro.

Por supuesto, como la fragilidad blanca permea la experiencia blanca, la estudiante se dio cuenta de lo que sucedió y se enojó. Se vio excluida y pidió hablar conmigo, como si no hubiera sido ella la que creó la incómoda situación. Se trataba de un momento que no era para ella y ¿cómo podía existir algo en lo que ella no fuera el centro?

Pacientemente le expliqué la situación, y con muchas palabras terminó diciendo que yo estaba siendo homofóbica —esta estudiante blanca también era cuir—. Y como era cuir sentía que su blancura era invisible o debía serlo. Se apoyó en su estado cuir y no en su blancura. No continué la conversación con ella, porque hablar con la gente blanca acerca del derecho y de cuánto espacio ellos abarcan es difícil, pero hablarlo con una persona blanca y cuir es más difícil aún. Ella pensaba que su blancura quedaba cancelada por el hecho de ser cuir. De alguna manera, ella no podía ser una opresora, porque la comunidad cuir es oprimida.

Ese día, solo moví la cabeza y seguí mi camino, porque sin importar lo que pasara después, yo sabía que ella no iba a ser capaz de ver más allá de su sentimiento de haber sido excluida. Lo que ella había hecho era invasivo, pero eso no le importó. Luego buscó solidaridad con los otros estudiantes blancos por su dolor blanco.

Cuando hablo de fragilidad blanca, hablo acerca de esos momentos en los que encuentras a una persona blanca que es incapaz de tener una perspectiva acerca de su blancura. Ellos deciden no ver cómo su blancura ha dañado y ha matado a muchos de nosotros. La fragilidad blanca requiere que tengan cierto nivel de ignorancia deliberada acerca de la supremacía blanca y su participación en ella. La fragilidad blanca significa que de alguna manera tú, gente de raza negra, indígena y gente de color, te has convertido en la agresora, en la insensible, sin importar la situación y el historial de racismo del país. Si son blancos, deben tener la razón y a nadie le importa el lugar que la gente de raza negra, indígena y de color pueda tener en esta ecuación.

La fragilidad blanca me ha robado momentos. ¿Cómo me he atrevido a salirme de los márgenes para respetar mi propia humanidad? La fragilidad blanca requiere que estemos fuera de su vista. La blancura siempre se centra en sí misma.

Dentro de la academia, la fragilidad blanca está presente en cada comentario, en cada discusión de grupo, en cada hora social. Esa es precisamente la razón por la cual el estudiantado de color hace su propio grupo y crea espacios en donde podamos estar seguros y no tener que andar con cuidado por los terrenos de la blancura. Y de alguna manera, esos espacios que creamos se vuelven sagrados.

Recuerdo la primera vez que me tocó lidiar con la fragilidad blanca sin la seguridad que me daba mi grupo radical de gente de raza negra, indígena y mujeres de color. Todas estas mujeres tenían una reserva de habilidades de autopreservación para manejar esos momentos de disonancia que se dan en compañía mixta. Pero yo estaba en otra vía, lejos de su presencia protectora.

En 2016, estaba saliendo con un hombre blanco que entendió mis políticas y mis maneras de moverme por el mundo. Románticamente, estábamos avanzando rápido y estábamos gozando el hecho de conocernos mutuamente. Cada año, su familia viaja a Fort Myers, Florida, para pasar una semana en la playa y relajarse. Él me invitó a este viaje de vacaciones familiares demasiado pronto en nuestra relación. Pero intenté adentrarme en ese ambiente de la manera más abierta y amigable posible. Para esa época, yo ya estaba acostumbrada a estar en espacios donde nadie más se mira como yo, se viste como yo, habla como yo, se ríe como yo, piensa como yo, sueña como yo, así que todo parecía la nueva normalidad que había aceptado al estar en una institución predominantemente blanca.

Nos enviaron al mismo espacio que ocupaba su hermano mayor y su familia, que incluía a su esposa y su bebé de un año. Todo parecía estar bien, incluso en una de las partes más blancas de Florida. Yo solo intentaba enfocarme en lo que significaba conocer a la familia de mi novio.

Durante el viaje, me informaron acerca de una tradición familiar en el que cada pareja se turnaba para cocinar para todo el grupo, y cada pareja escogía una noche para ser organizadores. Yo me ofrecí como voluntaria para hacer aperitivos y mostrar así mi gratitud por haber sido invitada al viaje. Yo estaba demostrando toda la buena voluntad que raramente llevo a los espacios blancos, pero había asumido de manera errónea que mi novio blanco, ahora mi esposo, es quien es por la manera en que fue criado y no a pesar de ello.

Mientras preparaba una receta que había encontrado en Pinterest, el hermano de mi novio entró a la cocina y me dijo que ya no veía la hora de probar mi comida, porque «a todas las mujeres mexicanas les encanta cocinar». Yo estaba sorprendida e inmediatamente le dije que no era mexicana y que no estaba haciendo un plato mexicano. Se encogió de hombros, porque para él era normal decir cosas raciales insensibles a una persona como yo, porque no «era lo que había querido decir», o porque le habían dicho que el racismo solo es racista si tienes puesta una capucha del Ku Klux Klan. Luego me enteraría de que uno de sus mejores amigos es mexicano y que él de cariño le dice «coco», porque es blanco por dentro y marrón por fuera. A través de este amigo, él se había ganado el derecho de ser racista y pensó que ese permiso era válido en todos lados.

Pero, en ese momento, yo no conocía todas las capas de su racismo, así que tomé la decisión de también encogerme de hombros y tomar ese intercambio como un desliz.

Unos días después de esa semana, todos los familiares se congregaron en un solo espacio para beber y platicar. Mientras eso sucedía, yo me mantenía callada, solo escuchando. Tengo este instinto de supervivencia que consiste en hacerme pequeña cuando no me siento segura. En este punto, y para evitar cualquier confrontación o comentarios como los que había recibido del hermano, había decidido mantenerme discreta. También me conocía a mí misma y sabía que si era presionada iba a reaccionar, y ellos no lo iban a saber manejar. La fragilidad blanca significa andar de puntillas alrededor de la gente blanca, tener que autocontrolarse. Así que mi silencio era, realmente, para protegerlos a ellos, porque las consecuencias del racismo son desconocidas para la gente blanca que piensa que no es racista.

Luego, una de las familiares estaba hablando con su novio por FaceTime y levantó el teléfono para mostrarle el cuarto. Entonces se rio fuerte. Resulta que cuando su novio me vio, le pidió que averiguara si yo sabía de alguna buena compañía de cortadores de césped en Chicago. Sí, lo leyeron bien. Nunca había vivido en Chicago, nunca había vivido en una casa con césped que necesitara recorte. Aparentemente, como latine, se supone que debía conocer compañías de cortadores de césped alrededor del país. Yo era la persona no blanca del cuarto y su versión de chiste.

Cuando él dijo eso, mi novio quedó congelado. Me di cuenta de que no iba a protegerme frente a su familia en ese momento, y supe que la próxima vez iba a tener que defenderme por mi cuenta, porque si iba a continuar en esa relación, debía asegurarme de que supieran que no era alguien con quien pudieran meterse. Yo no iba a convertirme en una broma solo porque el racismo les parecía gracioso.

Esperé el siguiente comentario. El punto con tolerar el racismo es que cuando me colmo, cualquier pequeña infracción llevará todas las otras en las que resentí mi silencio y complicidad.

No recuerdo bien qué fue lo que dijo su hermano esa vez, pero era racista, era vil y le dije, en el tono más calmado que pude reunir, que si su empleador se enterara de que era racista, había una buena posibilidad de que perdiera su trabajo. Le dije que yo no tenía problema de convertirme en la persona que llevara la cuenta de su comportamiento antagónico y le informara a su empleador. Luego me levanté del sillón y salí del cuarto.

No lloré, no tartamudeé cuando le hablé ni maldije. Solamente defendí mi humanidad ante gente que parecía incapaz de ver humanidad en mí. Lo hice aun sabiendo la futilidad de hacerlo.

Lo que pasó durante los siguientes días fue el florecimiento de la fragilidad blanca. Cuando a la gente blanca le dicen racista, porque está siendo racista, siempre encuentran la manera de cambiar la culpa de lugar. Esta es la cima de la fragilidad blanca, ser tan frágiles que olvidan el daño que han causado y se centran en sus propios sentimientos heridos. No ponen atención en reconocer mi dolor o en sanar la relación. La fragilidad blanca significa que, de alguna manera, tú, la persona negra, indígena y de color, eres la agresora y la insensible.

Al día siguiente la esposa del hermano me dijo con la cara muy seria que yo estaba mal por no saber aceptar una broma. Para ella, todo el intercambio se resumía en que yo no era divertida. Hoy en día, el familiar que mencionó las compañías de corte de césped sigue pensando que soy una perra; dijo que yo había llevado las cosas demasiado lejos. Encontró otro montón de maneras de controlar mi comportamiento, de centrarse en cómo hablaba y su insatisfacción con mi tono, y no en lo que causó mi reacción. Porque para ellos su humanidad triunfa sobre la mía, siempre. Entre este familiar y yo ni siquiera intercambiamos miradas hoy en día, porque no toleraré su comportamiento. De hecho, ha insistido en que yo soy la agresora en mi silencio y le ha llorado a mi ahora esposo respecto a su victimización. Ha usado sus lágrimas para cimentar mis intenciones viles, pero yo no me he tragado esa carnada. De alguna manera, la fragilidad blanca consiste en que las personas de raza negra, indígenas y de color consuelen a sus opresores.

El hermano se disculpó profusamente, y logramos tener una conversación en la que me sentí escuchada y respetada. Pero esas relaciones quedaron con un inicio horrible, y yo no he puesto mayor esfuerzo en repararlas, porque no fue mi culpa. Y hasta que ellos acepten que son racistas, no me pondré otra vez en una posición vulnerable. Más allá de eso, ser una persona que no es blanca significa que tengo la tarea de hacer que la gente blanca vea mi humanidad, y ese trabajo es emocionalmente agotador. Es emocionalmente agotador mantener mis sentimientos controlados mientras la gente blanca reacciona sin pensar antes de hablar. Esperan que levantemos los pedazos de nuestra humanidad del suelo sin dejar de sonreír y agachándonos con gracia, pero siendo unas «grandes personas». Cuando en realidad quiero gritar, llorar y pelear, porque a eso es a lo que me incitan sus palabras.

Las mujeres de color en América han crecido con una sinfonía de angustia por ser silenciadas, por no ser las escogidas, por saber que si sobrevivimos es a pesar de todo un mundo allá afuera que da por sentada nuestra falta de humanidad, que odia nuestra existencia más allá de su servicio. Y digo «sinfonía» en lugar de «cacofonía», porque hemos tenido que aprender a orquestar esas furias para que no nos destrocen.

—Audre Lorde

Así que decidí no ponerme trabajo con esta gente, porque no iba a haber manera alguna de que fuera a ser la «persona madura» para la gente blanca, privilegiada y bien estudiada. Pero esta gente blanca no podía comprender que lo que ellos decían o hacían podía ser racista y, como se rehusaban a ver el daño, no habían hecho nada para repararlo.

Luego de estas vacaciones, mi entonces novio y yo tuvimos una serie de conversaciones muy intensas en las que cuestioné su habilidad para salir con alguien que no fuera de su raza, y yo cuestioné mi propia habilidad de salir con un blanco, considerando las circunstancias en las que nos encontrábamos. Teníamos que idear planes para saber cómo reaccionar la próxima vez y ha habido muchas recurrencias para poner en práctica esas habilidades. Tuvimos que acordar el rol que yo juego en esas situaciones y cuál es el suyo, porque no hacer nada y dejarme a mí peleando sola con los perros, no es mi versión de una relación de mutuo beneficio. Y hemos avanzado un largo camino, pero eso no significa que la fragilidad blanca no nos impacte de manera regular. Hemos regresado a esas vacaciones en la playa todos los años, desde entonces, y cada una de las veces es estresante para ambos. En 2020, ambos decidimos no ir, a menos que su familia tomara medidas serias para enmendar la relación. Fue una decisión previa a la pandemia de la COVID-19. Y aunque el impacto de nuestra ausencia no se siente durante los tiempos de distanciamiento social, pensamos mantener esa postura una y otra vez en los años venideros.

Si ninguna de estas historias te resulta clara o familiar, déjame hablarte de la fragilidad blanca empezando por la demócrata progresista Amy Cooper. Ella se convirtió de repente en un nombre familiar por todas las razones equivocadas. Yo escuché acerca de Amy Cooper casi desde el primer momento en que el video de Central Park se hizo viral. Yo me mantengo en línea de manera consistente, monitoreando este tipo de situaciones para mi trabajo en Latina Rebels. De hecho, no vi todo el video hasta mucho más tarde ese día, pero por las capturas de pantalla y los comentarios que surgieron temprano, supe exactamente lo que estaba sucediendo.

Le estaban diciendo de manera cordial a una mujer blanca que lo que estaba haciendo no estaba bien. Ella tenía a su perro sin correa en un área de Central Park en la que los dueños de perros están obligados a mantenerlos con correa. Nada malo había en decirle que tenía que seguir esa regla básica.

Pero resulta que quien le pidió a Amy Cooper que le pusiera la correa a su perro era un hombre negro llamado Christian Cooper. Para ella, su raza era un agravante; la gente blanca se ve a sí misma moralmente superiores a la gente de raza negra, indígena y de color, y ahora tenía frente a ella a una persona que no sabía dónde estaba su lugar. La gente blanca siempre va a rechazar la etiqueta de racista, porque llamarlos racistas significa decir que son malas personas y ninguna persona blanca cree ser una mala persona. Siempre les han enseñado que ser blanco es ser bueno, y lo oscuro es una desviación. Ella era inocente por virtud de su blancura, y él, de alguna manera, era un criminal, por su color.

Amy Cooper respondió a esta petición tratando de incriminar a Christian Cooper. En el video, Amy Cooper llama a la policía y miente; les dice que un hombre de raza negra la está amenazando. Ella sabía que la policía le iba a creer y la iba a proteger. Tenía la esperanza de que la policía lo asustara y lo arrestara. De manera intencional o no, Amy Cooper creía eso. Por ser blanca, y por ser mujer, pudo utilizar su blancura y su género para poner en peligro la vida de un hombre de raza negra.

En este video, Amy Cooper primero le advierte a Christian Cooper que le va a poner las manos encima, en muchas palabras. Dice que va a llamar a la policía y luego vemos que llama. Le dice a alguien en el teléfono que necesita ayuda porque «un hombre afroamericano [la] está grabando y [la] está amenazando a ella y a su perro». En el video la vemos gritando agitada durante la llamada, y lo que parecen lágrimas y una voz temblorosa es solo la respuesta a su amenaza imaginada.

La gente de raza negra, indígena y de color ha sido condicionada a esperar hostilidad cuando confronta a la gente blanca. Y Christian Cooper sacó su teléfono y empezó a grabar su intercambio para protegerse a sí mismo. Una interacción normal hubiera resultado en una persona diciéndole a otra que está haciendo algo malo, y esa persona hubiera ajustado su comportamiento. Pero no estamos hablando de una interacción normal cuando vivimos en una sociedad supremacista blanca. En este tipo de sociedades, la gente blanca no está acostumbrada a que le hable de manera prescriptiva una persona de raza negra. La gente blanca va a reaccionar de manera violenta para argumentar que no son malas personas, mientras de manera simultánea utilizan términos racistas para «ganar».

Esta actitud de estar a la defensiva está enraizada en la creencia falsa, pero de todos conocida, de que la discriminación racial solo puede ser intencional.

—Robin DiAngelo

Como mujer, tengo una respuesta para las mujeres angustiadas. Pero, como mujer de color, sé que esta mujer no estaba en peligro. Cuando te has instituido como la proveedora de bondad y benevolencia, que te digan que no estás siéndolo se siente como un ataque. En una sociedad que consiente la fragilidad, el resultado es Amy Cooper.

Este acto de documentación es un fenómeno relativamente nuevo para probar las cosas que la gente de raza negra, indígena y de color lleva diciendo durante mucho tiempo: la gente blanca será racista para mantener su *statu quo* racial y luego negar su racismo inmediatamente para mantener su superioridad moral. Esa es la fragilidad blanca. Si esa historia hubiera sido contada por Christian Cooper, sin la evidencia del video, la gente blanca no la hubiera creído. La gente blanca hubiera cuestionado qué otra cosa había hecho él y hubiera probado y creído la anécdota pensando que algo no había sido dicho, porque, para ellos, la historia carece de sentido. Nadie hubiera creído que esta mujer blanca había mentido. Porque la gente blanca es buena y todos los demás son malos. Sin esta evidencia grabada, Christian Cooper incluso hubiera empezado a dudar de lo que experimentó.

Como alguien a quien su lado de la historia no ha sido creíble de manera rutinaria por la gente blanca, sé que muchos de nosotros empezamos a dudar de lo que experimentamos. Dudas de tus sentimientos y tus recuerdos, y empiezas a pensar que exageraste la escala de la situación. Lo he hecho muchas veces, y he pensado que estaba loca. Incluso he sido llamada loca cuando he vuelto a contar historias acerca de mis interacciones más intensas con la gente blanca. Incluso otras personas de raza negra, indígena y de color me han dicho que miento acerca de mis interacciones con la gente blanca. La gente blanca está tan convencida de su bondad, que nosotros también empezamos a creerlo. Nosotros regulamos la manera en que otra gente de raza negra, indígena y de color reacciona ante la hostilidad de la gente blanca, y asumimos la culpa de situaciones que no creamos.

Cuando esta prueba se hizo pública, el martes 26 de mayo de 2020, la demócrata liberal Amy Cooper lanzó una disculpa pública, después de que atravesara un proceso administrativo en su lugar de trabajo, la compañía de inversiones Franklin Templeton. El centro de rescate Abandoned Angels Cocker Spaniel Rescue, Inc, también le había quitado a su perro, que eventualmente le fue devuelto. Pero todo el internet estaba enojado con su comportamiento. El mensaje de disculpas tenía la audacia de decir: «No soy racista, nunca tuve la intención de hacerle daño a este hombre de ninguna manera».

Las mujeres blancas tienen el permiso de cuestionar la humanidad de otras personas y también se les permite ser percibidas como bien intencionadas. Las lágrimas de las mujeres blancas detienen las conversaciones acerca de la raza, clase y género, porque los sentimientos de las mujeres blancas son considerados sagrados. Las mujeres blancas se vuelven intocables en una sociedad supremacista blanca. Pueden ser racistas frente a las cámaras y luego negar su participación en sus acciones racistas, y la gente les creerá. Nosotros sabemos y la historia lo sabe, que las mujeres son solo cómplices, como los hombres blancos, cuando se trata de opresión y muerte de la gente de raza negra, indígena y gente de color.

Los blancos progresistas pueden ser más difíciles para la gente de color, porque al grado que creemos que hemos llegado, pondremos nuestra energía en asegurarnos que otros vean que hemos llegado. Nada de nuestra energía se dirigirá a lo que

necesitamos hacer el resto de nuestra vida: comprometernos en
mantener la autoconciencia, la educación, el mantenimiento de
las relaciones y la práctica antirracista.

—Robin DiAngelo

Todos hemos tenido contacto con una demócrata liberal Amy Cooper. Recuerdo que la mía se llamaba Sam. Sam creció en Florida, como yo. Pero crecimos en áreas diferentes. Yo crecí en la Florida amigable de caribeños y migrantes, y ella creció en la Florida que apoya a Trump. Esa es una clara diferencia para mí cuando hablamos de Florida.

En la escuela de posgrado, yo estaba leyendo, escribiendo y explorando la subcultura chola con la ayuda de materiales chicanes y de la cultura mexicanoamericana. Estaba fascinada con las similitudes que las cholas tenían con esas latinas del sur de Florida llamadas chongas. Yo me había identificado como chonga cuando era adolescente, pero había sido avergonzada por llevar esa identidad.

Aun así, me fascinaba. Escribí sobre las chongas a menudo, y yo me reflejaba en esta subcultura, porque finalmente estaba aprendiendo a darle sentido a mis experiencias de crecimiento. Específicamente en la preparatoria, yo me había distanciado de las chongas, porque necesitaba asimilarme con la blancura, y porque la gente decía que eran de mal gusto y eran feas. Las chongas solo estaban siendo orgullosas y estaban acentuando su identidad y su estética, pero, aun así, la mirada blanca las consideraba amenazantes.

En la escuela de posgrado, finalmente estaba aprendiendo el lenguaje alrededor de esta subcultura, estudiando la subcultura chola. Finalmente estaba abrazando mi identidad y empecé a publicar acerca de eso en Facebook, cuando esta mujer blanca del programa me envió un mensaje privado.

Las dos estábamos en el mismo programa progresista de posgrado con dos años de diferencia. Habíamos sido amigables entre nosotras, lo cual fue mi primer error. He aprendido que la gente liberal blanca, será blanca antes de ser liberal, y se apoyarán en su blancura cuando les convenga, y se apoyarán en sus ideas liberales con la misma estrategia.

En su mensaje, me dijo que no le gustaba que yo hablara de la subcultura chola, porque las cholas se habían burlado de ella y les tenía miedo. También dijo que había que notar su «afiliación a las pandillas» y que yo tenía la responsabilidad de no alentar a un grupo de personas tan violentas.

Me sentí derribada. Como mucha gente de raza negra, indígena y de color he aprendido a retirarme, porque la razón no es amiga de la fragilidad blanca. Le dije que estaba siendo racista y luego la bloqueé inmediatamente de todas mis redes sociales. Y cuando escuché cuál había sido la versión de la historia que le había contado a todo el mundo, por supuesto que la agresora era yo y ella era la víctima, aparte del hecho de que yo estaba en mis asuntos y fue ella la que se metió en mis mensajes privados.

Entender la fragilidad blanca significa autopreservación. Yo no me siento cómoda en espacios predominantemente blancos, porque la gente blanca me ha enseñado que mi presencia solo puede ser disfrutada mientras no objete la manera que escogen para interactuar conmigo. Yo no me siento cómoda en espacios predominantemente blancos, porque las mujeres blancas me han enseñado que debo estar agradecida por su amistad, esa que disfrutan hasta el punto en que puedan dictar cómo se siente y se ve. Yo no me siento cómoda en espacios predominantemente blancos, porque la gente blanca puede ser racista y la única respuesta aceptable es reír y esconder mi humillación. Yo no me siento cómoda en espacios predominantemente blancos, porque debo cuidar lo que digo y cómo lo digo, porque de lo contrario asumen que pueden decir cosas como: «Una vez fui a tu país con un grupo de mi iglesia, y la gente es muy bella y humilde».

En estas interacciones se vuelve obligatorio que yo sea receptiva y positiva, nunca responder con enojo, hacer retroceder o sentirme herida. La gente blanca demanda docilidad de parte nuestra, y cuando esa demanda no es cumplida, somos tratados como parias sociales en el mejor o en el peor de los casos —bueno, solo hay que ver quiénes pueblan las cárceles o los últimos *hashtags* que se vuelven tendencia.

Criminalizar a la negritud significa que la gente de color tiene la terrible opción de alinearse a la gente blanca o sufrir de los mismos efectos. Y alinearnos a la blancura nunca nos ha librado de nada. La adyacencia blanca solo da pie a la supremacía blanca. Ser uno «de los buenos» solo te convierte en una herramienta que la gente blanca usa para atacar a «los malos». Si no te has dado cuenta de eso, no estás poniendo atención.

Pero, aun así, muchacha de piel canela, cualquiera que hayan sido las opciones que has respaldado, sé que estás tratando de sobrevivir como una persona de color en un país racista. Más importante aún, espero crear momentos de disonancia con la blancura y que la gente blanca se sienta menos sofocante. Espero que empieces a enmarcar de nuevo las interacciones con gente blanca frágil, como lo que son. Espero que te sientas libre de lavarte las manos ante su fragilidad y racismo, pero no está en ti —te sobrepasa— así que no dejes que estos momentos te quiten el viento de las alas.

No dejes que silencien o te insinúen que eres la agresora. De hecho, llénate de valor, saca tu teléfono y empieza a grabar, porque la mayoría de grabaciones son legales con o sin consentimiento en lugares públicos. Es la manera en la que perseveraremos.

Sígueles mostrando lo horribles que son, sigue exponiendo sus atrocidades y haz que sientan vergüenza de sus actos.

Yo grabo en audio la mayoría de mis interacciones con la gente blanca. La mayoría de los estados permiten el consentimiento de una de las partes, lo que significa que tú puedes ser la parte que consienta la grabación en audio. Busca las leyes de tu estado en relación con las grabaciones de audio en lugares públicos y privados. Guarda esos correos, saca captura de pantalla de esos mensajes de texto y descárgalos en tu computadora. Ellos no van a detenerse en su intento de cambiar la culpa de lugar, así que tendremos que crear interminables archivos de estos encuentros para saber de quiénes debemos mantenernos alejadas y con quiénes debemos crear comunidad.

Estos videos, grabaciones de audio, correos y mensajes de texto sirven como recordatorios de que nuestras experiencias con la fragilidad blanca son reales. No pueden manipularnos para creer que no hubo daño de por medio.

Pase lo que pase, reafirma lo que crees verdadero dentro de ti misma. Luego empodérate para preservarte. Pon reglas con la gente blanca a la que escogiste confiarle. Crea lazos contigo misma y decide cuándo educarlos y si quieres hacerlo. No sucumbas a su culpa si necesitas sacar a alguien de tu vida por tu propia salud mental. No te minimices para su comodidad. Lucha con fuerza para encontrar dónde estás parada y céntrate. Haz lo que debas hacer para protegerte a ti misma.

Y encuentra a tu gente. Literalmente no puedes hacerlo sola. Así que encuentra a tu gente, lucha en contra del individualismo y avanza hacia hacer comunidad. Plantéate el reto de estar menos sola al decolonizar, lo que significa vivir en una sociedad supremacista blanca, siendo una persona de raza negra, indígena y de color.

CAPÍTULO 10

DECOLONIALIDAD

[La decolonialidad] es un camino, una opción, un punto de vista, un análisis, un proyecto, una práctica, una praxis.
—Walter D. Mignolo y Catherine E. Walsh

Como ya he dicho, soy la primera de la familia en hacer un montón de cosas, específicamente relacionadas con la educación. Yo anhelaba ser vista como cerebral y racional. Yo sabía lo que hacía que una mujer fuera valiosa en mi comunidad, y no eran precisamente sus habilidades o su inteligencia. De hecho, nunca escuché a mi papi decir que una mujer era inteligente. La primera vez que vi a una mujer predicar en la iglesia, yo estaba a mediados de mis veinte años, y los hombres no hicieron ningún comentario acerca de sus palabras, solo querían opinar acerca de su cuerpo, su ropa y su cabello. Recuerdo haberlos escuchado hablar acerca de su cabello ondulado indomable y que hacía que pareciera «loca». Lo que ella dijo no se discutió, porque no era valorado. Recuerdo a mi papi haber utilizado su misoginia para silenciarme a mí, a mi mami y a mi hermana. Y en el momento en que lo señalé, fui rechazada. Como resultado de eso, todo lo que yo quería hacer era correr lejos de todos esos valores que eran despreciados en las mujeres. Ya en la universidad, me uní a grupos de gente racional; traté de situar mi valor en relación con mi capacidad de pensar. Cuando me admitieron en una universidad privada de élite, me sentí validada. Y todos los elogios empezaron a irse hacia mi cabeza. Mientras me veía ascender al estatus de *intelectual*, sabía que en casa me percibían de manera diferente.

Yo sé que he buscado esta distancia de manera deliberada, pero cuando volví a casa y vi lo que había hecho, no tenía el sentimiento de logro y orgullo que pensé que iba a sentir. En lugar de eso, solo me sentí lejos de mi familia y amigos. Yo me había transformado, pero no lograba ver las ramificaciones de ese cambio. Eso que me habían dicho que me iba a hacer destacar, se convirtió en lo que erosionó los lazos de mi comunidad.

Empecé a sentirme mejor que las personas que hicieron posible que me permitiera hacer lo que hago. Y cuando estaba alrededor de intelectuales, a quienes me quería parecer, me sentía sola. Porque no era como ellos; ser un intelectual y ser de la clase trabajadora suena tan irónico como es.

La primera vez que leí acerca de la decolonialidad, mi mami y yo solo teníamos una relación superficial, basada en nuestro género y la opresión de los hombres en nuestra vida. Pero por otro lado, vivíamos en realidades totalmente diferentes. Como mencioné anteriormente, haber crecido en una tradición cristiana fundamentalista y patriarcal hizo que desarrollara habilidades inadaptadas para sobrevivir, que consistían en medir mi valor a través de conceptos coloniales, como la mirada masculina, políticas de respetabilidad y meritocracia. En la medida en la que construía esta imagen de inteligencia en la universidad, sabía que las mujeres no eran vistas como inteligentes, así que sentía la urgencia de minimizar mi feminidad y alinearme con los hombres a mi alrededor. No tenía muchas amigas y los hombres eran mis amantes.

Mis técnicas de supervivencia inadaptadas estaban relacionadas con mi búsqueda de aprobación masculina. Yo había entendido que como los hombres eran los respetados en la sociedad, ganármelos era una estrategia para superar a otras mujeres. Yo quería ser diferente a otras mujeres, y en mi búsqueda de la aprobación masculina, no construí una verdadera relación con la persona que me amaba más intensamente en la vida. Encontrar el camino de vuelta a mi mami fue una práctica decolonial sanadora.

Soy la revolución de mi mami, soy los sueños que ella soñó y las posibilidades que le dio a mi cuerpo color canela. Pero aprender a valorar ese tipo de amor tomó tiempo, y si soy honesta, debo decir que me llevó mucho tiempo llegar a donde estoy ahora.

Mi mami no es terca, no es ignorante ni alguien a quien deba enseñarle todo mi bagaje académico para reforzarla en lo absoluto. Mi mami es una fuente de conocimiento y sabiduría que no me enseñaron a respetar.

Tengo una mami que me ama, a pesar de todo lo que intentará adoctrinarme para que me convierta en una mujer virtuosa. Es un producto de su tiempo y de las limitaciones de su sociedad. Para ella, dónde he estado y hacia dónde voy es totalmente diferente a lo que ella imaginó para mí, y cuando era más joven, discutía mucho con ella y me resistía mucho a ella.

Yo sentía que me sofocaba, pero no porque fuera más agresiva que mi papi con su adoctrinamiento. Lo que pasaba era que la valoraba menos, y por eso sus enseñanzas se sentían como una carga.

He sido capaz de hacer cosas que nadie en mi familia soñó en hacer y pensaba que eso me hacía más especial que cualquier otra mujer. Yo pensaba que eso me hacía más especial que cualquier otra mujer inmigrante de color.

Y entonces, un día mi mami me dijo algo que nunca voy a olvidar. Ella me vio a los ojos y dijo: «Yo no soy estúpida». Como si ella supiera lo que yo estaba internalizando y supiera lo que pensaba de ella sin haber dicho una sola palabra. Ella tenía razón. Yo pensaba que era demasiado emocional, demasiado irracional, demasiado diferente. No era como yo. Yo había creado una imagen de mí misma que estaba tan lejos de ella como pude imaginar. Me había remodelado para alejarme de ella. Tengo una mami que sueña nuestros errores antes de que sucedan. Tengo una mami que tiene «presentimientos» acerca de cosas y nos advierte, al respecto. En mi niñez fue una vergüenza para mí que he crecido como una inmigrante tratando de asimilarse. Tengo una mami que ha mantenido viva una parte de su espiritualidad, una espiritualidad no convencional, caótica e impredecible, que va en contra de todo lo que está regido por el cristianismo eurocéntrico.

Cuando mi papi sospechó que era diabético, fue mi mami la que le sugirió primero que sacara su orina dentro de un bote y la dejara afuera. Si a la mañana siguiente el bote tenía hormigas, entonces se aseguraría de sus sospechas. Mi mami es requeteinteligente y no devalúa el conocimiento ancestral en la medida en que la modernidad nos ha enseñado a hacerlo.

Y por alguna razón no pude valorar su conocimiento durante mucho tiempo. Tengo una mami fuerte. Y todavía, de alguna manera, con mi conocimiento adquirido en los libros, se me olvida.

Cuando mi mami me leyó el pensamiento ese día y supo lo que estaba pensando sin que yo nunca dijera nada, mi mami me trajo de vuelta a la realidad. El velo de la superioridad se había levantado. Vi a esta mujer luchando por su hija, y por ver a su hija fuera de estas narrativas coloniales imposibles. Era como si supiera que yo no estaba hecha para ser incluida en los círculos intelectuales, y me retó para ver otros espacios que me habían desplazado, esta vez de ella. Vi a mi mami demandando respeto de alguien a quien ella respetaba —alguien a quien ella crio para ser respetada—, y me sentí avergonzada.

Mi mami está donde está actualmente porque es una sobre-viviente.

Mi mami recibió la educación a la que le dieron acceso. Ella tenía aspiraciones fuera de la maternidad; ella quería ser repor-tera o detective. Cuando surgen desastres —inundaciones, in-cendios—, cuando todo el mundo huye, mi mami camina hacia el peligro. Cuando éramos pequeños, mi mami nos subía a to-dos en su Kia Sorento y salía a cazar huracanes con sus tres ni-ños dentro del carro.

Tengo recuerdos vívidos del carro casi flotando, porque está-bamos manejando en un área inundada del pueblo. Todo había sido devastado por la lluvia unas horas atrás. Mi mami quería ver de cerca el daño. De pequeña, yo me quejaba de sus escapa-das, pero eran sus maneras de llenar esas partes de sí misma que no pudo llenar, porque no todos pueden asistir a una buena es-cuela. No todo el mundo puede ir a la universidad. Algunos te-nemos que jugar el juego de la vida sin tarjetas, y el objetivo es sobrevivir, no ganar. Un juego amañado, para empezar.

Mi mami no pudo convertirse en lo que había soñado ser cuando era pequeña, debido a la expectativa social y la falta de dinero. En vez de eso, decidió amar a la persona en la que se convirtió: mi mami.

Así que en el momento en que mi educación me enseñe a menospreciarla, no solo le fallo a ella, sino a mí misma. No solo eso, sino que mi educación ha fallado en enseñarme cómo tratar a la gente con compasión. La modernidad me ha institucionalizado a través de su limitada torre de marfil, y luego me ha lanzado de vuelta a mis comunidades sin herramientas para ayudar. La liberación no puede venir de instituciones que nosotros no hayamos construido.

Mi mami no está de acuerdo con la persona en la que me he convertido, de tantas maneras, que ni siquiera puedo mencionarlas.

Mi mami hubiera preferido que fuera una ama de casa, una madre de familia, y no que estuviera viajando y trabajando.

Mi mami me ha dicho que le asusta que yo no tenga hijos, porque quién me va a cuidar cuando sea viejita.

Pero a mi mami también le brillan los ojos cuando escucha que viajo alrededor de los Estados Unidos para hablar a estudiantes en las universidades. Mi mami le ha dicho a mi hermana, cuando mi papi la ha tratado mal: «Si Priscila estuviera aquí, ella me hubiera defendido».

Mi mami sabe que ningún hombre me va a tratar como la ha tratado a ella o como ha tratado a algunas de sus amigas. Mi mami está orgullosa de mí y me lo muestra muy a su manera.

Yo estoy orgullosa de ella, de su lucha continua. Aun cuando ella no gana discusiones, o se toman decisiones sin tomarla en cuenta, ella ha pataleado, gritado y nunca ha sucumbido a hacerse invisible, y yo he visto su resistencia. De ella he aprendido a resistir frente a las etiquetas, a resistir frente a la vergüenza y el control.

Mi mami me dirá cómo una pareja debería tratarme, poniendo de ejemplo su propio matrimonio. Desde que era pequeña, sé que los hombres no deben ponerte una mano encima, y que las parejas no deben tomar decisiones solos acerca de los asuntos de casa compartidos, y que un compañerismo verdadero requiere respeto mutuo. Sé todo esto, porque cuando le hacía daño la iglesia o mi papi, me decía: «Eso no es bueno». Ella confiaría en mí en momentos en que sentía que podían manchar mi percepción propia acerca de lo que es bueno y lo que no lo es. Ella se quedó, pero imaginó con sus palabras una nueva realidad para mí. Y llevó a cabo actos pequeños que me mostraron que, a veces, ser más lista que los sistemas puede ser gratificante. Fue mi mami la dueña de la casa en Managua antes de que migráramos. Cuando los de élite nicaragüense huyeron del país después de nuestra guerra civil, dejaron atrás casas vacías, y el presidente permitió que los ciudadanos reclamaran estas casas. Mi mami exploró hasta que encontró una casa que iba a ser para nosotros y la reclamó, el título de propiedad lleva su nombre. Ella fue una propietaria antes que cualquier otra mujer en su familia. Yo no tenía modelos de liberación en los cuales reflejarme, pero tenía palabras, afirmaciones y sus actos de valentía para guiarme.

Soy el producto de la migración de mis padres, de su sudor y lágrimas, y aunque mi mami no me entiende, ella cree en mí, porque ella cree en ella lo suficiente como para pelear. Y su lucha yo la llevo conmigo.

Ella ha redefinido lo que significa criar «buenos hijos», porque sus hijos desafiaron su definición original. Se ha adaptado a las reglas y las ha burlado, así como los adoctrinamientos. Abrazando todos mis defectos, mi mami ha desafiado una historia familiar de rechazar a quienes llevan la contraria. Al abrazarme hoy, mi mami se ha desafiado a sí misma y se ha reinventado. La mami con la que crecí es diferente a la que conozco hoy.

La que conozco hoy, me mira a los ojos cuando me habla, y es tan mía como yo soy suya. La mami que conozco, la respeto con cada onza de la sangre que me conforma. La decolonialidad me dio eso. Me dio una nueva apreciación de mi mami.

No soy mejor que mi mami, pero tengo oportunidades al alcance de mis manos que ella no pudo tener, y no tengo que olvidar que es a mi mami a quien debo agradecer por las posibilidades que he tenido. Porque, aunque mis dos padres me trajeron aquí, ella fue la que me crio y me protegió.

Cuando digo que soy la revolución de mi mami, digo que soy eso en lo que ella no se pudo convertir. Soy a causa de ella, y todo lo que hago, lo hago por ella. Ya no quiero la aprobación de la blancura, la aceptación de la mirada masculina, la aceptación de la iglesia, la aceptación de la colonialidad.

Rechazar el individualismo es parte de esa narrativa. Abrazar la posibilidad de renovar la existencia es como puedo prosperar a pesar de lo que nos hemos tenido que tragar a la fuerza, la sociedad y yo. Renovar la existencia me da perspectivas más amplias de la convivencia de nuestras humanidades.

> *[Renovar la existencia] es redefinir y resignificar la vida en condiciones de dignidad.*
>
> —Adolfo Albán Achinte

Para renovar la existencia, tenemos que volver a imaginar la vida fuera de la colonialidad. Tenemos que rechazar la necesidad de nuestros colonizadores de nombrarnos y definirnos como gente de raza negra, indígena y de color.

La decolonialidad es una herramienta, una visión de mundo, que siempre está lista para ser activada. Cuando nos despojamos de una institución colonial, como la superioridad asumida que se encuentra en la educación universitaria de élite, sabemos que todavía están todas las otras instituciones que existen en paralelo. No podemos deshacer siglos de colonización, pero podemos resistir el control que tienen sobre nosotros. Recientemente fui verificada en Instagram. Esto suena a grandes noticias a través del velo colonial. La verificación añade legitimidad. Un doctorado también imparte legitimidad ante los ojos del imperio. Estos parecen ser cumplidos con el propio mérito de no hacer distinción entre colores. Pero el estatus, la alabanza o la educación nunca fue el objetivo, el objetivo es la legitimación, o al menos eso nos han enseñado.

Como sea, la legitimación es garantizada por la cercanía a la blancura, de la manera en que es medida por las instituciones blancas o los sistemas blancos de poder. La legitimidad significa ser visto por la gente blanca, ser reconocidos por la mirada blanca.

Piensen en el descubrimiento de las Américas: incluso esa palabra «descubrimiento» implica que estas tierras nunca habían sido descubiertas por la gente indígena mucho antes de que los colonizadores llegaran. La idea de que las Américas solo fueron descubiertas después de que los blancos llegaran significa que se están centrando en lo europeo. La gente blanca decidió que la blancura, por sí sola, los empoderaba para nombrar, reclamar y descubrir. Esto, porque los colonizadores ven la realidad a través de sus ojos, y la legitimidad viene de que encajemos en su mirada, en su agenda. La colonialidad está enraizada en la colonización de las Américas y más allá. La gente blanca se ha autoproclamado como los legitimadores originales.

Los colonizadores son los guardianes de las puertas de la legitimidad. Y este continúa siendo el caso en el campo virtual. He visto a los creadores blancos adquirir esa misma legitimidad con la mitad del esfuerzo. Mientras que a mí me ha tocado viajar, a casi un millar de campus, para hablar de racismo, antinegritud, antindigenismo y las complejidades de la latinidad desde 2014. Yo creé una de las páginas más radicales y empoderadoras para latines en 2013, cuando no había representación real para la vastedad de la latinidad: Latina Rebels. He aparecido en incontables publicaciones virtuales e impresas, fui invitada a la Casa Blanca en 2016 por mi trabajo, y he escrito más de doscientos artículos que han sido publicados en línea desde 2015. Pero mi audiencia es de raza negra y de color, así que pasé desapercibida. No me legitimaron durante mucho tiempo. Incluso con esa invitación a la Casa Blanca, no he sido objeto de la mirada blanca. Fue una latina joven, Dulce Ramírez, que tenía una pasantía en la iniciativa de la Casa Blanca de Excelencia Educativa Hispana, quien me buscó. Fue ella la que trajo a colación mi nombre en las conversaciones durante su primera semana de pasantía. De alguna manera, mientras preparaban la primera cumbre de «Latinas en los Estados Unidos», a cargo de la administración de Obama, Dulce me mencionó. Pero usualmente nosotres, la gente de raza negra y de color, no tenemos ese tipo de acceso.

Y todavía así, me llevó siete años de estar haciendo este trabajo exhaustivo antes de que Instagram llegara a mí en 2020. Ellos querían «apoyar», porque acababan de descubrirme. La idea de que el trabajo de la gente no merece respeto porque no puede atender a la blancura está enraizado en el colonialismo. Ellos reclamarán que fuiste su descubrimiento —y deslegitimarán los años de trabajo y sangre, sudor y lágrimas, invertidos en centralizar las experiencias de la gente de color— porque ellos tienen un umbral diferente de éxito para la gente de color. El problema no es que mi trabajo no sea legitimado; siempre lo ha sido y siempre lo será. Entender la decolonialidad es entender que la blancura no es la última fuente de validación, sin importar cuánto nos hayan gritado en la cara que debemos cederles ese poder.

La decolonialidad se trata de retomar ese poder que nos ha sido arrebatado. El problema es que no hay suficientes personas en los espacios en donde se llevan a cabo estas decisiones de legitimación. Adicionalmente, el problema está en la palabra misma, y renovar la existencia es redefinirla. Así que yo no me siento eufórica o agradecida porque ahora fui «legitimada» a través de la mirada blanca, que en esta instancia es Instagram. En su lugar, me alegra nunca haber abastecido a la mirada blanca y aun así tener mi marca de verificación azul. Pero esa marca azul llega con retraso y, como sucede con otras personas creativas de raza negra y de color, sigue siendo ensombrecida o ignorada virtualmente. No somos libres. No soy libre.

> *Si has venido aquí a ayudarme, estás perdiendo el tiempo. Pero si vienes porque tu liberación está vendada con la mía, entonces trabajemos juntos.*
>
> —Lilla Watson

Cuando dejemos de buscar validación en los ojos de nuestros colonizadores, cuando decidamos no luchar ni esperar pequeños reconocimientos de parte de ellos, entonces nunca estaremos satisfechas con sus migajas, sin importar cómo las presenten. Cuando nos despojamos del individualismo de la supremacía blanca, podemos empezar a crear comunidades entre gente de raza negra, indígena y de color. Podemos empezar a rechazar los incentivos individuales y, en su lugar, empezar a trabajar en el beneficio comunal. Para mí, esa invitación a la Casa Blanca durante la administración de Obama en 2016 fue otro momento de claridad. Recuerdo sentirme en conflicto porque la legitimación es seductora. Me encantaba pensar que esa invitación significaba que yo no era una casualidad. Ser tomada en serio fue y sigue siendo importante para mí, pero mis definiciones de éxito han cambiado drásticamente desde entonces.

Cuando recibí esa invitación a la Casa Blanca, inmediatamente llamé a mi mami y papi. Los puse en altavoz y les conté de la manera más vanagloriosa que Obama me había invitado a la Casa Blanca, como si no se tratara solo de un consejo de personas. Pero a pesar de todos mis esfuerzos por demostrarles mi legitimación, todo lo que recibí a cambio fue el sonido de los grillos.

Estaba consternada porque, como una persona que nunca ha sido capaz de sorprender a sus padres inmigrantes, todo lo que quería era su reconocimiento. A menudo lucho internamente entre lo que la mirada blanca encontraría impresionante versus lo que mis padres, inmigrantes de la clase trabajadora, encuentran impresionante. Y la conclusión es que ellos no son el mismo tipo de audiencia. Sé que tengo que dejar de tratar los elogios de mis colonizadores como si me definieran, porque no lo hacen, especialmente no ante mis padres.

Pero aun así soy una persona que debe aprender continuamente y reaprender cómo la decolonialidad ha impactado en todos los aspectos de mi vida. Así que ese día que llamé para compartirles mi gran noticia, acerca del mismo Obama, me repetí: tal vez no escucharon lo que les dije. Luego mi mami dijo: «¡Qué bueno!». Y luego me preguntó algo irrelevante ante la enormidad de la noticia que acababa de compartirles. Yo colgué y lloré porque no podía entender su indiferencia. Una versión más joven de mí lo habría atribuido al sexismo y a las expectativas que ellos tenían de mí con respecto a mi género. Pero ahora sé que su indiferencia era mucho más que eso. Me he dado cuenta de que no puedo servir a dos dioses al mismo tiempo; no puedo querer que mis padres tengan las mismas expectativas para mi vida, como las que tienen los blancos americanos.

Lo que quiero decir cuando hablo de servir a dos dioses al mismo tiempo es que no puedo abrazar completamente la mirada blanca, cuando tengo padres inmigrantes que han tenido que adaptarse a esto de manera diferente. Mis padres aceptaron la occidentalización para sobrevivir, y yo he tenido que asimilarme para prosperar potencialmente. No somos iguales y mis logros ni siquiera entran en su radar, porque esos logros no son ni siquiera posibles para gente como ellos. A las personas como yo —orgullosa, inmigrante, de la clase trabajadora, mujer de raza negra, indígena o de color— no las invitan a la Casa Blanca. Así que renovar la existencia para mí es encontrar las maneras de utilizar mi falsa legitimación, para crear una vida de dignidad para mis padres y para otros como ellos. En su florecimiento, yo puedo encontrar una verdadera legitimidad, validación real, sanidad.

Lo que hice fue reemplazar una institución colonial, mi iglesia conservadora y fundamentalista, con otra institución colonial, la academia. Cometí el error de pensar que una era mejor que la otra, cuando, de hecho, funcionan de la misma manera. Ambas instituciones coloniales tienen el objetivo de adoctrinar a la gente de raza negra, indígena y de color, aparentemente, por nuestro propio bien. Y la recompensa en estos dos mundos, solo se encuentra a través de la devoción total, la lealtad incuestionable. Aprender a rechazar todo lo que he asumido que es mi identidad fue difícil, pero fue necesario para empezar a vivir.

[Los oprimidos] descubren que sin libertad no pueden existir auténticamente.

—Paulo Freire

Mis éxitos son nada si solo son míos, y mi legitimidad no significa nada cuando gano elogios en soledad, sin elevar a los que están a mi alrededor. La decolonialidad finalmente me ayudó a entender eso. No puedo decir que he decolonizado mi mente por completo ni mi visión de mundo; estoy segura de que todavía hay aspectos de mi vida en los que estoy unida a marcos coloniales. Pero estoy dispuesta a hacer lo que se necesite para resistir la colonialidad cuando la encuentre. Eso no significa que la liberación sea fácil. De hecho, es la serie de despertares más difíciles con los que he tenido que luchar. No es divertido existir y mantenerse firme y orgullosa en los márgenes con mi mente y mi cuerpo. Es doloroso desaprender todo eso que luché tanto por aprender. Pero este es el trabajo de la liberación.

Como mi mami y mi papi no se impresionan con eso en lo que mi trabajo y mi vida se han convertido, tengo que seguir repensando por qué a mí me impresiona el trabajo que hago. He tenido que pensar qué me llevaría a dejar de estar impresionada de mi propio trabajo.

Terminé por no ir a la Casa Blanca ese año; me examiné y supe que aceptar esa invitación significaba complicidad. Obama deportó más indocumentados latinoamericanos y caribeños que cualquier otro presidente en la historia de este país. Tampoco se trata solo del presidente Obama, sino acerca de la historia de los Estados Unidos y de cómo mis líneas familiares han sido impactadas por otros presidentes. Era acerca de los actos de terror que otros presientes de los Estados Unidos han llevado a cabo sobre muchas personas alrededor del mundo, desde la creación de los Estados Unidos.

Y como empecé a ver mi legitimación a través de otros filtros, supe que no podía apoyar esa presidencia o ninguna otra presidencia con mi presencia. Íntimamente sé cómo se mira la complicidad; lo hice durante buena parte de mi juventud. Mediante no asistir, quería asegurar y señalar, primero ante mí misma, que soy feroz con ellos o sin ellos. También quería que los grandes poderes supieran, a través de mi protesta, que los había visto y que conocía su juego. Y que sabía que estaba amañado. Pero voy a ganar sin ellos.

Las herramientas del maestro nunca van a desmantelar la casa del maestro.

—Audre Lorde

Yo utilizo mi invitación a la Casa Blanca para señalarle mi legitimidad a la gente blanca, pero no para señalársela a la gente cuyas humanidades están atadas a las mías. Mi papi y mi mami me enseñaron eso y estoy agradecida por ello. A la gente, cuya liberación está atada a la mía o es equivalente a la mía, les muestro compasión y amabilidad, y para ustedes escribí este libro, lo llamo mi carta de amor para las mujeres de raza negra, indígenas y de color.

Yo no vengo de gente que validó su valor en relación con la educación. Debido a las estructuras de la migración y de lo colonial acerca de lo que es valioso y respetable, no todos los grados son transferidos y no todas las carreras son viables en los Estados Unidos.

Mi mami nunca se graduó de la universidad, y la carrera de enseñanza de mi papi no sirve de nada en los Estados Unidos, a menos que pueda volver a la escuela para llenar cualquier requerimiento arbitrario que le sea impuesto por el excepcionalismo americano.

Esto es difícil cuando eres el único proveedor financiero de la casa y te han enseñado la idea tóxica de que solo los hombres deben trabajar y las mujeres se deben quedar en casa para criar a los niños. Simplemente no hay tiempo para transferir un diploma de grado cuando estas ocupado viendo cómo sobrevivir. Así que la educación y los grados académicos no tienen valor en mi casa, porque cuando entiendes íntimamente la lucha, entiendes que eso no fue creado para tu beneficio.

Escribí esto para que podamos construir juntas, porque para ellos no somos humanas, pero juntas podemos ser imparables.

Renuncia a las mentiras que te han dicho sobre ti misma y construye fuera de sus instituciones blancas y sistemas de poder. Construyamos con nuestras comunidades en mente, en masa, y déjalos afuera. Pueden quedarse con el mundo opresivo que construyeron, nunca nos quisieron allí de todas maneras. La decolonialidad es tejida a lo largo de este libro: democratizar el conocimiento es una práctica decolonial. Contar historias para resistir frente a los ideales occidentales y para resistir frente a los guardianes del conocimiento es una práctica decolonial. Rehusarme a usar jerga académica que fue diseñada para confundir y oscurecer es una práctica decolonial.

Quebrar jerarquías, desmantelar lealtades a la blancura, escrutar el concepto de legitimización y centrarse en la gente que no es blanca son actos de decolonialidad. Volver a imaginar o renovar la existencia es un concepto decolonial que intenta crear un mundo en el que nuestra dignidad como mujeres de raza negra, indígenas y de color permanezca intacta. La relación viva que tengo con mi mami hoy es una práctica decolonial que mantengo a diario. La decolonialidad es despojarse de los conceptos colonizadores, estructuras e instituciones tanto como sea posible, aunque sepamos que la colonización llegó para quedarse. La decolonialidad es una forma de resistir y la decolonialidad se vive y se experimenta diariamente. La decolonialidad requiere que luchemos y yo tengo una reserva de lucha en mí. Pero también requiere que descansemos y seamos amables con nosotras mismas.

Piensa en esto como un viaje de larga distancia porque así es. Y asegúrate de tener rituales de sanación y maneras significativas de autocuidado para mantener esa reserva. Prepárate para esos momentos en los que te quitan el viento de las velas, porque sucederá. Todo el sistema se sustenta con nuestra complicidad, y cuando nos salgamos de esa línea, estamos destinadas a convertirnos en objetivos a vencer. Así que encuentra qué es lo que tu comunidad necesita, lo que tu comunidad valora y te sorprenderá cuánto puedes aprender.

Yo tengo como objetivo trabajar sin cansancio para abrazar mi esencia de color, de la misma manera que trabajé para encajar en la blancura. Espero redireccionar esa energía para crear espacios para nosotras, porque no le deseo mi experiencia a otras personas. No quiero preparar a la gente para la dureza de este mundo; quiero cambiarlo. La libertad no es un destino es un viaje comunal.

Que esto te sane, que te rete, que te haga reír, pero lo más importante es que te lleve de vuelta a ti.

CONCLUSIÓN

Para ganar la palabra
para describir la pérdida
me arriesgo a perderlo todo.

—Cherríe Moraga

He luchado mucho con la idea de finalizar un libro que se sigue escribiendo. Creo que no hay una cima cuando se habla de un viaje de aprendizaje y crecimiento. Todo lo que aprendí en la academia se ha complementado y expandido desde que salí de ella. Y siempre habrá algo más que aprender.

Es difícil terminar un texto acerca de enfermedades sociales enraizadas en el sistema, sabiendo que se necesitarán implementar nuevas estrategias constantemente. No hay una solución sencilla que sea efectiva para erradicar la desigualdad de una sola vez; sobreponerse a una injusticia implica volver la mirada hacia otra injusticia. Pero, como debo terminar este libro, me despediré con algunas palabras.

Chica de piel canela, este mundo no quiere ver que sobrevivas, así que desafíalo y atrévete a florecer. Y desahógate para mantener tu ternura y tu suavidad. Desahógate para sacudírtelo de encima. Yo tuve que aprender nuevas formas de existir, desahogándome a menudo. La autopreservación es una de las nuevas habilidades que llevaré conmigo, mientras continúo sanando y aprendiendo nuevas maneras de mantener a nuestras comunidades a salvo.

Yo me desahogué porque es la manera en la que logro resistir una historia de silencio y complicidad. Me desahogué para incomodarme. Me desahogué para que, a través de mis historias, encuentres la tuya.

Me desahogué para resistir, porque hasta cierto punto empecé a crear jerarquías en las que devaluaba el lugar de donde venía y empecé a valorar el intelectualismo más que todo lo demás. Me desahogué para recordarme a mí misma que mi vulnerabilidad y mi comunidad son las que me van a sanar, no las instituciones coloniales.

La decolonialidad me ayudó a entender por qué nunca me sentí segura en ningún espacio, y me ayudó a encontrar paz creando nuevos espacios para mí, para nosotras. Crear Latina Rebels fue una práctica decolonial. Cuando no me veo representada, no me siento a esperar el cambio. En vez de eso, hice cambios que, de manera realista, podía mantener a largo plazo. Aprendí a encontrar mi valor en mi comunidad y no en las instituciones blancas. Pero todo me llevó tiempo y años de desaprender el pensamiento colonial para aprender una nueva manera de vivir: volver a existir.

En mis intentos desesperados de asimilarme y verme menos diferente siendo una inmigrante de color, empecé a valorarme a mí misma a través de términos coloniales. La colonización se trata de los Estados nación que dominan, matan y oprimen a la gente para ganar crecimiento económico y poder. En las Américas, el colonialismo fue introducido a través de la religión y la conquista de los países europeos. Hacer el trabajo decolonial implica intentar funcionar fuera de las normas sociales que existen hoy en día. El trabajo decolonial intenta reclamar un poco del poder que les fue arrebatado a gente de raza negra y de color por encima de sus propias vidas.

Si aprendes algo de mí, aprende a desahogarte. Apropiándome de mi voz, y dándome la oportunidad de desahogarme, me encontré conmigo misma. A mí me enseñaron que la complicidad y el silencio iban a salvarme, y hacer lo contrario de lo que me enseñaron fue el más alto grado de autopreservación. Desahógate sola, desahógate con amigos, desahógate con la familia, desahógate para liberarte y ganar tu propio equilibrio.

Como mujeres de raza negra y de color canela, hacemos mucho trabajo emocional por nuestras familias, amigos, parejas y comunidades. Y aprender a detenerte un momento y cuidarte a ti misma en una sociedad que no valora tu vida es la práctica decolonial con la que quiero que te quedes. Tu habilidad de prosperar está basada en construir una comunidad que pueda cargar con los límites a tu lado.

Desahógate para encontrarles, porque están en algún lugar desahogándose solites y necesitamos hacerlo juntes para lograrlo. Porque, muchacha de piel canela, nos necesitamos entre todes.

RECONOCIMIENTOS

Quiero tomarme un momento y hablar acerca de mi esposo. Él no es solamente mi más grande porrista, sino que, además, es mi mejor amigo. Hemos reído, llorado y entrado en pánico juntos ante la enorme tarea de escribir un libro. Gracias por tu paciencia, por decorar mi oficina, asegurar mis escritos en donde estuvieran bien respaldados y siempre decirme que soy capaz de hacer cualquier cosa. Yo viví durante treinta años sin nadie que creyera en mí, luego te conocí y no solamente creíste en mí, sino que invertiste en mí.

No quiero fingir que escribir un libro es una tarea fácil o que publicar sea algo a lo que todo el mundo puede acceder, porque no lo es. Estas industrias tienen guardianes en sus puertas, y para convertirme en una autora, requería que tuviera una pareja financieramente estable que me permitiera soñar. Le dedico este libro a mi esposo, porque sé que el racismo, el clasismo y la xenofobia me hubieran impedido tener una carrera en la escritura. Él aprovechó su privilegio en la sociedad para apoyarme y garantizarme el espacio para escribir este libro. Estoy consciente de que tuve el apoyo de un hombre blanco para llegar hasta aquí y todavía lucho con eso. Pero intento hacer lo mismo con quienes vienen detrás; usaré cada privilegio que poseo para apoyar a otros, esperando que podamos crear una masa crítica de gente que cambiará sistemas enteros.

Mi devoción al trabajo consistió en dos personas: yo y mi maravilloso compañero de vida. Gracias por creer en mis sueños y empujarme siempre hacia lo que yo pensé que era imposible. Gracias por tu amabilidad y tu implacable atención. Gracias por llegar a escondidas a las reuniones de negociación que te pedí, sin que nadie más supiera. Me río cuando pienso en ti, escondido detrás de plantas y menús. Puedo ver tu rostro sonriéndome del otro lado de restaurantes, tus ojos siempre creyendo en mí y tus acciones respaldándolo. Te me has aparecido de maneras que no creí posibles. Has visto todo este proceso de manera íntima; sabes cuánto he llorado y cuánto he luchado con lo que implica narrar mi trauma para el aprendizaje de otros. Nunca podré agradecerte lo suficiente, y quiero seguir viendo hacia dónde nos sigue llevando la vida. <3 gracias, amor.

También hay otro montón de gente en cuyos hombros me sostengo. Quiero agradecer a mis mentores de la escuela de posgrado, Rev. Dr. Cristian De La Rosa, profesor de Boston University's School of Theology. Gracias por abrir puertas y usar el poder institucional para crear espacios que se sintieran seguros para mí y para más latines. También quiero agradecer a la Rev. Dr. Daisy Machado, directora del Hispanic Summer Program y profesora en Union Theological de NYC, que me dio un trabajo en las páginas de HSP en 2013, lo cual me proporcionó herramientas que me ayudaron en el comienzo de Latina Rebels. Ella también me ha estrechado entre sus brazos, y me ha mostrado cariño más de lo que cualquier otra persona dentro de la academia se atrevió a mostrar. Quiero agradecer al Rev. Dr. Stacey Floyd-Thomas. Sin ti hubiera renunciado a Vanderbilt Divinity School. Gracias por ocupar espacio y por tu brillantez descarada. Aprendí mucho más por estar cerca de ti, que lo que aprendí con cualquier otro profesor de esa institución. Quiero agradecer a dos de mis lectores: Zahira-Kelly Cabrera, conocida como @bad_dominicana en Twitter, y Cassandra, que es la fundadora de AnFemWaves (anteriormente conocida como Xicanisma). Zahira y Cassandra tienen un filo que nadie posee en la academia y lo digo con toda la admiración del mundo. La combinación de sus habilidades críticas me hizo reescribir capítulos enteros y no he podido agradecerles lo suficiente sus contribuciones para mi libro. Al hacer teoría crítica de la raza he encontrado mujeres de raza negra, indígenas y de color mejor versadas y con mejor conocimiento al respecto. Tropecé con los tuits de Zahira en 2013, y se abrió una nueva realidad para mí a través de ellos. Algo similar me sucedió en 2014 cuando nació Xicanisma. En Cassandra vi a alguien que se mantuvo firme y lo hizo de manera brillante. Estas dos mujeres fueron fundamentales para las cosas que hago y la razón por la que las hago hoy en día.

También quiero agradecer a Kristian Contreras, una estudiante de doctorado en la Syracusa University, alguien impresionante, que se tomó el tiempo para compartir todas sus fuentes conmigo (cerca de cien libros digitales) y leer algunos de mis capítulos con cuidado y con atención. Yo necesitaba tus ojos, pero siempre me sorprendió ver desplegado tu corazón. Gracias por tu amor y por tus palabras. Quiero agradecer a la asistente de profesora Dr. María Chávez Daza de SUNY Oneonta. Ella fue la primera que me presentó a La Malinche y ese enorme campo de estudio. Le mandé un mensaje cuando empecé a escribir este libro y felizmente me dio su bibliografía. ¡Estoy lista para otra Noche Buena juntas, muchacha!

Mis dos lectoras principales fueron excompañeras mías en la escuela de divinidad, la Rev. Alba Onofrio y la Rev. Lis Valle. Ustedes dos leyeron el libro entero a mi lado, me ayudaron a encontrar puntos débiles y a decir lo que necesitaba decir, no lo que quería decir. Perfeccionaron mi voz y, con amor, me ayudaron a darle filo.

También quiero agradecer a mis agentes, Aemilia Phillips y David Patterson. Me llevó como dos años terminar las propuestas del libro, y más ayuda de la que puedo explicar en pocas palabras. Pero gracias por creer en mí y apreciar la visión de este libro. Adicionalmente, mi editora Emi Ikkanda fue enviada por Dios. Entendió lo que estaba queriendo decir y me dio ánimo durante todo el recorrido. Cuando cometía errores en mis escritos del pasado, me trataban como imbécil. Así que cuando seleccioné a una editora con la que quería trabajar, pregunté con mucha franqueza si estaba acostumbrada a trabajar con una autora que había estudiado inglés como segunda lengua. Emi, amablemente, respondió con su historia familiar de aprendizaje del inglés como segunda lengua y por eso la escogí como editora. Por ella he sentido valoradas las habilidades que tengo y no he sido devaluada por mis errores de escritura, que son, simplemente, producto de mi migración. Escribí un libro entero en mi segundo idioma. Y eso fue celebrado por mi editora a lo largo del proceso.

Por último, pero no menos importante, quiero agradecerle a mi mami, Blanca Azucena Mojica Rodríguez. La más fuerte y bella mami que una muchacha pudo haber deseado, gracias. Mi único anhelo es que tú estés orgullosa de mí, lo demás nunca ha importado. Te quiero mucho y por siempre.

No soy nadie sin las fuertes, ingeniosas y brillantes mujeres de raza negra y latinas que me han enseñado a cómo amarme mejor y cómo amar a otros. Este libro es mío, pero implicó el trabajo de mucha gente sacarlo al mundo, y por eso estoy eternamente agradecida.

NOTAS

Mi metodología para democratizar el conocimiento es contar historias, pero en estas historias hay teoría e información que no estoy citando, pero de la que me he informado a lo largo del camino. Lo que quiero decir es que he añadido estas notas aquí, específicamente, pero mi bibliografía tendrá lecturas más extensas para entender las idas y venidas de todas las historias.

La mayoría de mis referencias son de gente de raza negra, indígena y de color, porque citar es político. Podemos darles poder a ciertas voces y, a menudo, las voces consideradas expertas en sus campos son blancas. En la búsqueda de tener una mayoría de fuentes no blancas, rechazo la noción racista de que los pensadores de raza negra, indígenas y de color, teólogos y eruditos no traen nada a la mesa de discusión. Aportamos mucho, y la mayoría de las veces estamos hablando de experiencias vividas, que para mí tienen mucho más valor que «expertos» que no tienen idea de lo que están hablando.

NOTAS PARA EL CAPÍTULO EL VOLUNTURISMO

Yo presento este capítulo con una cita de Audre Lorde que viene de «The Uses of Anger», *Women's Studies Quarterly*, 25:1/2 (1997), pp. 278-285. Me he dado cuenta de que los teólogos de la liberación de raza negra y feministas han llenado ampliamente de información mi trabajo, porque mi seminario teológico tenía la concentración más grande de miembros de la facultad negra de todas las escuelas teológicas en la época en que yo me enrolé para estudiar. Fui radicalizada por voces negras, eruditos negros, feministas negras y escritores negros. En particular, la cita acerca de la rabia resuena conmigo porque se piensa en la rabia como una respuesta emocional negativa e improductiva, lo cual me molesta, porque la rabia es constantemente parte de mi trabajo. Escribo con rabia, creo con rabia. Este capítulo entero demuestra mi rabia y mi rabia es generativa. Yo uso ese mismo ensayo como texto fundacional cuando hablo acerca de la culpa blanca de los volunturistas. Lorde se refiere a la culpa blanca en la página 283 y dice: «La culpa solo es otra manera de evitar las acciones informadas, de posponer la necesidad apremiante de tomar decisiones claras, ante la tormenta que se aproxima que es capaz de alimentar la tierra, tanto como de hacer ceder a los árboles». Mi acusación en contra del volunturismo viene de leer a pensadores de raza negra como Audre Lorde, que me dan permiso para enojarme, y el lenguaje que uso viene de leerla extensamente.

Otro erudito que uso a menudo como referencia en mi trabajo acerca de la salvación blanca es Paulo Freire. Lo uso a lo largo de este libro, porque sus teorías pueden aplicarse de manera generosa. La cita particular que uso puede ser encontrada en *Pedagogy of the Oppressed: 50th Anniversary Edition* (New York: Bloomsbury Academic, 2018), p.79. El trabajo de Freire es un buen marco teórico para entender cómo los oprimidos superan su opresión, y mucho de mi lenguaje tiene muchas referencias suyas.

También tengo información de Delores S. Williams, quien hace una conexión entre las tierras conquistadas y los conquistados, desde una perspectiva negra, pero también indígena. Su trabajo se encuentra en *Sisters in the Wilderness: The Challenge of Womanist God-Talk* (Maryknoll, NY: Orbis Books, 1993). La cita particular que utilizo para esta sección viene de las páginas 89 y 114.

Una conmovedora lectura segundaria, en términos de colonialismo y conquista, es el libro de Patricia Seed que se titula *Ceremonies of Possession in Europe's Conquest of the New World, 1492-1640* (Cambridge: Cambridge University Press, 1995). Este libro habla específicamente acerca de los poderes europeos que han establecido intereses en la expansión de sus imperios. A través de Seed entendí el lado comercial del colonialismo y la ambición que hubo durante ese tiempo.

Hay dos autores e historiadores muy conmovedores que leí específicamente para alimentar este capítulo, uno es Juan González, con su libro *Harvest of Empire: A History of Latinos in America*, rev. ed. (New York: Penguin Books, 2011). González tiene todo un capítulo acerca de Nicaragua. Una lectura recomendada para la mayoría de quienes me leen. Hay capítulos designados sobre casi cada uno de los países latinoamericanos y cada capítulo tiene información exhaustiva en términos de intervención americana. González es un periodista investigativo y un cofundador de Young Lords. A través de González llegué al trabajo de Claribel Alegría y Darwin Flakoll. Su libro habla acerca del terror del régimen de la familia Somoza. A través de su libro, que detalla el asesinato de Tachito desde la mirada de sus asesinos, gané muchos puntos de vista respecto a quién era este hombre para los nicaragüenses, más allá de la perspectiva de mi familia. *Death of Somoza* (Willimantic, CT: Curbstone Press, 1996).

Luis Rivera Pagán es un historiador que escribe acerca de la conquista religiosa y política de las Américas con números y datos reales como el tamaño de la población en algunas de las comunidades indígenas más grandes. A través del trabajo de Rivera Pagán, encontré maneras de correlacionar el colonialismo de los años 1400 con el colonialismo dentro de las intervenciones americanas de los años que van de 1930 a 1980. Para más información acerca del colonialismo en las Américas, es bueno volver al libro de Rivera Pagán, titulado *A Violent Evangelism: The Political and Religious Conquest of the Americas* (Louisville, KY: Westminster/John Knox Press, 1992).

Yo adquirí la mayor parte de mi conocimiento acerca del trauma del libro de Bessel van der Kolk que se titula *The Body Keeps the Score: Brain, Mind, and Body in the Healing of Trauma* (New York: Penguin Books, 2015). Este libro devela las diversas formas en las que el trauma se manifiesta. También explora la neurociencia detrás de lo que le sucede a tu cerebro durante las experiencias traumáticas y postula las necesidades de reconocer ese trauma para sanar. Tu cuerpo y tu cerebro han sido creados para mantenerte con vida, y si no hablas de los disparadores que tu cuerpo ha reconocido a través del trauma, estás destinado a repetir patrones alimentados en el trauma. Entender cómo el trauma irresuelto de mis padres se ha convertido en mi trauma, ha sido útil para mí, de allí que esa oración aparezca por oleadas a lo largo del capítulo: el trauma es heredado. Yo escribo mediante el conocimiento ganado y tratando ese conocimiento como importante al centrarlo como un hecho.

Finalmente, cité a Donald Trump cuando se refirió a ciertos países como «países de mierda». La cita vino de un artículo titulado «President Trump Called El Salvador, Haiti 'Shithole Countries':

Report», *Time*, January 11, 2018, https://time.com/5100058/donald-trump-shithole-countries/. Subrayar la ironía de esta declaración en particular, a través del capítulo, siento que le quita el poder a esas palabras que hirieron a muchos, sin hacer de Trump el centro del capítulo. Más bien, se trata acerca de lo que las palabras de Trump representan, acerca de la ignorancia de los americanos y su relación con el daño mundial del que han sido cómplices.

NOTAS ACERCA DEL CAPÍTULO EL COLORISMO

Empiezo este capítulo con el texto que utilicé para investigar acerca de este tema particular, se trata del libro de JeffriAnn Wilder titulado *Color Stories: Black Women and Colorism in the 21st Century* (Santa Barbara, CA: Praeger, 2015), p. 6. Wilder escribe acerca de cómo el colorismo no está contenido dentro de la experiencia negra y que, en cambio, el colorismo es una parte prevalente e insidiosa de las experiencias de la gente de color. La segunda cita del libro de Wilder se encuentra en la página 47. El término «colorismo cotidiano» está establecido por ella en la página 58. He tenido largas conversaciones y asistido a muchos paneles acerca del colorismo, así como he leído acerca del tema en la medida en que los autores lo mencionan; aun así, este es el único libro completo que he leído acerca del colorismo, y que trata el tema de manera exhaustiva. Estoy segura de que hay otros textos, pero este es el texto en el que más me baso.

Para entender la construcción del mestizaje y cómo está enraizado en la eliminación de la negritud, específicamente en mi contexto, leí el capítulo de Lowell Gudmundson titulado «What Difference Did Color Make?: Blacks in the 'White Towns' of Western Nicaragua in the 1880s», que se encuentra en la antología *Blacks and Blackness in Central America: Between Race and Place*, eds. Justin Wolfe and Lowell Gudmundson (Durham, NC: Duke University Press, 2010), p. 211. En la página 210 hay una imagen de las categorías raciales que fueron incluidas en un censo y las instrucciones que les dieron a los censadores para identificar erróneamente a la gente con el propósito de reforzar el mestizaje como la identidad nacional. Nicaragua aparece como un caso extremo de eliminación, así que lo sepa o no, estoy conformada por esa realidad como ciudadana nicaragüense de nacimiento. Cuando escribo acerca de un tópico, trato de encontrar una base sólida en lecturas que hablan acerca del contexto específico, que puede ser mi lugar de nacimiento, género, raza, sexualidad, clase —la lista continúa—. Pero como una posmoderna *light*, encuentro valor en la contextualización. Como lectora, encontrar tus textos de contexto te ayudará a develar una serie de explicaciones que no sabías que necesitabas para preguntas que no estabas formulando —lo cual me parece hermoso—. Así que les pido que busquen lo que se ha escrito acerca de sus comunidades y por sus comunidades.

Para entender cómo surgió la formación de comunidades basadas en la raza, leí el capítulo de Justin Wolfe titulado «'The Cruel Whip': Race and Place in Nineteenth-Century Nicaragua», que también se encuentra en *Blacks and Blackness in Central America*, pp. 177-207. Un entendimiento acerca de que la construcción del mestizaje fue un esfuerzo concertado para centrar las demandas de la blancura con las que el lector se relaciona a lo largo del libro.

Para comprender cómo los tipos faciales y los tipos de cabello resultaron en una categorización racial sesgada, recomiendo leer el capítulo de Mauricio Meléndez Obando, titulado «The Slow Ascent of the Marginalized: Afro-Descendants in Costa Rica and Nicaragua», encontrado en la misma antología (pp. 334-354). Términos como «blanqueamiento» están explicados más adelante, y se da una visión de cómo la pureza de la sangre española era guardada y honrada.

Adicionalmente, utilizo el término eugenesia en este capítulo. Cuando la gente piensa en eugenesia, piensan en principios del siglo XX. Como sea, la creencia en la eugenesia ha existido desde antes de que se popularizara y fuera socialmente aceptada, para luego ser rechazada. No se trata de la comprensión contemporánea de la eugenesia. Al contrario, se trata acerca de las creencias que hay alrededor de quién es digno de humanidad y quién es inferior, así como de las acciones posteriores con base en esa creencia.

Este capítulo, tanto como el del volunturismo, usa mucho del conocimiento adquirido a través de Juan González, específicamente cuando él habla acerca de la conversión de los indígenas en su libro *Harvest of Empire* (p. 13).

Finalmente, en este capítulo menciono brevemente a Gloria Anzaldúa. Desafortunadamente, Anzaldúa perpetúa el discurso de la «raza cósmica» que se siente igual de problemático que el del mestizaje. En un intento de rechazar el blanqueamiento, Anzaldúa reclama el indigenismo que, a menudo, es impreciso y encubierto. Reclamar el indigenismo como una persona mestiza, la borra de esas comunidades en nuestros países que siguen practicando tradiciones indígenas y hablando sus idiomas indígenas. A menos que tengamos el deseo de aprender el idioma de nuestros ancestros indígenas y de reaprender sus tradiciones, tenemos que reconocer que tenemos privilegios en ser mestizos dentro de nuestros límites particulares. Entendiendo que podemos reverenciar a nuestros ancestros indígenas sin borrar y cooptar las tradiciones que no nos corresponde cooptar. Ese es el trabajo de la liberación. Desafortunadamente, el trabajo de Andalzúa ha envalentonado a muchos mestizos que no están en la disposición de despojarse del mestizaje, sino que solo reclaman lo indígena, como si fuera opcional para los indígenas de nuestros países y de aquí.

A pesar de eso, el trabajo de Anzaldúa plantó una semilla en mí, cuando, de otra forma, no hubiera sido capaz de entender la severidad de los sentimientos antindigenistas que experimenté. Yo uso una cita suya del libro *Borderlands/La Frontera: The New Mestiza*, 4th ed. (San Francisco: Aunt Lute Books, 2012).

NOTAS PARA EL CAPÍTULO EL SÍNDROME DEL IMPOSTOR

La cita que abre este capítulo, a pesar de que no se trata acerca del síndrome del impostor, apunta a las dificultades y al silencio autoimpuesto que experimentan los estudiantes de color. Esta cita es parte del libro *Critical Race Theory: An Introduction*, 3rd. ed. (New York: NYU Press, 2017), pp. 50-51, de Richard Delgado y Jean Stefancic. Delgado, así como Freire, son de las voces principales de las que se alimenta todo este libro, así que verán este texto particular en varios capítulos.

Yo soy la propietaria y fundadora de Latina Rebels y es en este capítulo en el que menciono por primera vez a esta organización. Para entender el valor de crear espacios para nosotras, organizados por nosotras, a través de la perspectiva de Latina Rebels, leí «Latina Rebels Turn to Memes, Humor to Rethink Media on Hot-Button Issues», The World, April 16, 2019, www.pri.org/stories/2019-04-16/Latina-rebels-turn-memes-humor-rethink-media-hot-button-issues de Kaitlin E. Thomas. Encontrar nuestra comunidad en los espacios blancos puede ser la diferencia entre renunciar a los estudios o graduarse. Algunas veces, nuestras comunidades no estarán presentes físicamente, sino en línea, y esa es nuestra nueva normalidad.

En términos de la omnipresencia del síndrome del impostor, leí el libro de Jaruwan Sakulku y James Alexander, titulado «The Impostor Phenomenon», *International Journal of Behavioral Science* 6:1 (2011), p. 75 que, específicamente, da evidencia estadística.

Un texto del cual obtuve mucho conocimiento fue el libro de Pauline Rose Clance titulado *The Impostor Phenomenon: Overcoming the Fear That Haunts Your Success* (Atlanta: Peachtree Publishers, 1985). El síndrome del impostor no se entendía como algo que solamente experimentaran las personas de raza negra, indígenas y de color, así que volví a su origen para encontrar mi equilibrio. El síndrome racializado del impostor es de lo que hablo a través de este texto, pero para hacerlo tenía que entender de dónde venía y qué significaba originalmente. Algunos de estos términos evolucionaron de otros términos; así es como funciona el lenguaje y cómo evolucionamos como sociedad. Yo uso una cita específica del libro de Clance que puede ser encontrada en las páginas 25 y 26. La otra cita directa que utilizo, puede ser encontrada en la página 26.

La psicología del síndrome del impostor es algo acerca de lo que escribo mucho en este capítulo y se basa en información de muchos artículos. Uno de estos artículos pertenece a Jeremy Bauer-Wolf, que lleva por nombre «Feeling LikeImpostors», *Inside Higher Ed*, April 6, 2017, www.insidehighered.com/news/2017/04/06/study-shows-impostor-syndromes-effect-minority-students-mental-health. En términos de lo difícil que es manejar el síndrome racializado del impostor, hice referencia al artículo de Kristin Wong, titulado «Dealing with Impostor Syndrome When You're Treated as an Impostor», *New York Times*, June 12, 2018, www.nytimes.com/2018/06/12/smarter-living/dealing-with-impostor-syndrome-when-youre-treated-as-an-impostor.html. Yo cito a Dawn X. Henderson y su artículo titulado «Why Do Students of Color Feel like an Imposter in School? », *Psychology Today*, April 11, 2017, www.psychologytoday.com/us/blog/the-trajectory-race/201704/why-do-students-color-feel-imposter-in-school. Para entender qué sucede en las mentes de quienes están sufriendo del síndrome del impostor, leí «The Impostor Phenomenon» (p. 77), de Sakulku and Alexander. Adicionalmente me informé mucho con el trabajo de Mikaela Pitcan, Alice E. Marwick, y danah boyd's que se titula: «Performing a Vanilla Self: Respectability Politics, Social Class, and the Digital World», *Journal of Computer-Mediated Communication* 23:3 (May, 2018), pp. 163-179, doi:10.1093/jcmc/zmy008. Aunque este también me proporciona información para el capítulo «Políticas de respetabilidad», gran parte de este trabajo es interseccional, dado que encarno muchas intersecciones marginadas.

Yo menciono una serie de experiencias durante mi programa de posgrado que me hicieron sentir inadecuada. En esta historia, traigo a colación el dolor que menciona Angela P. Harris y Carmen G. González's en la «Introduction», de *Presumed Incompetent: The Intersections of Race and Class for Women in Academia*, eds. Gabriella Gutiérrez y Muhs et al. (Louisville, CO: Utah State University Press, 2012), pp. 1-16. Esta antología completa, subraya las maneras en las que las mujeres de raza negra, indígenas y de color son hechas sentir inferiores dentro de la academia, no porque sientan que son incompetentes, sino porque asumen que lo son. Recomiendo mucho que adquieran una copia de este libro si son mujeres de raza negra, indígena o de color y están luchando dentro de la academia.

Cuando digo que el perfeccionismo, la meritocracia y el individualismo no son buenos, lo hago con base en el trabajo de Kenneth T. Wang et al., que se titula «Are Perfectionism, Individualism, and Racial Color-Blindness Associated with Less Cultural Sensitivity? Exploring Diversity Awareness in White Prospective Teachers», *Journal of Diversity in Higher Education* 7:3 (2014), p. 213, doi:10.1037/a0037337. El racismo y la supremacía blanca son los factores que están detrás de estas ideologías, y Tema Okun explica de manera bastante accesible qué es la supremacía blanca y qué incluye. El trabajo se titula «White Supremacy Culture», Dismantling Racism Works, revisado en junio de 2020, www.dismantlingracism.org/white-supremacy-culture.html.

Cuando escribo acerca de la hostilidad de la mirada blanca, hablo específicamente acerca de las maneras en que el racismo ha mantenido alejada a la gente de raza negra y latines de la posibilidad de adquirir préstamos, encontrar apartamentos en las partes más bonitas de la ciudad, etc. Encontré información en los trabajos de Richard Delgado y Jean Stefancic en *Critical Race Theory* (p. 12). Así como en el trabajo de Cheryl E. Matias, *Feeling White: Whiteness, Emotionality, and Education* (Rotterdam, The Netherlands: Sense Publishers, 2016). Referirme al maquillaje como pintura de guerra no es un pensamiento que originalmente me pertenezca, sino que lo permea todo en espacios *queer* y de mujeres. Julie Bettie tiene un libro entero acerca de la estética de las latinas como una manera de apoderarse de la autonomía. Este libro se titula *Women Without Class: Girls, Race, and Identity* (Berkeley: University of California Press, 2014).

Mi discurso acerca de la liberación, al final de este capítulo, está basado en *Pedagogy of the Oppressed,* de Paulo Freire (pp. 48, 58).

Cuando hablo acerca de la intención de la gente blanca, hablo del libro de Robin DiAngelo que se titula *White Fragility: Why It's So Hard for White People to Talk About Racism* (Boston: Beacon Press, 2018), específicamente en la p. 43. DiAngelo habla acerca de «racismo aversivo», como el tipo específico de racismo bien intencionado. Yo no uso el término en mi historia cuando hablo al respecto, pero es lo que quiero que mis lectores comprendan. Este tipo de racismo no es menos dañino por sus intenciones, y es a lo que trato de llegar en esta sección.

Cuando escribo acerca de maquillaje e iglesia, lo hago desde mis propias experiencias, pero también desde un concepto bien investigado acerca del enlace entre el cristianismo y el sexismo, encontrado específicamente en el libro de Marcella Althaus-Reid, titulado *From Feminist Theology to Indecent Theology: Readings on Poverty, Sexual Identity and God* (London: SCM Press, 2004), p. 7.

Finalmente, mis mitos y tropos acerca de las latinas tienen base en mis lecturas del libro de Myra Mendible: «Introduction: Embodying Latinidad: An Overview», in *From Bananas to Buttocks: The Latina Body in Popular Film and Culture*, ed. Myra Mendible (Austin: University of Texas Press, 2007), pp. 1-28.

NOTAS PARA EL CAPÍTULO EL MITO DE LA MERITOCRACIA

Cuando hago notar que la gente parecía «americana» me refiero a la identidad nacional construida, como se ve en televisión a través de programas como *Full House* o películas como *Home alone* que fueron populares durante mi infancia. Cuando escribo acerca de la identidad nacional americana, hablo acerca de clase y raza. La identidad blanca de la clase media es una identidad americana que se supone que es la representación de todos nosotros. Yo no generé originalmente esta idea; en su lugar, solo estoy escribiendo al respecto sin tratar de convencer a mi audiencia. Pero pueden encontrar más al respecto en el libro de Shari Roberts que se titula: «'The Lady in the Tutti-Frutti Hat': Carmen Miranda, a Spectacle of Ethnicity», *Cinema Journal* 32:3 (January 1, 1993), pp. 3-23, https://doi.org/10.2307/1225876.

En este capítulo, hago referencia muchas veces a Bill Keller en términos de comprender el concepto de clase y de la diferencia de clase. Su libro *Class Matters* (New York: Times Books, 2005) es fundamental para este capítulo. Otro texto importante es el de David K. Shipler, que se titula: *The Working Poor: Invisible in America* (New York: Vintage, 2005). Yo leí este libro en mis primeras clases de ética y sociedad durante el programa de maestría. La amplia cita que uso del libro de Shipler se encuentra en las páginas 5 y 6.

En términos de las fuentes que me ayudaron a enmarcar el concepto de clase con mi experiencia personal, leí el libro de Julie Bettie, titulado *Women without class*. Ese estudio sociológico me transformó y me llevó a mis más profundos momentos de asombro en términos de blancura y actitudes de clase. Es un libro que recomiendo mucho.

También recomiendo ampliamente el podcast del *New York Times* y Chana Joffe-Walt que se titula *Nice White Parents*. Este explica cómo la desegregación dentro de las escuelas ha implicado segregación a través de programas que mantienen a los estudiantes blancos más ricos en salones pequeños con mejores maestros.

NOTAS PARA EL CAPÍTULO LAS POLÍTICAS DE RESPETABILIDAD

La cita con la que empieza el capítulo es de Audre Lorde y fue encontrada en «The uses of anger» (p. 284). Con ella estoy tratando de tender un puente entre el tema del agotamiento y el tema del capítulo alrededor de las políticas de respetabilidad. Esta cita explica el agotamiento como su causa inicial, el cual explico en el resto del capítulo.

Algo que vale la pena notar es que cuento que tuve que justificar mi puesto, irónicamente, debido a lo que asumieron acerca de la acción afirmativa. Lo describo, porque es lo que se ha fijado explícitamente y tiene una implicación tácita desde los estudiantes blancos hacia los estudiantes de color en espacios sociales, y porque las mujeres blancas son las principales beneficiarias de las acciones afirmativas que nadie está discutiendo. De manera agresiva estoy señalando la implicación de las acciones afirmativas, nombrándolas, pero sé que no es el caso. Se puede leer más al respecto en el libro de Bettina Aptheker que se titula «Foreword» in *Presumed Incompetent* (pp. XI-XIIII).

Uno de los textos base para este capítulo es el de Mikaela Pitcan, Alice E. Marwick, y danah boyd, titulado «Performing a Vanilla Self». A través de este artículo, encontré los orígenes del término «políticas de respetabilidad» y utilizo una cita directa cerca del final del capítulo. La cita pertenece a Evelyn Higginbotham.

Mi entendimiento acerca de cómo la respetabilidad fue utilizada como una estrategia, viene del artículo de Fredrick C. Harris, titulado «The Rise of Respectability Politics», *Dissent*, Winter 2014, www.dissentmagazine.org/article/the-rise-of-respectability-politics.

Para entender cómo funciona el concepto de clase y los estereotipos de las latinas hay que leer a Jillian Hernandez y su texto «'Miss, You Look like a Bratz Doll': On Chonga Girls and Sexual-Aesthetic Excess», *NWSA Journal* 21:3 (2009), pp. 63-90, www.jstor.org/stable/20628195. En este artículo, Hernandez apunta a la construcción blanca y clase media de la identidad norteamericana y es, a partir de ese conocimiento, que yo puedo nombrar el sentido de desplazamiento que continúa incluso después de mi migración. Yo utilizo una cita de este artículo dentro del capítulo, esta puede ser encontrada en la página 66. Adicionalmente, todo lo que entiendo en términos de reclamar la subcultura chonga se da a través de Hernandez. El entendimiento profundo de este artículo me guio mientras escribía el manifiesto de las chongas al final del capítulo.

Otro texto importante para este capítulo es el de Cynthia Enloe: *Bananas, Beaches and Bases: Making Feminist Sense of International Politics*, 2nd ed. (Berkeley: University of California Press, 2014). En la página 99, Enloe habla específicamente acerca de la respetabilidad en relación con la invasión en tiempos coloniales, pero también en tiempos de guerra. Allí discute el hecho de que las mujeres blancas de la colonia impusieron códigos victorianos de feminidad como moralmente superiores.

La referencia de la doble conciencia está relacionada específicamente con el concepto de «doble conciencia» de W.E.B Du Bois.

Yo uso términos como «civilizados» de manera intencional, porque como parte de la diáspora indígena, encuentro que el buen comportamiento se alinea a la civilización y a todas las connotaciones en contra de los indígenas que lleva implícita. Esto con base en el libro de Delores S. Williams, titulado *Sisters in the wilderness* (p. 114), en donde indica que como el objetivo del pionero era convertir el desierto en civilización, esta era «la recompensa a sus sacrificios, la definición de sus logros, y la fuente de su orgullo. Él aplaudía su éxito en términos que sugerían lo mucho que apostaba en el conflicto». Por supuesto, lo salvaje no podía ser transformado del «salvajismo» al orden sin destruir su disposición natural. Transformar el espacio no solo implicaba lidiar con el ambiente natural; también implicaba civilizar a los humanos «salvajes» asociados con el territorio inhóspito. Como los nativos americanos identificados con los terrenos yermos americanos, y los africanos con los «salvajes» de África. La esclavitud fue racionalizada y discutida como el apropiado «proceso civilizador» para esta gente «salvaje». Y cuando la esclavitud falló —como lo hizo también con los nativos americanos—, hombres y mujeres se convirtieron para los americanos europeos en la estrategia apropiada para someter a la gente del yermo.

Este libro y esta cita en particular reflejan una narrativa mayor de subyugación a través de la civilidad.

Yo menciono que la Biblia fue usada para silenciarme y avergonzarme en muchas maneras. Así que cuando hablo de «mujeres temerosas de Dios», me refiero a un particular versículo de la Biblia que fue usado en mi contra para mantenerme alineada, que se encuentra en 1 Tim 2:9 (KJV) «Asimismo, que también las mujeres se atavíen con vestimenta decorosa, con pudor y modestia; no con peinados ostentosos, ni oro, ni perlas ni vestidos costosos».

Yo escribo acerca de las teologías de manera singular, ya que el campo de la teología es entendido como un campo de pluralidad, cuando, de hecho, el estudio de las teologías enseña que no hay una sola teología, sino una enorme cantidad de ellas. Aún así, a nosotros nos enseñan una, y esa, usualmente, es anticuada y europea. Marcella Althaus-Reid escribe acerca de esto en la página 21 de *From Feminist Theology to Indecent Theology*. Muchos teólogos de la liberación están bien enterados de las maneras en que el cristianismo convencional ignora las teologías de la liberación, a cambio de una más blanca y de teologías más antiguas y dogmáticas.

Cuando escribo específicamente acerca de bilingüismo, estoy utilizando la definición tradicional de cambio de código, que implica cambiar de un idioma a otro como una persona totalmente bilingüe o trilingüe o cualquiera que no sea monolingüe. Para esto, tomo como referencia a Katja F. Cantone en *Code-Switching in Bilingual Children* (Dordrecht, The Netherlands: Springer, 2007).

Yo uso la cita de Juliana Delgado Lopera que aparece en el artículo titulado «Spanglish Isn't a 'Wrong' Form of English— It's How Great Stories Are Told», *Teen Vogue*, May 1, 2020, www.teenvogue.com/story/spanglish-isnt-wrong-form-of-english. Amé de manera especial este uso del bilingüismo y, como Delgado Lopera también es de Miami, esto se siente de manera específica en mis experiencias propias, tomando en cuenta que Miami es una ciudad bilingüe.

Escribo brevemente sobre lo mestizo; para más información acerca de ese tópico, pueden acudir a las notas del capítulo «El Colorismo».

La tropicalización de las latinas es una figura particular que une a las latinas al exceso corporal. Acerca de esto se puede encontrar más información en la «Introducción» que Myra Mendible hace en *From Bananas to Buttokcs*.

Como muchos de estos capítulos se cruzan, un texto específico acerca de raza y racismo puede encontrarse en *White Fragility*, de Robin DiAngelo. Específicamente, la referencia al conducto entre la escuela y la prisión se puede encontrar en la página 92. Otro texto al respecto se encuentra en el de Richard Delgado y Jean Stefancic, que lleva por título *Critical Race Theory* (p. 13).

La cita de Celine Perreñas Shimizu se puede encontrar en *The Hypersexuality of Race: Performing Asian/American Women on Screen and Scene* (Durham, NC: Duke University Press, 2007), p. 5.

NOTAS PARA EL CAPÍTULO LA MASCULINIDAD TÓXICA

En este capítulo no menciono a mi mami muy a menudo, a pesar de que fue una participante pasiva de este acto violento. Este capítulo no es acerca de ella, pero eso no significa que su complicidad sea pasada por alto. Defender a cualquier abusador es violento, y su participación en ello no se ignora, al contrario, es demasiado compleja y matizada para este libro en particular. Espero escribir acerca de esa relación en su propio libro.

Quiero contextualizar la enseñanza de mi iglesia, porque enmarcarla como conservadora no le hace justicia, dado que lo conservador abarca una gran red. Mi iglesia, en particular, me enseñó que había que proteger la virginidad, aunque solo en las mujeres, y organizaba bailes de pureza para padres y sus hijas.

Mi familia en Nicaragua también va a esta iglesia, y mi tío nunca permitió que sus hijas se cortaran el pelo o se rasuraran el vello corporal en sus años de pubertad, hasta que individualmente se fueron rebelando. A las mujeres las desanimaban para que no se vistieran de manera que pudieran ser consideradas sexys, así que la ropa ajustada era menospreciada. Nosotros íbamos a la iglesia, regularmente, cuatro veces por semana. Una, el domingo, que era casi todo el día de actividad. Luego, los sábados para los grupos de jóvenes, los miércoles para los grupos pequeños y ciertos días de la semana en los que el grupo de adoración se reunía para practicar, así como el grupo de danza y cualquier otro tipo de actividad. Los hombres dirigían la iglesia como líderes establecidos y sus esposas limpiaban y cocinaban para los que se congregaban. Cuando hablo acerca de estrictas expectativas binarias basadas en género asumido, me refiero a esto. Había una superioridad asumida de la virilidad que era criada en este particular tipo de iglesia conservadora.

Mis textos de referencia para este capítulo son de bell hooks: *All About Love: New Visions* (New York: Harper Perennial, 2001) y *The Will to Change: Men, Masculinity, and Love* (New York: Washington Square Press, 2004). En términos de mi definición del patriarcado, sugiero el artículo de hooks, que se titula «Understanding Patriarchy» (disponible en línea a través de: Imagine No Borders, https://imaginenoborders.org/pdf/zines/UnderstandingPatriarchy.pdf). Personalmente, creo que hooks es de las más profundas autoras para entender lo que significa lidiar con hombres tóxicos y violentos.

Al escribir acerca de las chicas y sus papás, me apoyo en el libro de hooks que se titula *The Will To Change*. A lo largo del capítulo declaro, de manera explícita, que el ser una hija de papi es un estatus que nos han enseñado a desear. Ser la hija de papá es una de las primeras categorías femeninas respetables a las que somos inducidas, si en casa hay un padre presente. Cuando me refiero a mi padre como proveedor, estoy haciendo una línea desde la página 2 en donde hooks escribe: «La cultura patriarcal siempre les ha enseñado a los niños y las niñas que el amor de papá es mucho más valioso que el amor de mamá». Yo no creo teorías tanto como aprendo de ellas, y las vuelvo a contar a través de mis propias historias, las explico a través de experiencias.

Cuando hablo acerca del orgullo de mi padre, me baso en Elizabeth E. Brusco y su libro: *The Reformation of Machismo: Evangelical Conversion and Gender in Colombia* (Austin: University of Texas Press, 2004). Este texto, en particular, es muy útil para comprender que el término machismo no es el mismo que patriarcado —pero que está más cerca en su definición a la de la masculinidad tóxica—. El machismo se trata de poder y violencia dentro de una sociedad patriarcal y como resultado de esa sociedad. Yo opté por no usar intencionalmente la palabra machismo, desde que se asume que el machismo es un problema latinoamericano y que los americanos se escapan de ello. Para evitar ese malentendido, usé la palabra más cercana a machismo que pude encontrar, masculinidad tóxica, para no absolver de la culpa a los hombres nacidos en Estados Unidos. La cita que uso casi al final de este capítulo es de Brusco en *The Reformation of Machismo* (p. 80).

Mi concentración principal, mientras estaba estudiando mi maestría en divinidad, estaba en las éticas de la liberación. Así que cuando hablo de «bueno» o «malo», lo hago sabiendo que los americanos definen lo bueno con una limitada comprensión de lo judeocristiano, que se me hace una estrecha definición de bueno y malo. Con las éticas de la liberación, intentamos imaginar nuevos espacios fuera del binarismo cristiano de bueno y malo, que ha sido un marco general exclusivo en lugar de inclusivo, y, por lo mismo, neutralmente ético. Lo que lo binario generalmente excluye es la autonomía femenina y la aceptación de la gente LGBTQIA+.

Hay algo que decir acerca de obtener un grado teológico de parte de una institución de élite, siendo una latina inmigrante de color que viene de un contexto fundamentalista, y es que, mientras estaba en la escuela, pasé la mayor parte de mi tiempo defendiendo a mis comunidades. Iglesias como esas en las que yo fui criada son consideradas de bajo nivel, y las iglesias más progresistas, no muy coincidentemente, son consideradas como de alto nivel (sin contar el catolicismo, que es generalmente conocido como de alto nivel). Como alguien que viene de una iglesia de bajo nivel, he rechazado esta etiqueta, debido a la jerarquía que implica a nuestras teologías y pastores sin educación, que además son de raza negra y de color. Cuando regresé a casa, pasé mi tiempo defendiéndome a mí y a mi decisión de estudiar teología siendo una mujer, y pude hacerlo basada en la educación que había recibido. Saber que estaba peleando todo el tiempo por mí misma y por mis comunidades, en cada coyuntura, es algo con lo que no me he podido reconciliar, y esa tensión se puede sentir a lo largo del capítulo. Dejo esta tensión allí, porque quizá quienes lean encontrarán la manera de que este caos tenga sentido, un caos que es el resultado de todas las intersecciones que encarno.

Hay un cambio de tono con respecto a mi padre; es cuestión de distancia para mí. Me refiero a él como *mi papi*, y luego como *mi padre* o *mi papá* de manera muy rápida, en la medida en que intento protegerme de él. Mi papi nunca me haría daño, pero mi padre y mi papá lo hicieron a menudo.

Yo uso la cita de Cynthia Enloe que se puede encontrar en la página 108 de *Bananas, Beaches and Bases*. Ella escribe acerca de género y militarización, las conexiones entre la guerra y la subyugación de las mujeres. Yo hablo de este libro con reverencia porque le devuelve la humanidad a las comunidades que han sido deshumanizadas por no ser blancas. Recomiendo mucho su lectura.

La última cita de hooks se encuentra en la página 14 de *The Will To Change*.

Finalmente, para entender acerca del abuso emocional, recomiendo leer a Marti Tamm Loring en *Emotional Abuse: The Trauma and the Treatment* (San Francisco: Jossey-Bass, 1998). Y para resumir las historias acerca de La Malinche, recomiendo la antología editada por Ana Castillo: *Goddess of the Americas / La Diosa de las Américas: Writings on the Virgin of Guadalupe* (New York: Riverhead Books, 1997) y la antología editada por Cherríe Moraga y Gloria Anzaldúa, *This Bridge Called My Back: Writings by Radical Women of Color*, 4th ed. (Albany: SUNY Press, 2015). En mi bibliografía hay más referencias, por las que debo agradecer a la Dra. María Paula Chávez Daza, quien enseña en Bard College. Ella fue la primera en introducirme a los textos acerca de La Malinche y a ella me dirigí para tener fuentes al respecto. Me las envió y fueron de mucha utilidad.

NOTAS PARA EL CAPÍTULO LA INTERSECCIONALIDAD

Yo dedico este capítulo a Monique. Monique es una chica que conocí en la adolescencia. Monique se unió a nuestro grupo de jóvenes cuando hicimos un viaje a la feria de navidad de la localidad. Ella llegó de noche, y el hijo del pastor pensó que ella era bellísima. Recuerdo que pasaron buena parte de la noche coqueteando y platicando, y todos estaban hablando de ello alrededor, de esa manera en que la gente que valora a los pastores y a sus hijos sabe hacerlo. A la mañana siguiente, llegó a la iglesia con su mamá y su papá. A la luz del día, Monique tenía una evidente sombra muy propia de las chicas que tienen vello corporal y deciden rasurarse la cara. El hijo del pastor nunca le volvió a hablar, y todo el grupo de jóvenes habló en voz baja al respecto durante mucho tiempo. Todo el mundo se burló de Monique a sus espaldas. Ella no nos había hecho nada, solo había sido amigable. Su único crimen había sido tener vello corporal. Yo escribí este capítulo pensando en ella y en todas las chicas con vello corporal y con historias desgarradoras en las que no son escogidas.

Kimberlé Crenshaw es la primera persona que habla del término interseccionalidad, y presentar este capítulo con una cita de uno de sus escritos se me hizo la mejor manera de posicionar todo el capítulo. Esta cita en particular, se puede encontrar en su artículo «The Intersection of Race and Gender», que aparece en *Critical Race Theory: The Key Writings That Formed the Movement*, ed. Kimberlé Crenshaw et al. (New York: New Press, 2010), p. 375.

Una fuente primaria para este capítulo fue el libro de Rebecca M. Herzig, titulado *Plucked: A History of Hair Removal* (New York: NYU Press, 2016). La primera cita que uso de este texto se puede encontrar en la página 130. Este texto le quita el velo de encima a las historias de remoción de vello a lo largo del tiempo, incluyendo la presunción de estatus inferior de los indígenas en relación con los velludos europeos y la tortura a gente de color en Guantánamo, mediante la remoción de su cabello. Es una lectura densa, pero necesaria para entender cómo llegamos a valorar a las mujeres que no tienen vello corporal. La segunda cita que uso de Herzig viene de las páginas 9 y 10. Encontré este texto cuando fue recomendado por el autor con disconformidad de género, actor, conferencista y amante de la moda, Alok Vaid-Menon, y pronto conseguí mi propia copia. Yo aprendí mucho fuera de la academia, a través de eruditos públicos como Alok, que hacen su conocimiento accesible.

También tengo mucha información del libro de Patricia Hill Collins, titulado *Intersectionality as Critical Social* Theory (Durham, NC: Duke University Press, 2019). Un buen acompañamiento teórico que complementa mucho de lo que escribo y que puede ser consultado por cualquier lector interesando en explorar más acerca de la interseccionalidad.

Cuando escribo acerca de las maneras en que mis intersecciones me privilegian, eso viene específicamente de *Critical Race Theory*, de Richard Delgado y Jean Stefancic (p.58).

La palabra gringo se utiliza en mi comunidad para hablar acerca de la gente blanca. Las entonaciones menores pueden añadir mucho contexto a la palabra. Yo la utilizo con la terminación «-ito» que es un diminutivo que hace alusión al amor y el cuidado.

La cita de la mitad de ese capítulo pertenece a la introducción del libro de Myra Mendible *From Bananas to Buttocks...* (p. 7).

Yo llegué a tomar conciencia de mis intersecciones a través de otros narradores. Unas maravillosas series de ensayos en los que me inspiré están en la antología *Presumed incompetent*. A través de esos ensayos encontré mi propia voz. Un ensayo que amo en particular, acerca de sentirse especial como mujer de raza negra, está escrito por Serena Easton y se titula «On Being Special», in *Presumed Incompetent* (pp. 153-154): «Las interrupciones raciales estaban en todos lados —como recordatorios constantes de que yo era diferente, que no había igualdad entre nosotros y que no pertenecía—».

Cuando digo que tuve un ajuste de cuentas con la blancura, no significa que alguna vez me hubiera identificado como blanca. Sino que pasivamente le había permitido a la blancura que me dijera que lo indígena no era valioso, al rechazar esa parte de mi línea familiar, como la mayoría de familia lo hizo. Significaba que funcioné dentro de las nociones limitadas de meritocracia y de individualismo, ambos productos de una sociedad supremacista blanca y capitalista. Invirtiendo en la blancura fue como terminé comprando lentes de contacto de color. Lo cual no tiene nada que ver con ser blanco, sino con ser aceptado dentro de la blancura.

En este capítulo escribo acerca de una aceptación condicionada como proximidad a la blancura y la nombro como una ilusión. Un ejemplo reciente se puede ver a través de la pandemia de COVID-19. Las comunidades asiáticas del este experimentaron la asumida culpabilidad velada por la aparición del virus, y muchas piezas de pensamiento que vienen de la comunidad asiática describieron que sintieron la mirada blanca de manera peligrosa y deshumanizante. Este artículo de Frank Meng, «Asians Under COVID-19: 'Yellow Peril' or 'Model Minority'? Neither», *The Spectator*, May 7, 2020, https://spec.hamilton. edu/asians-under-covid-19-yellow-peril-or-model-minority-neither-79d2969a0bc, cuestiona la etiqueta del Model Minority por ser obviamente condicionada.

NOTAS PARA EL CAPÍTULO LA MIRADA MASCULINA

La primera cita que uso en este capítulo es de Paulo Freire, *Pedagogy of the opressed* (p.51). Como ya lo he dicho, todo el libro utiliza a Freire como texto fundacional y lo refleja.

Cuando escribo acerca de rebelarse contra el estatus quo de la feminidad respetable, tengo noción del riesgo que se corre en esa rebelión, debido a las experiencias que he vivido, pero también tengo información del libro de Mikaela Pitcan, Alice E. Marwick, y danah boyd's «Performing a Vanilla Self». De manera explícita, podemos ver en este artículo que las mujeres deben mantener su capital económico y social a través del buen comportamiento, bajo el riesgo de perder no solo amigos, sino perderlo todo.

La referencia de La Biblia acerca de los tatuajes se encuentra en Lev. 19:26-28 (NIV). Otra referencia bíblica que uso, relacionada con el término «ayuda idónea», puede ser encontrada en Gen. 2:18: «Y el SEÑOR Dios dijo: No es bueno que el hombre esté solo; le haré una ayuda idónea».

Un gran libro y una gran referencia que uso para respaldar mis propias historias es *The reformation of Machismo* de Elizabeth E. Brusco. Si también creciste en un hogar cristiano, latino y conservador, este libro puede ser muy perspicaz y puede invitarte a mirar un nuevo argumento alrededor del machismo y el cristianismo que yo no había considerado. No todo lo que recomiendo tiene que ver con lo que escribo, pero da información de manera independiente.

Una de las autoras más relacionadas con las lecturas de experiencias interpersonales con el patriarcado es bell hooks. Las dos citas que utilizo son de «Understanding Patriarchy». Yo vivo de esta cita de este texto: «El patriarcado es la enfermedad social más amenazadora que acecha el cuerpo y el espíritu masculino en nuestra nación».

Dos latinas teo-eticistas que me han servido de referencia y cuyas teologías impactaron mi propio trabajo son Marcella Althaus-Reid y Ada María Isasi-Díaz. Esto incluye el libro de Isasi-Díaz titulado *En La Lucha/In the Struggle: Elaborating a Mujerista Theology* (Minneapolis: Fortress Press, 2004). Cada vez que voy en contra de las teologías tradicionales, uso el conocimiento de teólogas latinas que han escrito de manera extensa para deshacer que las teologías patriarcales tóxicas lastimen a más latinas.

La línea acerca del «espectáculo étnico» tiene información de un diario cinemático que habla acerca de Carmen Miranda. He aprendido que la mayoría de los estereotipos acerca del sabor de las latinas son producto de intervención, y Carmen Miranda fue usada como un medio para ese fin. Recomiendo el libro de Shari Roberts, «*The Lady in the Tutti-Frutti Hat*».

La idea de que la intelectualidad de la mujer debe ser separada de los marcadores feministas, tiene una larga historia de documentación, y este comentario es más grande que yo —viene de la comprensión profunda de que a las mujeres no se les ha dado la atención apropiada ni el respeto dentro de la academia—. Y para este profesor en particular, ganarse el respeto implica complicidad, que es mi más grande crítica a la estrategia de sobrevivencia de las mujeres blancas. De acuerdo con Angela P. Harris y Carmen G. González, «Introduction», en *Presumed Incompetent*, pp. 4-5:

Dentro de investigadores y eruditos, la idea romántica del genio brillante y solitario en búsqueda de la Verdad —incluso si el cielo se debe caer— todavía persiste en las revisiones de promoción. Estas características reverenciadas no están solo asociadas con las ciencias duras, también están enlazadas con la masculinidad y son entendidas como lo opuesto a la feminidad. Por ejemplo, la racionalidad se aprecia a expensas de reconocer la emoción —o ser capaces de lidiar con ellas (Harris and Shultz 1993)—. En cada campus, las tareas asociadas con la feminidad —como la enseñanza— son valoradas menos que aquellas asociadas con la masculinidad, y las disciplinas más prestigiosas son aquellas que tienen menos presencia de mujeres. Esto significa que... las personas con cuerpos femeninos o autopresentación femenina están en mayor riesgo de ser excluidas de ciertas disciplinas o de ser entendidas como inferiores.

NOTAS PARA EL CAPÍTULO LA FRAGILIDAD BLANCA

Los textos principales de este capítulo son de Cheryl E. Matias's Feeling White, Robin DiAngelo's White Fragility, Richard

Delgado y Jean Stefancic en *Critical Race Theory*. La cita con la que abro el capítulo es del texto de Matías titulado *Feeling White* (p.XIII). La otra cita que uso de Matias puede ser encontrada en la página 43. Pero todos los autores mencionados pueden ser usados como referencias para casi todo lo que digo en este capítulo.

La cita que uso de Audre Lorde puede ser encontrada en «The uses of anger», p. 282. La sinfonía de la angustia de este capítulo puede ser encontrada a lo largo de todo el libro, y este capítulo la subraya en la medida en que la resume.

La suposición acerca de la afiliación política de Amy Cooper se puede encontrar fácilmente en línea. Yo encontré un poco de información al respecto en *The root*. Eso no significa que sea un dato indiscutible, sino que no soy la única persona que señala que sus aparentes políticas liberales no encajan con sus acciones, y bajo esa lógica y mis experiencias personales, construí el argumento en contra de la persona blanca, liberal, antirracista.

Debo hacer notar que cuando hablo acerca del sur de Florida «amigable con los inmigrantes», no quiero idealizar el sur de Florida, pero sí creo que la supremacía blanca es más peligrosa cuando la gente blanca es la que están dirigiendo la violencia. Aunque la gente de raza negra, indígena y de color puede suscribirse a los ideales supremacistas blancos, la violencia que ellos promulgan está en una escala diferente, aunque no por eso menos peligrosa.

Yo uso una cita de Amy Cooper que puede ser encontrada en este artículo de CNN: «White Woman Who Called Police on a Black Man Bird-Watching in Central Park Has Been Fired», CNN, May 26, 2020, https://edition.cnn.com/2020/05/26/us/central-park-video-dog-video-african-american-trnd/index.html.

La última cita que uso es de DiAngelo y puede ser encontrada en la p. 5 de *White Fragility*.

NOTAS PARA EL CAPÍTULO LA DECOLONIALIDAD

La principal fuente para este capítulo es un libro de Walter D. Mignolo y Catherine E. Walsh: *On Decoloniality: Concepts, Analytics, Praxis* (Durham, NC: Duke University Press, 2018). Para entender la decolonialidad y hacer sus evaluaciones propias al respecto, les pido a quienes leen que busquen una copia de este libro. Es denso, pero ideal para este tipo de trabajo. La primera cita que uso para abrir el capítulo puede ser encontrada en la página 5; la segunda, en la página 3.

La historia de mi mami la escribí por primera vez para la publicación latina titulada *BoldLatina.*

Cuando hablo acerca del intelectualismo y su lejanía de mucha gente, no soy la primera que llega a esa conclusión. El Dr. Constance G. Anthony lo dijo mejor en su artículo titulado «The Port Hueneme of My Mind: The Geography of Working-Class Consciousness in One Academic Career», que aparece en *Presumed Incompetent* (pp. 300-312):

> De cierta manera, ser de la clase trabajadora y convertirse en un académico es un oxímoron. Los académicos aspiran a un éxito gentil y profesional, mientras que la clase trabajadora rechaza lo gentil por el abierto reconocimiento —y a veces rudo—, de que la vida es difícil. Los académicos se revelan en un mundo en el que se escogen muy bien las palabras y las frases. La sutileza y lo indirecto son premiados. Lo apropiado y lo ingenioso es siempre recompensado. Mientras que, del lado de la clase trabajadora, sería mucho más seguro decir lo que quieres decir de una manera directa.

Este sentimiento lo tienen los académicos de raza negra, indígenas y de color.

Cuando hablo acerca de la espiritualidad de mi mami, he tomado referencia de la «Introducción» de *Voices from the Ancestors: Xicanx and Latinx Spiritual Expressions and Healing Practices*, ed. Lara Medina and Martha R. Gonzales (Tucson: University of Arizona Press, 2019), pp. 3-20, específicamente en las pp. 4-10. El consejo de sacar la orina en un recipiente y dejarla afuera tiene que ver con la idea de que el olor dulce en la orina atrae a las hormigas y eso implicaría la presencia de azúcar en la orina, es decir que el cuerpo no estaría haciendo lo necesario para regular ese proceso. La gente pobre y rural siempre ha encontrado maneras de mantenerse con vida, cuando los médicos y los insumos no estaban a disposición o no existían, y esta es una de esas estrategias.

Uso la palabra «modernidad», porque es una palabra dentro del campo decolonial que hace alusión al desarrollo. Es una palabra codificada para hacer alusión al mejoramiento, aunque eso es discutido a lo largo de este capítulo.

Una vez más, este capítulo tiene base en *Pedagogy of the Opressed*, de Paulo Freire, porque todo este libro es pedagogía del oprimido a través de la narración de historias.

BIBLIOGRAFÍA

Alegría, Claribel, and Darwin Flakoll. *Death of Somoza*. Willimantic, CT: Curbstone Press, 1996.

Althaus-Reid, Marcella. *From Feminist Theology to Indecent Theology: Readings on Poverty, Sexual Identity and God.* London: SCM Press, 2004.

Alvarado, Elvia. *Don't Be Afraid, Gringo: A Honduran Woman Speaks from the Heart: The Story of Elvia Alvarado.* Translated by Medea Benjamin. San Francisco: Institute for Food and Development Policy, 1987.

Anonymous. «I Was Taught to Be Proud of My Tight Asian P*ssy—Here's Why I Wish I Hadn't Been». *Everyday Feminism*, July 20, 2016. https://everydayfeminism.com/2016/07/be-proud-tight-asian-pssy/.

Ansari, Mahreen. «What Is BIPOC and Why You Should Use It». *Her Campus*, February 18, 2020. www.hercampus.com/school/umkc/what-bipoc-and-why-you-should-use-it.

Anzaldúa, Gloria. *Borderlands/La Frontera: The New Mestiza.* 4th ed. San Francisco: Aunt Lute Books, 2012.

Asante, Janet. «6 Ways Women of Color Can Overcome Imposter Syndrome». *mater mea*, October 13, 2020. https://www.matermea.com/blog/diversity-in-workplace-advice-for-black-women.

Bates, Kelly. «Racial Imposter Syndrome». Interaction Institute for Social Change, October 11, 2019. https://interactioninstitute.org/racial-imposter-syndrome/.

Beckwith, Ryan Teague. «President Trump Called El Salvador, Haiti 'Shithole Countries': Report». *Time*, January 11, 2018. https://time.com/5100058/donald-trump-shithole-countries/.

Bettie, Julie. *Women Without Class: Girls, Race, and Identity*. Berkeley: University of California Press, 2014.

Browdy de Hernandez, Jennifer, ed. *Women Writing Resistance: Essays on Latin America and the Caribbean*. Boston: South End Press, 2003.

Brusco, Elizabeth E. *The Reformation of Machismo: Evangelical Conversion and Gender in Colombia*. Austin: University of Texas Press, 2004.

Butler, Judith. *Gender Trouble: Feminism and the Subversion of Identity*. New York: Routledge, 2006.

Butler, Octavia E. *Parable of the Sower*. New York: Grand Central Publishing, 2019.

Cantone, Katja F. *Code-Switching in Bilingual Children*. Dordrecht, The Netherlands: Springer, 2007.

Castillo, Ana, ed. *Goddess of the Americas / La Diosa de Las Américas: Writings on the Virgin of Guadalupe*. New York: Riverhead Books, 1997.

Cavanaugh, William T. *Being Consumed: Economics and Christian Desire*. Grand Rapids, MI: Eerdmans, 2008.

Chomsky, Aviva. *Undocumented: How Immigration Became Illegal*. Boston: Beacon Press, 2014.

Clance, Pauline Rose. *The Impostor Phenomenon: Overcoming the Fear That Haunts Your Success*. Atlanta: Peachtree Publishers, 1985.

Clifford, Anne M. *Introducing Feminist Theology*. Maryknoll, NY: Orbis Books, 2001.

Collins, Patricia Hill. *Intersectionality as Critical Social Theory*. Durham, NC: Duke University Press, 2019.

Crenshaw, Kimberlé, Neil T. Gotanda, Gary Peller, and Kendall Thomas, eds. *Critical Race Theory: The Key Writings That Formed the Movement*. New York: New Press, 1995.

Cypess, Sandra Messinger. *La Malinche in Mexican Literature: From History to Myth*. Austin: University of Texas Press, 1991.

Del Castillo, Adelaida R., ed. *Between Borders: Essays on Mexicana / Chicana History*. Mountain View, CA: Floricanto Press, 2005.

Delgado, Richard, and Jean Stefancic. *Critical Race Theory: An Introduction*. 3rd ed. New York: NYU Press, 2017.

Delgado Lopera, Juliana. «Spanglish Isn't a 'Wrong' Form of English—It's How Great Stories Are Told». *Teen Vogue*, May 1, 2020. www.teenvogue.com/story/spanglish-isnt-wrong-form-of-english.

DiAngelo, Robin. *White Fragility: Why It's So Hard for White People to Talk About Racism*. Boston: Beacon Press, 2018.

Dooner, Caroline. *The F*ck It Diet: Eating Should Be Easy*. New York: Harper Wave, 2019.

Durham, Aisha S. *Home with Hip Hop Feminism: Performances in Communication and Culture*. New York: Peter Lang, 2014.

Eady, Cornelius. *Brutal Imagination: Poems*. New York: G. P. Putnam's Sons, 2001.

Enloe, Cynthia. *Bananas, Beaches and Bases: Making Feminist Sense of International Politics*. 2nd ed. Berkeley: University of California Press, 2014.

Fischer-Mirkin, Toby. *Dress Code: Understanding the Hidden Meanings of Women's Clothes*. New York: Clarkson Potter, 1995.

Floyd-Thomas, Stacey M., ed. *Deeper Shades of Purple: Womanism in Religion and Society*. New York: NYU Press, 2006.

Freire, Paulo. *Pedagogy of the Oppressed: 50th Anniversary Edition*. New York: Bloomsbury Academic, 2018.

González, Juan. *Harvest of Empire: A History of Latinos in America*. Rev. ed. New York: Penguin Books, 2011.

Gutiérrez y Muhs, Gabriella, Yolanda Flores Niemann, Carmen G. González, and Angela P. Harris, eds. *Presumed Incompetent: The Intersections of Race and Class for Women in Academia*. Louisville, CO: Utah State University Press, 2012.

Harris, Fredrick C. «The Rise of Respectability Politics». *Dissent*, Winter 2014. www.dissentmagazine.org/article/the-rise-of-respectability-politics.

Hedges, Chris. *War Is a Force That Gives Us Meaning*. New York: Anchor, 2003.

Henderson, Dawn X. «Why Do Students of Color Feel like an Imposter in School?». *Psychology Today*, April 11, 2017. www.psychologytoday.com/blog/the-trajectory-race/201704/why-do-students-color-feel-imposter-in-school.

Hernandez, Jillian. «'Miss, You Look like a Bratz Doll': On Chonga Girls and Sexual-Aesthetic Excess». *NWSA Journal 21*, no. 3 (2009): 63-90.

Herzig, Rebecca M. *Plucked: A History of Hair Removal*. New York: NYU Press, 2016.

hooks, bell. *All About Love: New Visions*. New York: Harper Perennial, 2001.

———. *Teaching to Transgress: Education as the Practice of Freedom*. New York: Routledge, 1994.

———. «Understanding Patriarchy». Disponible en línea a través de Imagine No Borders. https://imaginenoborders.org/pdf/zines/Understanding Patriarchy.pdf.

———. *The Will to Change: Men, Masculinity, and Love*. New York: Washington Square Press, 2004.

Hull, Gloria T., Patricia Bell Scott, and Barbara Smith, eds. *All the Women Are White, All the Blacks Are Men, but Some of Us Are Brave: Black Women's*

Studies. 2nd ed. New York: The Feminist Press at the City University of New York, 2015.

Isasi-Díaz, Ada María. *En La Lucha / In the Struggle: Elaborating a Mujerista Theology*. Minneapolis: Fortress Press, 2004.

Joffe-Walt, Chana. *Nice White Parents*. Produced by Julie Snyder. Podcast series, 2020. https://podcasts.apple.com/us/podcast/nice-white-parents/id1524080195.

Keller, Bill. *Class Matters*. New York: Times Books, 2005.

Kushner, Jacob. «The Voluntourist's Dilemma». *New York Times Magazine*, March 22, 2016. www.nytimes.com/2016/03/22/magazine/the-voluntourists-dilemma.html.

Lira, Natalie, and Nicole L. Novak. «Forced Sterilization Programs in California Once Harmed Thousands—Particularly Latinas». *The Conversation*, March 22, 2018. http://theconversation.com/forced-sterilization-programs-in-california-once-harmedthousands-particularly-latinas-92324.

Lo, Imi. «Get to the Roots of Your Anxiety and Perfectionism». *Psychology Today*, March 5, 2019. www.psychologytoday.com/blog/living-emotional-intensity/201903/get-the-roots-your-anxiety-and-perfectionism.

Lorde, Audre. «The Uses of Anger». *Women's Studies Quarterly* 25, no. 1/2 (1997): 278-285.

Loring, Marti Tamm. *Emotional Abuse: The Trauma and the Treatment*. San Francisco: Jossey-Bass, 1998.

Matias, Cheryl E. *Feeling White: Whiteness, Emotionality, and Education*. Rotterdam, The Netherlands: Sense Publishers, 2016.

Medina, Lara, and Martha R. Gonzales, eds. *Voices from the Ancestors: Xicanx and Latinx Spiritual Expressions and Healing Practices*. Tucson: University of Arizona Press, 2019.

Mendible, Myra, ed. *From Bananas to Buttocks: The Latina Body in Popular Film and Culture*. Austin: University of Texas Press, 2007.

Meng, Frank. «Asians Under COVID-19: 'Yellow Peril' or 'Model Minority'? Neither». *The Spectator*, May 7, 2020. https://spec.hamilton.edu/asians-under-covid-19-yellow-peril-or-model-minority-neither-79d2969a0bc.

Mignolo, Walter D., and Catherine E. Walsh. *On Decoloniality: Concepts, Analytics, Praxis*. Durham, NC: Duke University Press, 2018.

Mills, Charles W. *The Racial Contract*. Ithaca, NY: Cornell University Press, 2011.

Mojica Rodríguez, Prisca Dorcas. «I Am Not Better Than Mi Mami». *Bold-Latina*, October 18, 2108. https://boldlatina.com/i-am-not-better-than-mi-mami-by-prisca/.

Moraga, Cherríe. *Loving in the War Years: Lo que nunca pasó por sus labios*. Boston: South End Press, 1983.

Moraga, Cherríe, and Gloria Anzaldúa, eds. *This Bridge Called My Back: Writings by Radical Women of Color.* 4th ed. Albany: SUNY Press, 2015.

Musarra, Casey. «Imposter Syndrome Can Take a Heavy Toll on People of Color, Particularly African Americans». *DiversityInc,* October 11, 2019. www.diversityinc.com/imposter-syndrome-can-take-a-heavy-toll-on-people-of-colorparticularly-african-americans/.

Naylor, Gloria. *The Women of Brewster Place.* New York: Penguin Books, 1983.

Peiss, Kathy. *Hope in a Jar: The Making of America's Beauty Culture.* Philadelphia: University of Pennsylvania Press, 2011.

Pérez, Laura E. *Chicana Art: The Politics of Spiritual and Aesthetic Altarities.* Durham, NC: Duke University Press, 2007.

Pitcan, Mikaela, Alice E. Marwick, and danah boyd. «Performing a Vanilla Self: Respectability Politics, Social Class, and the Digital World». *Journal of Computer-Mediated Communication* 23, no. 3 (May 1, 2018): 163-179. https://doi.org/10.1093/jcmc/zmy008.

Popham, Gabriel. «Boom in 'Voluntourism' Sparks Concerns over Whether the Industry Is Doing Good». Reuters, June 29, 2015. www.reuters.com/article/us-travel-volunteers-charities-idUSKCN0P91AX20150629.

Quinney, Richard. *Class, State, and Crime.* 2nd ed. New York: Longman, 1980.

Randall, Margaret. *Sandino's Daughters: Testimonies of Nicaraguan Women in Struggle.* Rev. ed. New Brunswick, NJ: Rutgers University Press, 1995.

Reed-Danahay, Deborah, ed. *Auto/Ethnography: Rewriting the Self and the Social.* Oxford: Berg, 1997.

Rios, Victor M. *Punished: Policing the Lives of Black and Latino Boys.* New York: NYU Press, 2011.

Rivera Pagán, Luis. *A Violent Evangelism: The Political and Religious Conquest of the Americas.* Louisville, KY: Westminster/John Knox Press, 1992.

Roberts, Shari. «'The Lady in the Tutti-Frutti Hat': Carmen Miranda, a Spectacle of Ethnicity». *Cinema Journal* 32, no. 3 (January 1, 1993): 3-23. https://doi.org/10.2307/1225876.

Romero, Rolando, and Amanda Nolacea Harris, eds. *Feminism, Nation and Myth: La Malinche.* Houston: Arte Público Press, 2005.

Roy, Arundhati. *An Ordinary Person's Guide to Empire.* Boston: South End Press, 2004.

Sakulku, Jaruwan, and James Alexander. «The Impostor Phenomenon». *International Journal of Behavioral Science* 6, no. 1 (2011).

Seed, Patricia. *Ceremonies of Possession in Europe's Conquest of the New World, 1492-1640.* Cambridge: Cambridge University Press, 1995.

Shange, Ntozake. *For Colored Girls Who Have Considered Suicide / When the Rainbow Is Enuf: A Choreopoem.* New York: Scribner, 1997.

Shimizu, Celine Parreñas. *The Hypersexuality of Race: Performing Asian/American Women on Screen and Scene*. Durham, NC: Duke University Press, 2007.

Shipler, David K. *The Working Poor: Invisible in America*. New York: Vintage Books, 2005.

Strings, Sabrina. *Fearing the Black Body: The Racial Origins of Fat Phobia*. New York: NYU Press, 2019.

Troyano, Alina. I, *Carmelita Tropicana: Performing Between Cultures*. Boston: Beacon Press, 2000.

Van der Kolk, Bessel. *The Body Keeps the Score: Brain, Mind, and Body in the Healing of Trauma*. New York: Penguin Books, 2015.

Vasquez, Jessica M. *Mexican Americans Across Generations: Immigrant Families, Racial Realities*. New York: NYU Press, 2011.

Venzo, Paul, and Kristy Hess. «'Honk Against Homophobia': Rethinking Relations Between Media and Sexual Minorities». *Journal of Homosexuality* 60, no. 11 (November 2013): 1539-1556. https://doi.org/10.1080/0091 8369.2013.824318.

Walker, Alice. *The Color Purple*. Orlando, FL: Harcourt, 2003.

West, Traci C. *Disruptive Christian Ethics: When Racism and Women's Lives Matter*. Louisville, KY: Westminster/John Knox Press, 2006.

Wilder, JeffriAnne. *Color Stories: Black Women and Colorism in the 21st Century*. Santa Barbara, CA: Praeger, 2015.

Williams, Delores S. *Sisters in the Wilderness: The Challenge of Womanist God-Talk*. Maryknoll, NY: Orbis Books, 1993.

Wolfe, Justin, and Lowell Gudmundson, eds. *Blacks and Blackness in Central America: Between Race and Place*. Durham, NC: Duke University Press, 2010.

Wolynn, Mark. *It Didn't Start with You: How Inherited Family Trauma Shapes Who We Are and How to End the Cycle*. New York: Penguin Books, 2017.

Wong, Kristin. «Dealing with Impostor Syndrome When You're Treated as an Impostor». *New York Times*, June 12, 2018. www.nytimes.com/2018/06/12/smarter-living/dealing-with-impostor-syndrome-when-youre-treated-as-an-impostor.html.

Yosso, Tara J. *Critical Race Counterstories Along the Chicana/Chicano Educational Pipeline*. New York: Routledge, 2006.

Zuckerberg, Donna. *Not All Dead White Men: Classics and Misogyny in the Digital Age*. Cambridge, MA: Harvard University Press, 2019.